乔布斯的创新力

乔布斯的创新力

乔布斯的创新力

QIAOBUSI DE CHUANGXINLI

崔智东 编著

台海出版社

图书在版编目(CIP)数据

乔布斯的创新力 / 崔智东编著. --北京:台海出版社,
2012.1

ISBN 978-7-80141-899-9

Ⅰ.①乔… Ⅱ.①崔… Ⅲ.①乔布斯,S.(1955~2011)-企业管理
-经验 Ⅳ.①F471.266

中国版本图书馆 CIP 数据核字(2011)第 227054 号

乔布斯的创新力

编　　著:崔智东

责任编辑:姜　航

装帧设计:天下书装　　　　版式设计:通联图文

责任校对:吴　康　　　　　责任印制:蔡　旭

出版发行:台海出版社

地　　址:北京市景山东街 20 号　邮政编码:100009

电　　话:010-64041652(发行,邮购)

传　　真:010-84045799(总编室)

网　　址:www.taimeng.org.cn/thcbs/defauit.htm

E-mail:thcbs@126.com

经　　销:全国各地新华书店

印　　刷:北京高岭印刷有限公司

本书如有破损、缺页、装订错误,请与本社联系调换

开　　本:710×1000　1/16

字　　数:180 千字　　　　印　　张:16

版　　次:2012 年 1 月第 1 版　　印　　次:2012 年 1 月第 1 次印刷

书　　号:ISBN 978-7-80141-899-9

定　　价:32.00 元

前　言

他的一生，最好地体现了IT行业创新的灵魂

一个人的离去，竟引发全球民众自觉地追忆与悼念，他不是政治伟人，也不是影视明星，更未曾获得过诺贝尔奖，他只是将毕生的热情付诸于创新与创造中；他带给人们的仅仅是几款产品而已，却创造了一种新的能改变人们生活、工作与娱乐的方式。

他就是美国苹果公司创始人前CEO史蒂夫·乔布斯。

2011年10月5日，56岁的乔布斯在“家人的陪伴下平静地离去”，全球数亿“苹果迷”，以各种方式表达无尽的哀伤。

美国总统奥巴马称乔布斯是“美国最伟大的创新家之一”；

俄罗斯总统梅德韦杰夫说乔布斯“改变了整个世界，没有人不羡慕他过人的才华和智慧”；

乔布斯的创业伙伴、苹果联合创始人沃兹尼亚克评论说，“我们失去了一些无法挽回的东西”，但是乔布斯“留下了宝贵遗产”。

乔布斯是这个时代的英雄，他的英年早逝令人扼腕，我们感谢他为我们这个时代所作的贡献，这位杰出人物所创造的奇迹，给我们留下了无穷的启迪。

——从上世纪70年代推出Apple Ⅱ台式电脑开始，乔布斯事业征途上的每一步便和创新紧密结合在一起，乔布斯在个人电脑、手机、平板电脑数字出版等六大产业的颠覆性革命，其内核就是永无止境的创新。

“因为有他，枯燥的世界有了鲜活。”

创新是全球IT行业共同的价值观，在IT业除创新精神外没有什么值得令人过多崇拜，而在创新方面几乎没有人比乔布斯做得更好。

从十几年前濒临破产的“烂苹果”，到今天成为美国市值最高、最具创新能力的企业之一，乔布斯重新执掌的苹果公司变化之大让人惊叹。乔布斯成了苹果公司的灵魂，乃至IT行业的精神偶像。

综合来看，乔布斯敢创新、会“造梦”、求“完美”的精神特质成为了外界的一致看法，也是“未来乔布斯”的重要借鉴。

首先，乔布斯被认为具有敢于承担大风险的勇气。他不仅是硅谷“车库创业”的代表之一，也有遭受挫折后再创新业的经历。与一些公司创始人总是走不出过去不同，乔布斯不怕否定和超越自我，勇于进行新的尝试。

比如，在1985年因经营理念分歧暂别苹果后，乔布斯执掌皮克斯动画电影公司，率先以数码技术改造动画片制作，推出《玩具总动员》等卖座动画片，甚至一度击败了动画业的“老大”迪士尼；

比如，在1997年重返苹果后，他果断率领公司将重点由传统的电脑转向音乐播放器等消费电子产品，让公司获得新生，在iPod等产品大获成功后也没有“小富即安”，而是一方面不断通过研发对现有产品更新换代，一面大胆进军手机、平板电脑等看似没有多少空间的新领域；

再比如，乔布斯是一个著名的“完美主义者”。在具体的创新实践中，他率领苹果团队在产品研发过程中经常进行反复修改，与其他企业在产品上堆砌越来越多的功能不同，苹果产品在设计方面尽可能简化，以方便用户使用；

……

《华尔街日报》著名IT专栏作家莫斯伯格指出，乔布斯之所以在多个领域给高技术行业带来变革，是因为“他愿意冒着风险尝试新想法，甚至敢于领风气之先，在新产品中舍弃当时在他人看来仍至关重要的软驱等技术”。

研究和分析乔布斯的创新经验具有世界性意义。

对于正在大力推进自主创新民族品牌的中国来说，乔布斯提供了一个标杆和一面镜子。在希望以科技创新提振经济的美国，也出现了“培养更多乔布斯"的呼声。

《纽约时报》著名专栏作家弗里德曼去年曾在一篇专栏中呼吁,美国政府如果想要创造更多就业机会,就应采取措施大量培养像乔布斯这样的人才,"我们需要的是让数百万美国孩子,而不仅仅是让天才,重新对创新和创业产生热情"。

这一呼声,反映了当前全球范围内对高端创新型人才的渴求。

中国,已成为最有影响力的新兴国家之一。在互联网时代,中国诞生了如百度、新浪、搜狐等许多优秀的企业,但相比苹果、谷歌这样的公司,他们在国际市场上仍有一定的差距。在乔布斯走进历史之时,"中国的乔布斯在哪"正成为越来越多中国人的呼声。

中国创业者应从乔布斯传奇的一生中汲取有益的经验,推动中国创新奇迹的诞生!

目 录
CONTENTS

第1章

从“帝国主义”到“苹果主义”——论乔布斯的“精英创新” 1

很多人认为“越多即是越好”，很多企业，着重于一种互联网式的平等主义，高举“大众智慧”和“开放创新”。将所有的观念收集于意见箱，付之于书中、学术研究中，最后生产出集体智慧。

但，苹果不同。

乔布斯创立它，离开它，又于1997年回归它，他建立了一个精密的创新工厂，并遵从另一条创新公式——更精英更个性。

一个修炼成精的“苹果精” …………………………………… 1

1.Think Different：“电影导演式创新” /2

2.苹果的“N精主义” /3

一个让比尔·盖茨感到害怕的人——魔鬼精英乔布斯 ………………… 7

1.“这家伙太可怕了”——“微软的桌面系统都是抄苹果的”？ /7

2.“你可以不喜欢他但你无法忽视他”——传奇的人生造就魔鬼精英 /8

3.残酷的完美主义——他不是技术人才,他是技术标杆 /13

一个永恒的创新基因——每一款成功产品几乎都奠基于一款失败产品 17

1.苹果近年来少见的一次失败产品 /18

2.领先市场12个月的思考 /20

3.不是去创造产品,而是创造一个开发一流产品的环境 /21

一种被“苹果主义”俘获的快感——乔布斯·时尚·生活方式 ………… 23

1.秘闻:从帝国主义到“苹果主义”的华尔街 /24

2.革命:从iTunes到iPad的“半遮半掩” /26

3.强权:新秩序与被征服的“苹果粉” /28

第2章

从个人电脑到智能手机——论乔布斯的“颠覆性创新” 37

乔布斯并不是计算机科学家,也没受过硬件工程师或工业设计师方面的训练。

从个人电脑到MP3,再到智能手机,苹果公司涉足的所有业务都是它进入前就已经存在的。

但是,乔布斯在寻常中颠覆性地创造了不寻常,他彻底改造了这些行业。

颠覆、再颠覆——像苹果一样直面消费者的喜新厌旧 ………………… 38

1.N条大路通罗马——颠覆就是“重新定义产品” /38

2.和上帝玩游戏——颠覆就是“重新定义游戏规则” /43

引领个性化需求——让苹果“被咬一口” ………………………… 48

1.疑问:为什么在拥有苹果后,就变成了他人眼中的时尚潮流一族? /48

2.反思:如何学习苹果塑造自己的品牌个性 /50

第3章

从"头脑风暴"到"A级海盗"——论乔布斯的"好而不贵的创新" 71

创新是苹果的秘密武器,但是乔布斯并不笃信创新来自一套现成的"系统"。

苹果的员工从不参加那些旨在锻炼创新能力的研讨会,因为大家共同努力奋斗并深信不疑自己正在从事一项意义重大的工作。

让一个创新团队出色工作并不难,难的是让他们拥有"苹果式灵魂"——深切知道自己为何而战。

为设计人员扫清障碍——脑力激荡讨论会 …… 72

1.像乔布斯一样正确应用"头脑风暴" /72

2.跳出固有模式——七步提升"头脑风暴" /75

股权激励:与公司同仇敌忾 …… 80

1.股权设计:从"情理法"到"法理情" /82

2.一手抓激励一手抓治理,走好平衡木才能成功 /86

真正的好故事——打开PowerPoint或Keynote之前的激励 …… 90

1.打造大明星——像乔布斯一样塑造舞台形象 /91

2.成为完美的艺术大师——让演讲更加流畅自然 /96

第4章

从"烂苹果起死回生"到"金苹果红遍全球"——论乔布斯的"焦点创新" 104

乔布斯提出了"焦点论"。他说:"如果苹果公司要继续生存下去,我们就一定要砍掉更多的项目;我们要有焦点!做我们擅长的事!"他还进一步强调:"这个世界上不需要另一家戴尔公司或者康柏公司!苹果公司的根本是为人制造电脑,而不是为公司!"

正是这一论断和行动,使得当年的苹果"起死回生",如今的苹果"红遍全球"。

行动篇:苹果断臂之后的起飞——寻找焦点 ………………………… 105
1.用专注寻找产品焦点——他们和乔布斯想的"完全一样" /106
2."不要给用户太多选择"——我们只会提供最好的那一个 /112
3.苹果"宜家店面"——聚焦时尚,创造体验,扫除障碍 /116
心态篇:内心"聚焦"——不要浪费时间活在别人的生活里 ………… 120
1.不论你想成为什么样的人,都应该像乔布斯一样"活出自我" /120
2.兴趣是胜利的秘诀——成功其实很简单 /123
3.你可以不完美,但像乔布斯一样追求完美是一种幸福 /126

第5章
从"苹果电脑公司"到"苹果公司"——论乔布斯的"企业转型创新" 137

2007年美国当地时间1月9日,乔布斯宣布:为消除公司只生产电脑的形象,"苹果电脑公司"将改名为"苹果公司"!

乔布斯说:"之所以更改公司名称,是因为苹果电脑正由一家电脑制造商转变成消费电子产品供应商。"

这一天,乔布斯期待了两年半,这也是苹果最伟大的转型。

史无前例——"苹果"转型几起几落 ………………………………… 138
1.从产品制造商到内容制造商——他是如何做到这一点的? /138
2.惊艳转身——到底是"封闭为王"还是"敞开怀抱"? /141
3.谁在意你的产品?——像乔布斯一样,懂得消费者的心愿与梦想/147
后乔布斯时代,苹果能否依旧"芳华绝代" ………………………… 150
1.乔氏基因植入苹果——"后乔时代"竞争更烈 /151
2.iPad到底带来了怎样的局面? /152
3.苹果iPhone何以席卷世界——重新认识品牌 /155

第6章

从商业智慧到管理方法——论乔布斯的“人才创新” 165

苹果一直是人类欲望的代表，伊甸园的苹果诱惑了夏娃，从而有了人类。现在，改为乔布斯的苹果让人癫狂。

自乔布斯辞世以来，各大媒体报道铺天盖地，一致缅怀这个不亚于爱迪生的天才。

但乔布斯留给众人的财富，远不止他的苹果产品和苹果公司这么简单，他的商业智慧和管理方法，也是后人说不完的话题。

他为什么总是能挖到自己想要的人才？ …… 166

1.为什么苹果员工对于乔布斯的支持率高达97%？ /166

2.在中国如何“应用”乔布斯的“个人驱动”？ /170

乔布斯给中国CEO的三堂人力课 …… 174

1.人本竞争力课——深度理解“人性”后的殊途同归 /174

2.“产品挑选人”课——持续狂奔，不断升级 /176

3.品牌秘方课——做不好品牌，就不是好CEO /178

为什么中国走不出乔布斯？ …… 181

1.企业家说：成王败寇文化决定中国出不了乔布斯？ /182

2.经济学家说：中国人喜欢赚安稳钱？ /185

第7章

从乔布斯到“你被乔布斯了吗”——中式“乔粉”论创新 199

从所有公开的资料记录中，乔布斯真的从未踏足中国大地(他是否曾经易容改装微服探访过，不得而知)，这与很多全球知名企业的掌门人们时不时就要来访一下中国这个“全球最大的市场”截然不同。然而这并不妨碍很多中国人为他而疯狂，也不妨碍诸多中国企业要学习他，被他改造着，这就是乔布斯在中国的影响力。

中国CEO是如何“被乔布斯”的？ …………………………………… 200
1.周鸿祎：学乔布斯的拿来主义　/200
2.李开复：乔布斯无法复制　/201
3.柳传志：“苹果正错过中国商机”　/202
“乔神”与中国的恩怨——“双十记” …………………………… 203
1.乔氏成功十法则——“这就是你想要的！”　/204
2.乔氏成功十变革——这是被乔布斯改造的科技世界　/206
3.“门徒”PK——山寨心态与苹果精神　/208
“这回苹果真的缺了一块”——乔布斯的“空洞”，谁来补上？ ………… 209
1.若无乔布斯，苹果电视岂能笑看春风吹？　/211
2.他们都是“苹果控”——乔布斯走了，体坛慌了？　/213
谁可能是下一个“乔布斯”？ ……………………………………… 217
1.他给中国企业留下了哪些启示？　/218
2.库克能否带领永失乔布斯的苹果继续造梦？　/220
探秘苹果中国——“精疲力竭的人们看到了创新之路” …………… 222
1.零售店的秘密——如何优雅而急速地攫取中国市场？　/224
2.扩张的阴影——丰富而稍显混乱的渠道管控　/228
3.乱局求变——苹果中国亦开始有所侧重　/230
4.苹果生态圈——“Stay hungry，Stay foolish”　/233

第 1 章

从“帝国主义”到“苹果主义”

——论乔布斯的“精英创新”

很多人认为“越多即是越好”，很多企业，着重于一种互联网式的平等主义，高举“大众智慧”和“开放创新”。将所有的观念收集于意见箱，付之于书中、学术研究中，最后生产出集体智慧。

但，苹果不同。

乔布斯创立它，离开它，又于1997年回归它，他建立了一个精密的创新工厂，并遵从另一条创新公式——更精英更个性。

一个修炼成精的“苹果精”

苹果公司深信精英文化，这种“苹果的工作是独一无二的”文化，使得苹果公司在全球最佳雇主排行榜上都名列前茅。

我们来看看乔布斯的指导理念，看看苹果是如何一步一步地“修炼成精”的。

1. Think Different:“电影导演式创新”

这条法则反映在iPad平板电脑中,这是一款有潜力的颠覆产品,很明显地集乔布斯的品味与观点于一身,它也贴上了苹果早先的市场座右铭:Think Different。

观察家、企业和政府创新顾问约翰·考说,苹果代表一种“电影导演式创新”。他说,在项目领导的个性和产品之间,有一种紧密的联系。电影由强有力的导演打造,最明显的例子就是希区柯克的《迷魂记》和卡梅隆的《阿凡达》。在苹果,产品与最终设计领导乔布斯存在联系。从电脑到手机,苹果的产品以“时尚、强有力、娱乐大众”而闻名。他设计产品,忌复杂,去芜存精,绝不向工程师脑中塞进所有的功能。

科技预测家和硅谷顾问保罗·沙佛说:“苹果的品质定义曾是约束的设计。”约束,这是乔布斯的个人品味——乔布斯的黑色高领毛衣、蓝色的牛仔裤、跑鞋,这就是一种象征。

数年前,在乔布斯的家中,他说他喜欢整洁、节约的内部空间,他还解释说要在卧室里采用简单的木椅,保持高雅风格,他喜欢20世纪家具设计师George Nakashima的作品。乔布斯曾说,伟大的产品必有品味。品味,是学习、观察、深透过去与现在文化的副产品,同时也是“向人类过去所为表达自我,并将这一切带入自我所为”。他的产品设计哲学不是从会议中或者从市场调查中得来。他的同事说,乔布斯公式依赖于固执、耐心、信仰和直觉。他深入硬件与软件设计选择,这些都需要他亲自肯定或否决。当然,他是大团队的一员,而不仅仅是一个领导。实际上,他常将自己描述为团队领导。在挑选团队关键成员时,他试图寻找以倍数增长智能的因素。

真正出众的设计师、工程师、管理人才,在他看来,不只比好的人才优秀10%、20%或者30%,而是好10倍。他们的贡献是神奇产品的原材料,他们使得用户重新思考自己的观念,如到底是音乐播放器,还是手机。哈佛商学院大卫·B.约夫说：“真正的科技创新带来飞跃，它期待能找到别人不知道的，但却人人所有的，然后重新定义产品，将其表现出来，乔布斯就是这么干的。”

无疑，乔布斯是一个才华横溢的市场推广人员和表演者，同时也是一个科技的倾听者，他自己称这是“追踪科技超前指引”，并以此来判断市场上有趣的创新。

2. 苹果的“N精主义”

汉字的“精”内涵深广。任何一个复合词也无法取代它。于是，便有了N个精复合的“N精主义”概括苹果文化。

这个“精”体现为：精英主义、精简主义、精专主义、精细主义、精湛主义、精美主义。

这些以“精”为核心的文化要素互相关联、同时并存。

“精英主义”是苹果的人才文化。

一群想“改变世界”的精英聚集在苹果旗下，组成一流的团队。苹果所招募的人都是顶级大腕，这才使得苹果产品“有范儿”。

这些顶级大腕人才，包括参与第一台苹果机生产而大显身手的制造天才沃兹(Stephen G.Wozniak)以及百事可乐前总裁约翰·斯高利。

乔布斯认为，精英和普通员工的产出差异是10倍，甚至几十倍。这种精英主义人才思想，在美国电视剧《加里森敢死队》中得以充分体现。这支队伍中的每一个人都身怀绝技，他们深入敌后，屡立战功。

“精简主义”可以导致“精专主义”，聚焦在少量产品或一个产品的少数指标上，并由“精细”达到“精湛”，最后做到极致便是“精美”。

苹果的产品线，长期保持在10条之内，并以少量产品达到最高的市场占有率。2010年iPad的市场占有率已经达到85%。

苹果的战略思路，很符合西方教育家吉姆·柯林斯的三环模式或刺猬理论:做自己最擅长的、最有激情的、能赚钱的。

苹果的"精简主义"和"精细主义"在中国也符合老子的"图难于其易,为大于其细;天下难事必做于易,天下大事必作于细"。

这是普遍的大道真理,是其成功的"道理"。

中国企业需要摆脱浮躁、贪大、粗放的文化,借鉴苹果"N精主义",走向以"精"为特点的内涵式发展之路。

第一,异行精神

标新立异、特立独行的精神,简称"异行精神"。这是精英人才的性格特征。精英总是与众不同,这种"异行精神"总是表现为"颠覆式创新",颠覆行业模式、带来行业革命:革命性的Mac(Macintosh,苹果电脑)、革命性的CD和DVD驱动器、革命性的iPod、iPhone和iPad等。

乔布斯在斯坦福大学2005年毕业典礼上的演讲中提到的"跟着直觉和好奇心走,不被教条束缚",是其"异行精神"的最好注解。他是一个"右脑导向者"。相反,一个人如果"跟着逻辑理性走,不违背既定规则",他就是"左脑导向者"。左脑导向者往往是循规蹈矩的,不可能标新立异、特立独行。

这是一个理性主义至上的时代,是一个"阳(理性)盛阴(直觉)衰"的时代,中外教育的主流是培养"左脑导向者"。这就是乔布斯当初离开学校的真正原因。

"慧"和"智"是两回事。人类经历了"大慧无智"、"大慧初智"、"智长慧隐"、"智增强化"、"智成灵生"几个阶段。其中"智长慧隐"期代表性的思维模式是亚里士多德演绎法。"智增强化"期代表性的思维模式是培根的归纳法。"智成灵生"期代表性的思维模式是爱因斯坦的直觉法,属于慧性思维。

乔布斯就属于"慧性思维类"。"异行精神"的思维本质是"慧性思维"。乔布斯早期不受约束的嬉皮士生活方式奠定了他"异行精神"的基础,而他参禅悟道所培养出来的"慧性思维",才是他"异行精神"的真正内核。

因为,真正的"异行精神"必须符合宇宙大道,否则就是胡思乱想、胡作非为。(当然,乔布斯的修行并不到位,他的标新立异、特立独行也常有出偏

的情形)

老子曰:“为学日益,为道日损。”智能化知识要每天增加,而慧性培养与感悟大道则需要减少脑中的理性智识。当理性智识减少为零,则大道浮现。智用脑,慧凭心。

当西方学者正在利用中国黄老文化和东方佛学撬开慧性宝库大门时,我们华夏子孙更应自觉开发慧性并产生颠覆性创新思维。中国的企业家要学习乔布斯,并尽快成为左右脑平衡、慧智双运的领导者。

第二,艺技主义

乔布斯是一位具有艺术家气质和高度美学素养的企业家和技术人才。他是少有的跨界人才。

自从大学专业细分之后,这种人才就越来越少了。他弥合了艺术和技术的界限,能够用技术表现艺术,就像在皮克斯公司用数字技术演绎影视艺术一样。

他更能够艺术地运用技术,诗一般地创造产品,以致苹果的每一款产品都堪称艺术品。如,iMac蓝莓、葡萄、草莓色系的机箱,而智能手机iPhone系列,以其时尚、前卫的外观,迅速征服了消费者。

这种融合艺术与技术的产品文化,在此称之为“艺术化技术主义”,简称“艺技主义”。

乔布斯对这种产品文化的培育, 就像严格苛刻的著名指挥家卡拉扬。卡拉扬曾经指挥柏林爱乐乐团重新演奏欧洲古典音乐。他要求每个乐手对于每个音符细节都要精准把握,容不得半点含糊。乔布斯甚至对看不见的电脑主板都要求具有美感。他的名言是:“了不起的木匠是不会用糟糕的木头做柜子背面的,虽然没有人会去看它。”

艺术是有情感的。艺术地运用科技,所产生的人性化技术符合高科技时代的顾客要求。

现代科技的演进,应验了未来学家约翰·奈斯比特(John Naisbitt)的预言之一:“从强迫性技术向高技术与高情感相平衡发展。”

苹果之所以被称为苹果教派，并引发粉丝们宗教般地崇拜，就在于其技术中蕴含着丰富的人性化情感与美感。

第三，PK精神

PK，即Player Killing，是对决、决斗之意。

乔布斯身上具有这种傲视群雄、唯我独尊的江湖霸主精神，也有人称之为角斗士精神。他永远认为自己是最棒的、永远不服输。还是送给他一个符合IT行业的概念，“PK精神”吧。

这种强势的“PK文化”，直接来源于美国的“挑战文化”(challenge)。美国人的口语中，经常出现“挑战”一词。他们喜欢做有挑战性的事情，也愿意挑战对手。橄榄球、篮球等对抗性的体育运动就是这种挑战文化的教化工具。西点军校到处可见的口号，“GOARMY，BEATNAVY”(“陆军胜利，打败海军”)，衍伸含义是“击败对手，必争第一”。这就是这种美国文化的结晶。巴顿将军则是这种PK文化的代言人。

苹果面对对手总是迎面痛击，绝不手软。他或是当面辩论，或是广告攻击。最典型的案例就是锤砸大哥IBM的“1984”广告。

苹果的“PK精神”来自于其精英主义的自信和海盗般的孤傲。

而在中国，我们更多地奉行“不战而屈人之兵”；“不争而善胜”；“善为士者不武，善战者不怒，善胜敌者不与”。当然，因为国情的不同，中国企业家对于苹果的所谓“PK精神”需要批判性借鉴。但是，我们中国企业同时要发扬中国人的“亮剑精神”，自强不息，拼搏进取。

第四，“个人主义”

“个人主义”并非贬义词。这是美国文化的一大特征。美国文化强调，每个人都是一个独立的个体，都可以有自己的个性并与众不同，他有着自由选择的权利。乔布斯则把这种本土文化在管理上和产品上进行发挥和放大。

乔布斯的员工曾说过：“什么中层、部门、领导，这些词我们统统没有，这就是我们独一无二的地方。”在乔布斯的王国里，上下级之间可以直呼其名、直抒己见，人们可以在各方面与众不同，这恰恰是精英们所喜欢的氛围，这才容易催生与众不同的创新。

个人主义的企业文化，在产品层面则是个性化地对待客户。苹果产品有着丰富的个性化选择设置及外观变化；苹果的专卖店也是个性化的一对一服务。

时至今日，“官本位”的文化还在我国企业普遍存在。在此，我们需要借鉴美国及苹果重视个人的文化，对内，建立真正的人本文化——以人的尊严和价值为本，并解放人的创造力；对外，则需要注重研究和满足顾客的个性化需求，并推出个性化产品和服务。

一个让比尔·盖茨感到害怕的人——魔鬼精英乔布斯

按照我们对这个时代的定义，史蒂夫·乔布斯一定可以在精英人士中排在前列。平民出身，个人奋斗，高科技产业，天才的创新意识，敏锐的商业嗅觉，也许，还可以加上纯粹自我的着装风格和坏脾气……何况，他生前是苹果公司的总裁，还是娱乐大佬、迪斯尼公司最大的个人股东。

乔布斯的人生是不可复制的，就连他的坏毛病都会成为他人生传奇的一部分。不过，从他身上，可以看到这个时代的潮流、喜好和评判方式。

1.“这家伙太可怕了”——“微软的桌面系统都是抄苹果的”？

在当今美国的IT行业，要说备受尊崇的人物，不见得是富甲天下、称霸全球的比尔·盖茨，而是……或许我们应该这么说，能让无往而不利的比尔·盖茨感到惧怕的人，就是苹果电脑的创始人、电脑动画权威皮克斯公司的所有者史蒂夫·乔布斯。

“这家伙太可怕了！”盖茨这样对朋友说。

事实上，尽管如今微软几乎控制了全球电脑的桌面系统，仍然会有使用苹果电脑的技术人员说：“没有苹果的Macintosh电脑，就不会有比尔·盖茨的微软，微软的桌面系统都是抄苹果的。”因此，当一向狂放不羁、极具个性的史蒂夫·乔布斯嘲笑微软“他们抄我们”的时候，这话就显得底气十足。

虽然同样具有少年从大学辍学、20出头就创办了自己的电脑品牌，并迅速成为影响行业发展的先行者和亿万富翁的经历，盖茨与史蒂夫仍然没有可比性。史蒂夫特立独行的个性、锐意创新领导潮流的创举、跌宕起伏的传奇人生经历、坚韧而强悍地力挽狂澜的能力，以及他在电脑界和娱乐界无可匹敌的影响力，都是市场占有率和财富远远大于乔布斯的盖茨无法企及的。

就像，无论在多么正式的场合，只有乔布斯敢永远以他那身黑色套头衫配牛仔裤出席。他总是那么特立独行，总能给人们带来传奇和惊喜。

2.“你可以不喜欢他但你无法忽视他”——传奇的人生造就魔鬼精英

乔布斯的人生经历，犹如多部好莱坞精彩影片的集合。

20世纪70年代的叛逆美国青年

1955年，乔布斯出生在加州的硅谷。他的故事要从他出生前讲起：由于母亲是一位未婚先孕的大学生，她决定让别人领养自己的孩子。领养的条件是希望孩子能接受好的教育，因此她挑定了一个律师的家庭。不料孩子出生后，律师夫妇却改主意要领养女孩，母亲只得给领养预备名单上的另一个家庭打了电话，接到电话的夫妇俩欣然前往，母亲却发现这夫妇俩不仅没念过大学，丈夫连高中都没上过，于是之后的几个月时间，母亲都拒绝签下领养合同。直到领养的夫妇向她保证，一定会供孩子上大学，乔布斯才成了这个蓝领家庭的孩子。

家境贫寒的养父母信守了让孩子上大学的承诺，17岁的乔布斯上了一所昂贵的大学。然而他很快发现上大学不仅让他花光了养父母的积蓄，还找不到自己想要的价值，于是，仅仅6个月之后，乔布斯就退学了。

年轻时乔布斯思想独特而混乱，他如同我们所知道的20世纪70年代的叛逆美国青年的形象，吸毒、嘶喊、苦修，崇尚各种奇特的文化。生活窘迫时靠捡垃圾卖钱来维持生活，每周日步行很远到当地一个印度教寺庙，靠施舍的食物吃上一顿好饭。他脑子里充满了各种奇思怪想，一度想当歌手，也动过去当时的苏联创业的念头。从大学退学后，他还曾只身到印度修佛参禅两年，探寻瑜伽的真相。

多年以后，成功者乔布斯向年轻的学子们演讲，讲述他这段混乱不堪的生活时，他说："当时看起来这些东西在我的生命中，好像都没有什么实际应用的可能。但是十年之后，当我们在设计第一台Macintosh电脑的时候，就不是那样了。我把当时我学的那些家伙全都设计进了Mac。那是第一台使用了漂亮的印刷字体的电脑。如果我当时没有退学，就不会有机会去参加这个我感兴趣的美术字课程，Mac就不会有这么多丰富的字体以及赏心悦目的字体间距。那么现在个人电脑就不会有这么美妙的字形了。"

起起落落，毁灭性的打击

说起苹果，乔布斯真正的传奇人生开始了。他20岁那年，他在电脑爱好者俱乐部的好友沃兹尼亚克发明了一台个人电脑。沃兹尼亚克只是觉得好玩，乔布斯却认为这能赚钱，他给电脑命名为"苹果一号"。

于是乔布斯卖掉汽车，沃兹尼亚克贡献了自己的两台电脑，他们开始制造这种个人电脑，卖给电脑爱好者俱乐部的成员。良好的销量让乔布斯意识到商业机会来了，他和沃兹尼亚克一起去找大公司，想卖掉自己的发明专利，结果没人理会他们。

颇具商业远见的乔布斯怂恿技术天才沃兹尼亚克一起开公司。老实人沃兹尼亚克几乎是被疯狂的乔布斯裹挟着，两人于1976年4月1日愚人节这天，在乔布斯养父的车库里创办了苹果电脑公司。公司的第一个雇员，是乔布斯的妹妹。

一年之后，他们成功开发出“苹果二号”电脑，这是有史以来第一台具有彩色图形显示功能、键盘、电源和造型的个人电脑产品，也是第一台在市场上进行销售的个人电脑。当年公司的产值便突破100万美元。1980年，苹果公司在美国上市，公司股价一路上升。乔布斯和沃兹尼亚克一举成为亿万富翁。乔布斯因此第一次上了《时代》周刊的封面。

苹果成为美国发展最快的电脑公司，1984年，该公司已成为拥有4000名雇员、资产超过20亿的大公司。同年，公司发布了Macintosh产品，也就是著名的苹果Mac机。然而不久，戏剧性的事情发生了，苹果的创始人乔布斯被公司踢出了门。而踢他出门的，正是他亲自请来的管理者约翰·斯高利——在苹果公司蓬勃发展的时候，乔布斯觉得有必要邀请一位优秀的商业高手来和自己一同管理公司，于是他对当时百事可乐的经理人约翰·斯高利说：“难道你想一辈子都卖汽水，不想有机会改变世界吗？”

乔布斯这样描述这段经历：“在最初的几年，公司运转得很好。但是后来我们对未来的看法发生了分歧，最终我们吵了起来。当争吵得不可开交的时候，董事会站在了他那一边。所以在30岁的时候，我被炒了。在这么多人的眼皮下我被炒了。在而立之年，我生命的全部支柱离自己远去，这真是毁灭性的打击。”

事实上，乔布斯的标新立异和坏脾气，使他在公司众叛亲离，而他的独断专行也使约翰·斯高利觉得不可忍受。最终，约翰·斯高利以离职相要挟，让董事会炒了乔布斯的鱿鱼。

一切如同乔布斯所言，这对他真是毁灭性的打击。但是，另一番新兴的事业却因此得以开始。

绘制好莱坞路线图——革动画电影的命

乔布斯几度与苹果董事会沟通、道歉，最终也不能挽回败局，他一怒之下，卖掉手中所有的苹果股票，发誓干一番比苹果还大的事业。

他说："我当时没有觉察，但是事后证明，从苹果公司被炒是我这辈子发生的最棒的事情。因为，作为一个成功者的极乐感觉被作为一个创业者的轻松感觉重新代替，对任何事情都不那么特别看重。这让我觉得如此自由，进入了我生命中最有创造力的一个阶段。"

最初，他创办了一家名为NeXT的电脑公司，开发电脑新技术。很快，乔布斯独具的商业慧眼又开始发挥作用了———1986年，他以1000万美元的价格，从"星战之父"、也是美国电影电脑特技之父卢卡斯手中，买下了当时小小的、很不景气的电脑动画制作工作室，成立了皮克斯公司。

皮克斯公司最初的业务是生产电脑卖给学生，但这并不意味着乔布斯放弃了这个公司原先的电脑动画制作优势。他所着眼的商机和巨大利益在10年后终于来到：几经困难之后，1995年，皮克斯公司制作的3D电脑动画片、也是世界上第一部用电脑制作的动画电影《玩具总动员》面世了。

《玩具总动员》的横空出世不仅在市场上大获成功，也对传统的动画影片带来革命性的影响。皮克斯公司当年立刻上市，并迅速成为3D电脑动画的先锋和霸主。

从此以后，IT精英乔布斯开始成为影响娱乐行业的大鳄，好莱坞开始有他的一席之地。

《海底总动员》、《超人总动员》等一系列动画电影的成功，不仅展示了皮克斯无可匹敌的技术力量，更是体现出一种生机勃勃、充满想象力的鲜活动力。它的产量虽然不高，却令梦工厂、华纳等竞争对手无法望其项背，使得成功垄断世界几十年的动画大佬迪斯尼更加显得步履蹒跚。一切正如乔布斯所说，他生命中最有创造力的时代开始了。

与此同时，他所创办的又将他踢走的苹果公司却在新的竞争中江河日下，连换了几任总裁也不能挽回颓势。乔布斯的机会来了。

iPod令苹果公司全面翻身

我们不知道乔布斯是否曾经发誓,他一定会回到苹果,我们只知道他对苹果的感情深厚,难以割舍。

事实是,1996年,乔布斯将自己的NeXT公司卖给了亟待新技术支持的苹果,他因此担任了苹果公司的总裁顾问。据说,他施展了一些阴谋诡计,最终使得当时的苹果总裁愤然出走,于是,他当上了"临时总裁"。1997年,乔布斯终于使得苹果欢天喜地地迎回他做总裁。

重回苹果的乔布斯立刻雷厉风行地整顿苹果公司,似乎为此准备已久。

在他领导下,公司以不可思议的10个月的时间就开发出了塑料外壳包装、极具个性化风格的iMac电脑。为了设计出独特的外形,他甚至向糖果公司的包装专家讨教。iMac电脑的出现震惊了整个电脑界,并在市场上大获青睐,沉寂已久的苹果电脑终于重放光彩。1997年,重振苹果的乔布斯再度登上《时代》周刊的封面。

坚信"个性化"市场前景的乔布斯继续在苹果推行一系列个性化的电子产品,他对个人用品市场的重视再度引领了IT业产品的革新风潮。

但在他继续引领苹果开发包括电子书库等各类个性化电子产品时,新的消费时尚的变化,使得苹果这些过度开发的产品迅速淘汰。

2000年,苹果公司再度出现季度亏损,股价下跌。

在这危急关头,乔布斯再度以他天才的创造力和商业眼光拯救了苹果:他决定从单一的电脑硬件厂商向数字音乐领域多元化出击,于2001年推出了个人数字影音播放器iPod。

事实证明,乔布斯的iPod成为苹果公司全面翻身的一支奇兵。2004年全球iPod销量突破45亿美元,到2005年下半年,苹果公司已经销售出去2200万枚iPod数字音乐播放器,而通过其iTunes音乐店销售的音乐数量则高达5亿首,在美国所有的合法音乐下载服务当中,苹果公司的iTunes音乐下载服务占据了其中的82%。美国《商业周刊》撰文指出:自从2001年以来,凭借iPod,苹果创造了148%的营收增长。

3. 残酷的完美主义——他不是技术人才，他是技术标杆

乔布斯是一个与中国传统美德几乎完全格格不入的人——狂妄自大、脾气暴躁、缺乏耐心；这与我们心目中成功企业领袖的形象相差千里。但正因如此，我们就更有必要去研究一下——看上去有如此性格缺陷的人，为什么能够取得如此辉煌的成功？

首先，乔布斯的讲演总是给人意外，其轰动效应全球数一数二。

他一袭黑衬衫、牛仔裤和白球鞋的便装，轻松活泼的讲演却令人迷醉，严肃主题在温馨感人或诙谐有趣之中直接触及每个人的神经，尺度拿捏得刚刚好。不知情者可能以为那是演讲天才的即兴发挥。而实际上，乔布斯每一场讲演都需要几个星期的预先准备，上百人的协同工作。

工作小组会从公司内外搜集充足的视频和图像，从中选出最满意的给他。乔布斯会毫不留情地砍掉其中的大部分，以至于工作小组不得不数次返工。虽然有些不可理喻，但是最终拍板定下的资料肯定是最棒的。

然后要进入彩排，每回彩排参与者都会毫无例外地受到乔布斯痛责。他迫使小组更玩命工作，除非他自己和大家做得堪称卓越。每段演示都要精确无误，每一个图片和手势都要寻找最佳的契合处。

乔布斯的演讲，聚合了所有工作人员的能量与天分，依靠精确的细节控制，在若干次秘密彩排之后才会呈现给苹果的狂热爱好者们。

其次，这种残酷的完美主义，更多体现在苹果新产品的研制中。

在许多公司的产品开发过程中，技术、设计等部门往往会以“做不来”为由，进行缩水处理。这时候就需要一个铁腕领导者将“no”变成“yes”。这需要一种超越了技术、超越了理性、超越了现实的直觉判断力。

无论是苹果的技术员还是合作伙伴，当场理解和认同乔布斯要求的并不多，但很多人承认，乔布斯的压力让他们做出一些超越自己能力的成果。即使那些他参与不多的产品，也会因为他的最终审核而提升水准。乔布斯

不是技术人才，却是一个“技术标杆”。

时过境迁，人们多会赞叹乔布斯的先知先觉。可是在过程中，那些有着强烈自尊的技术尖子，却常常难以忍受乔布斯的暴躁和挑剔，以至于有一种说法，没有人可以跟乔布斯合作一次以上。一次，乔布斯曾要求一位设计师在设计新的Macintosh电脑时外表不能看到一颗螺丝。后来，那名设计师设计的模型里有一颗螺丝稍微露了出来，结果乔布斯立马就把他开除了。

设计并不是简单的线条与空间的组合，而是一种审视世界的态度，是人们解决问题的方法，一种具有普遍意义的态度和方法。没有对完美的疯狂与忘我，就不可能是苹果急需的人才。这是乔布斯的信念。

乔布斯总是抓住核心人员，而苹果总是拥有或控制着他们所做的所有事的核心技术。一名刚进入苹果公司的设计师年薪在20万美元左右，比行业平均水平高50%。十年的积累，使得苹果有能力为iPod、AppleTV和iPhone赋予灵魂。乔布斯在苹果年度大会上用iPhone手机打出的第一个电话是给台下的乔纳森·伊芙(Jonathan Ive)，这个为苹果诸多产品定调的设计者。

乔纳森巧夺天工的设计(第一代iMac、iPod、iPhone等)，将苹果标榜的简单、朴素的气质诠释得淋漓尽致。曾经有人这样评价乔纳森：“乔布斯找到一个不仅懂得如何完成他的理想，甚至能超越他的想像力，而且一次又一次做到的人。”

对人性至察而又通明，使得乔布斯能够最真切地把握住用户潜在的需求；对图文象形表达的痴迷，又使得他对那些让人们醉心的小物件慧眼识珠；还有他那残酷的完美主义，无疑给他的团队和合作伙伴树立了很高的标杆。天赋和意志力完美结合，彻底的精神自由，使得乔布斯这个不懂技术的人，成为苹果技术创新的灵魂。

“求全责备”与“求全之毁”形影不离。人性之中，有许多劣根性诸如偷懒、虚荣、过度自尊、追求轻松享乐等在顽强地发挥着作用。求全责备可能是出产品、出人才的最好形式，但常常会超出一个充满自尊的人才所能接受的程度。

完美主义者乔布斯认为人性中所谓的“自尊”,可能会成为苹果未来发展的重要障碍。因为,那些甘愿忍受他的“虐待”的人,是他的“同志”;那些怨天尤人的抱怨者,压根就不配和他生活在同一个星球上!

第三,乔布斯代表了人类英雄观的转移

乔布斯去世,意料之中肯定会在“苹果粉”中引起强烈的反响,但是国际政界、商界大佬们等的悼念却远超预计。当代没有与之相比的政治家、军事家,甚至宗教领袖,乔布斯的哀荣可能标志着人类英雄观的转移。

乔布斯和爱因斯坦、爱迪生、盖茨有很大的不同,没有自己绝对的学说、发明、控股权,演绎王者归来以后,用智能手机和平板电脑在3年之内改变世界,在消费主义时代,“工匠”将成为最大的英雄。

乔布斯远远不是一个完人，他是一流的产品设计师和一流的演说家;二流管理者和二流合作伙伴;三流的道德楷模和三流的情人。但是乔布斯是一个当代的传奇,后世的传说。

新华都总裁唐骏表示:“能把技术、艺术、工业设计融为一体的CEO就乔布斯一人,过去没有,未来五十年也很难,把濒临倒闭的公司做成世界第一,一百年也只会有乔布斯一人。”

腾讯CEO马化腾也表示:“乔布斯完美地把科技和艺术结合,创造世界上最优雅的产品,不仅留下了市值最高的公司,更留下了人们对他深深的怀念。我们还能再崇拜谁呢?”

……

就乔布斯本人来说,他身上绝不仅仅是创新的气质,至少还有这样几点性格特质值得我们思考:

1)成功来自坚定

他对品质和客户体验的极致追求导致他当初被赶出苹果,也造就了今日的辉煌,正如评论家所说:“自苹果创立以来的三十年时间里,乔布斯一直都保持着极度的一致。对完美的要求、对不凡设计的追求、营销的直觉,以及对易用性和兼容性的坚持,从一开始他就拥有了以上这一切。只不过当初它们是出现在错误时间的正确直觉。"实际上,在他被赶出苹果后,也就是他最背运的时候,他还是依照自己的思路成立了新的公司NeXT,希望打败苹果,证明自己。虽然目的没有达到,但最终他重返苹果,依靠的也还是NeXT公司的软件。他甚至在面试的时候,会故意当场否定面试者以前的业绩,就是要看看他们是否对自己曾做过的事情持有坚定的信念、信仰和自豪。

2)擅长说不

和消费电子行业庞杂的产品线、和消费电子产品令人眼花缭乱的功能相对比,乔布斯是做减法的高手。他非常擅长缩短产品线和简化产品的额外功能,以便增加产品的易用性。于是,在很长一段时间里,苹果公司最多仅涉及6大产品生产线:两大台式机、笔记本电脑、显示器、iPod和iTunes。他大刀阔斧地砍去了苹果操作系统中的很多功能,而iPod软件上的一些功能,例如录音和收音机,始终没有在硬件上激活过。

咆哮也是管理,关键要看时机。乔布斯看似简单粗暴,其实却有很高超的管理技巧,他非常擅于利用争吵和吼叫去控制员工的情绪、激发他们的斗志,他很清楚什么时候该怎样表现。他有时表现出令人难以忍受的控制欲,有时却又能给人以超乎寻常的创作空间。所以,苹果有很多人因为业绩问题被解雇,但是主动辞职的却很少,苹果的员工都心怀被解雇的恐惧,却又饱含"在世界上留下痕迹的救世主般的热情"。苹果的运营效率很高,甚至超过这行业的标兵戴尔;苹果的组织结构异常扁平,管理执行团队只有10多人;苹果的保密工作做得好,可以和中央情报局相比。所有这一切,决不是骂人就可以搞定的。

3)抓小放大

在20世纪80年代,乔布斯住在一个没有什么家具的房子里,因为他的完美主义让他买不到合乎标准的家具。乔布斯完全不知中国领导总讲的"抓大放小",在他眼里,细节就是一切,他就要揪着不放。他会驱赶研发团队花费几个月的时间去调整窗口的滚动条,会让灯光师不厌其烦地测试舞

台灯光以求最佳的展示效果，会亲自拎着别人的包装盒向设计师推荐创意。

从某种意义上讲，乔布斯在苹果并不是一个CEO的角色，因为他基本上不管运营、不和华尔街打交道，他的工作性质更接近于“触媒式人物”——给人以灵感，激励别人去行动。正如他1998年接受《财富》杂志采访时说的：“创新不是钱的问题，重要的是你拥有怎样的人才、如何引导他们，以及你从中得到多少收获。”

长久以来，中国的文化和商业环境一直无法很好地让类似乔布斯这样优点和缺点同样明显的人释放能量，这也是造成中国企业几乎都面目相似、创新乏力的一个原因。所以，乔布斯在苹果公司里为自己架构的组织框架，也很值得中国的企业仔细研究、学习一下。

一个永恒的创新基因
——每一款成功产品几乎都奠基于一款失败产品

试着将乔布斯的个人传奇淡化，你会得到另外一个故事——苹果的历史。

一家公司如何获得创新基因，又如何破坏了它们？

一家公司怎样可以通过一系列创新产品从濒临死亡的状态变为全世界的宠儿？

某种程度上，乔布斯和苹果所做、所经历的，也许是近代商业史上最有趣、也最具启发性的商业案例。

很多大公司在讲述只有通过“内部革命”才能保持创新时，都引用了乔布斯开发Macintosh时的案例：他把一个开发团队封闭在一个独立的办公楼中，将他们命名为“海盗”，以此塑造与公司其他“正规海军”对立的情绪，最终开发出一款与当时苹果的开发思路截然不同的产品。而很多中国CEO也从不讳言乔布斯是他们最欣赏的商人，因为对方“总能领先其他人一两年看到一个新市场的崛起”。

这是苹果“永恒”的一个创新基因——从失败中寻找创新。

1. 苹果近年来少见的一次失败产品

在一次公开演讲上，乔布斯说苹果公司有“三条业务线”和一个“业余爱好”。前者包括电脑、以iPod和iTunes为核心的音乐业务以及手机，而AppleTV则属后者。

那些观看过乔布斯演讲的人，普遍相信AppleTV是一款颇为创新的产品。据乔布斯演示，它可以通过无线网络连接个人电脑，播放其中的电影、电视剧和音乐。理论上，这不仅强化了电视和电脑的功能互补，也能够进一步促进数字媒体的发行。

但公允言之，现在的AppleTV并不可能取得iPod式的成功。

当前版本的AppleTV不能直接从网络上购买电影，而且，虽然它只能应用于高清电视，但用户能够从网络上买到的电影和电视剧，都还不具备高清分辨率，这就弱化了其视效。甚至，它没有配置DVD光驱，这也极大束缚了它作为数字家庭入口的能力。

而在一些细节上，苹果的处理也差强人意。比如，AppleTV一个有趣的功能是“屏幕保护”：用户可以将自己的数码照片以幻灯片方式随意展现在电视上。但问题是：虽然AppleTV能够和多台电脑无线连接，调用它们的音乐库，但它只能从一台电脑上调取照片。此种设计缺陷，也充分证明了苹果公司尚不能清楚判断每个功能对于用户的价值，以及相匹配的产品需求。

远未到结论时刻。

在多数人乐于相信苹果是一家懂得如何发明出完美产品的时候，人们其实忽视了，苹果始终保持着持续改进的风格。

比如至今总销量已经超过一亿部的iPod，就是一款成就于无数挫败之上的产品。2001年年底，苹果推出的第一款iPod实则并不具备热销的条件：它只有5个小时的续航时间，无法应用于Windows系统，甚至其最重要的功能随机播放音乐(shuffle)，也被隐藏到几层菜单之下。因此，在iPod推出的第一年，它只卖出了10万台。

乔布斯没有因为这一糟糕成绩而否决这款产品——关于他是如何判断产品价值的，后面我们会有更为详细的阐释——围绕iPod，苹果做出了很多改进努力：开发出一款足够好用的音乐管理软件iTunes、构建网上音乐商店、降低iPod能量消耗以提升其续航时间、与Windows系统实现兼容……苹果似乎始终能够很清晰地看到这款产品的问题，并非常有针对性地予以解决，这最终促成了iPod奇迹：2004年起，第四代版本的iPod和iPodmini的推出，让其年销量达到826万部，一举成为了21世纪的Walkman(随身听)。

我们甚至可以作出一个较为极端的结论：苹果是一家在失败中强大起来的公司。它的每一款成功产品几乎都奠基于一款失败产品：苹果II之前有苹果I、Macintosh前有Lisa、Macintosh的操作系统OSX之前有NeXT……换个角度，也可以说苹果是最敢于自我革命的公司，它从来没有停留于任何一款成功的单一产品。

同样，个人层面，乔布斯也在教训里实现了“进化”。自1980年代初期即开始追踪苹果的分析师Tim Bajarin认为，正是在被迫离开苹果公司的岁月里，乔布斯从一个纯粹的理想主义者，变成了一个在战略上的现实主义者，并保持着自己在技术、设计和营销方面的完美主义。正因此，他在回到苹果后，首先向盖茨发出邀请，让微软投资于资金紧缺的苹果公司。而从2006年起，他又让苹果电脑使用英特尔公司的芯片，并开发出在苹果电脑上应用Windows的软件——年轻时，乔布斯曾认为微软和英特尔的产品是“邪恶的”。

公司政治的失败教会了他很多东西。这个曾经年轻气盛的硅谷金童，在1997年回归苹果后，一直小心翼翼地担任着“过渡CEO”的角色，直到2000年，苹果业绩稳定，关于他的评价进入良性循环，他才将“过渡”两字去掉。

2. 领先市场12个月的思考

众所周知，乔布斯并非技术天才，即使在创业初期，他也没有像盖茨一样扮演编程高手。某种程度上，乔布斯甚至是反技术的，他曾经表示：“我愿意用自己享受的一切高科技，换取与苏格拉底共度一下午的机会。”

但多年的行业经验让他形成了一套行之有效的产品判断方法：他首先是个独立思考的人，其次是一个苛刻的遴选者。

曾任苹果销售总监的David Sobotta如此回忆2002年春天，他和乔布斯在一起开会时的经历：他所负责的美国国家健康学会的技术负责人，曾希望说服乔布斯去开发一款类似Tablet PC的平板电脑。因为之前并未知会乔布斯相关话题，David Sobotta称，这应该是乔布斯之前思考的一次偶然流露。

乔布斯拒绝了对方的要求，并讲述了自己的看法：首先，这不是一个大市场。尽管包括惠普、宏基在内的PC业巨头试图打开这一市场，甚至盖茨在当年大胆预言，平板电脑将在五年内成为美国最畅销的电脑，但乔布斯非常明确地看到：相对于每年销量超过两亿台的个人电脑市场，平板电脑以万台为计量单位的年销量并不足取。

而在对方的进一步恳请下，乔布斯又从其他几个层面对这一市场进行了阐述。因为平板电脑主要是针对专业人士的，比如美术及医疗领域的用户，它就可能遇到几种技术瓶颈：其一，没有任何无线网络能够足够快地在平板电脑上传输专业图像；其二，平板电脑的显示达不到专业需求标准。

他总结说，苹果公司更乐于去定义一个新市场，而不是参与到众多公司为一款前景难料的产品争夺生存空间的战争中去。而且，如果为美国国家健康学会这种机构开发产品，意味着重大的责任，但这种责任对于苹果来说是难以承担的。

随后,健康学会的人又建议他去开发黑莓一类的产品。对此,乔布斯的回答是:这是另一个细分市场。他明确看到了电脑和电话的融合将是一个潮流,但黑莓不是这个趋势的一部分。

由此,乔布斯非常认真地揭开了他对未来手机的预期:一款可以装在衣服口袋里,并比电脑、手机独立存在时都更好的产品。

这整段对话,详尽显示了乔布斯对新市场的思考方式:

他首先会思考新产品所在的,是一个大众市场还是细分市场,这个市场可能会有多大?

然后他会问:是否有一些技术阻碍了一个细分市场成为大众产品?以及,未来的技术发展对这个市场是促进还是毁灭?

最后一个问题是:如果做出这样一款产品,它能否创造新的价值?

不妨用这个判断方法模拟一下iPod诞生前乔布斯的思考:针对第一个问题,索尼的Walkman早已证明音乐播放是个规模惊人的大众市场。接下来,Napster(一款可以在网络中下载自己想要的MP3文件的软件)们的迅速兴起,说明数字音乐这种新技术的空间广阔,这也进一步意味着,数字音乐需要一种足够优秀的播放器作为载体。此外,也并不难想到,手机功能的提升,很可能给纯粹的音乐播放器带来巨大威胁。所以,苹果不能止步于iPod的成功。

正如我们前面所说的,苹果是一家善于自我更新的公司。而它对于既有产品的改善,一定程度上也来自于这种前瞻式思维。

3. 不是去创造产品,而是创造一个开发一流产品的环境

据美国一本专业刊物统计,2006年高科技企业的研发投入排行中,苹果仅以7.15亿美元列第15位,这约为排名榜首的微软的1/9,甚至少于赛门铁克、雅虎和CA公司。

是否有些不可思议？世界上最优秀的创新公司——过去几年中，无论在BusinessWeek还是Wired杂志的创新公司排行榜上，苹果都和Google盘踞在前两名的位置，只是偶尔变化排名——研发投入并不巨大。

如果对苹果足够熟悉，你会知道，这是一家极为擅长借助外部智慧的公司：Macintosh率先使用的鼠标、iPhone所使用的Mutli-Touch技术都来自于其他公司，甚至iPod的最初开发工作也是外包完成的。

自身研发投入相对有限、广为使用外部研发成果，为什么苹果依然被视为全世界的创新榜样？

唯一的答案是：苹果清楚什么是最需要自身开发的。

在2004年的一次访谈中，乔布斯坦言："我总想拥有或控制我们所做的所有事的核心技术。"

至少在过去十年里，这家以生产精美硬件产品起步的公司，其核心技术集中于软件领域。

1997年，乔布斯将苹果的产品线从几十条变为4条，且明确表示，苹果只要在台式机和笔记本电脑、高端和低端四个领域推出相对应的一流机器就够生存。在缩短产品线的同时，他大肆招募软件领域的人才——看到了电脑与家用电器的融合前景，他深知，软件将成为未来所有产品的共同"灵魂"。正是这十年的积累，让苹果有能力为iPod、AppleTV和iPhone赋予灵魂。

在扮演战略观察者的同时，乔布斯还将自己塑造为"一个质量标杆"，因为"很多人并不知道如何适应那种追求卓越的环境"。在接受美国TIME杂志采访时，乔布斯说：所有公司都能做出接近完美的模型，但很少有公司能做出品质优良的产品，因为在产品开发过程中，技术、设计等部门会以"做不来"为由，进行缩水处理。这时候就需要一个铁腕领导者将"no"变成"yes"。

甚至那些他参与不多的产品，也会因为他的最终审核而提升水准。

比如，乔布斯要求外部供应商和苹果相关人士开会的时间都定成周五，这样他就能在周末把新产品带回家里，然后在周一给出一系列新要求：

比如用户选一首歌不能超过3次按键，菜单转换速度的提升，甚至其他人所不能理解的不能设置开关键……

在与乔布斯的合作中，很多人并不能立刻理解、认同他的要求，但很多人承认，乔布斯的压力让他们做了一些超越自己能力的成果。

这就是我们这个时代最伟大的创新主义者的独特才能——不是去创造产品，而是创造一个开发一流产品的环境。

一种被"苹果主义"俘获的快感
——乔布斯·时尚·生活方式

尽管拥有通用电气、谷歌、耐克、英特尔这些镁光灯明星，尽管在世界工业的T台上始终牢牢地掌握着霸主之位，尽管人们崇尚"上帝、国家、可口可乐"，热爱"硅谷海盗"或是"微软英雄"，但每一个美国人都清楚，支撑合众国大厦的是金融业，联储、华尔街和投资银行是这个国家的命脉，金融体系是构筑帝国主义大厦的钢筋和混凝土。

所以，虽然经历过1929年和1987年两次经济大衰退，但美国人从来没像2008年那么恐慌过。那场空前的金融灾难蒸发掉的不仅是巨额的财富，还有帝国主义赖以生存的命脉。五大投行倒掉了3家，数以百计的银行宣布破产，没人来得及在意它们是否曾是昔日明星。那是华尔街历史上最恐慌的时刻，光鲜照人的总裁和董事长们失业了，雷曼兄弟的总裁福尔德还在健身房被人揍得鼻青脸肿。

美国的工业体系也生不如死，曾经被认为"通用(汽车)就是美国"的GM(通用汽车公司)，被它的汽车金融业务彻底压垮了，而福特旗下的沃尔沃品牌差不多变成了中国商人李书福的私产。尽管事后被认为是"一个完全荒谬并错误的谣言"，但可口可乐破产的传言还是让美国乃至整个世界惊悚不已，至少美国人不再相信可口可乐是美国最后一个帝国主义象征，也不再相信"上帝"代表了信仰，"她"代表了性，"可口可乐"代表了剩下的全部。

他们需要另一个"可口可乐"，另一个经过了几十年神化后可以作为一种生活的意识形态、思想的行为模式的名字，以其有形的物件和无形的"主义"影响我们的星球。他们几乎没费什么时间和气力就找到了。

苹果，被乔布斯、时尚、生活方式包裹，被创新、华尔街以及商业理想主义化。

1. 秘闻：从帝国主义到"苹果主义"的华尔街

标志性的事件发生在2010年5月26日，在纳斯达克，苹果以每股244.11美元收盘，以2220亿美元的总市值超越了微软的2190亿美元。

凭借对技术和设计的不懈创新，苹果成为了本世纪居主导地位的企业。

《纽约时报》第二天的评论《新的技术之王：苹果超越微软成第一》甚至将其称为美国科技界和商界10年来最重大的事件。"华尔街见证了一个时代的结束，而新的时代也已开始：全球科技含量最高的产品不再是你桌上的，而是在你手中。""苹果CEO乔布斯很早就预见到，硬件和软件需要融合到无需用户费力的设备上去。他看得比微软超前多了。"

看过电影《微软英雄》的人都会明白这一天的意义，对于乔布斯来说，这是里程碑式的胜利，它意味着昔日濒临倒闭、需要微软注资的苹果翻身成为全球股票市值最大的技术企业；它还意味着乔布斯又一次走出比尔·盖茨的阴影，成为睥睨科技行业的新主。在接下来的一小段时间里，苹果的市值甚至一度超过中石油，成为仅次于埃克森美孚石油的全球第二大公司。资本再次铸就了新英雄，而"苹果"开始成为一种传说，"苹果主义"开始成为一种意识形态。

作为一种强调，北京时间2011年8月11日，苹果股价报收于363.69美元，公司市值约3372亿美元；埃克森美孚报收于68.03美元，公司市值约3308亿美元。以当天收盘价计算，苹果公司正式取代埃克森美孚成为全球市值最高的公司。

今天的史蒂夫·乔布斯被形容为"一个海盗，一个偏执狂，一个将艺术和科技完美结合的IT领袖，一个改变了世界的人"，而在1997年再次成为苹果CEO之前，他只是一个失意的创业者和落魄的富豪。

1976年愚人节，史蒂夫·乔布斯和沃兹尼亚克创办了苹果，他们在1977年成立了公司并且推出了AppleII型PC。他们以其创新和企业家精神，以其洞察力和远见开始创造一个新时代。

他们差一点就成功了。1980年12月12日，苹果在华尔街上市的时候，他们对梦想和未来已经触手可及。起初乔布斯以为那一点点就是百事可乐的CEO约翰·斯高利，但他没有使乔布斯改变世界，而是联手董事会将刚愎自用、满脑子怪异想法的乔布斯扫地出门。

那是1985年的事。那时候斯高利和苹果的董事会并不清楚，IBM已经完成了"银湖计划"，华丽的转型将使其统治整个微电脑时代；微软和英特尔正在崛起成为新的霸主，IBM一手缔造了自己的敌人。一个原本属于苹果和乔布斯的未来，突然间变得遥远和模糊不清。

没有乔布斯的苹果就如同无主之地，斯高利带领苹果一步一个陷阱地往前走，终于走进了火坑。而在接下来的日子里，乔布斯继续其失败的创业之路。1991年，在乔布斯家中，《财富》杂志邀请比尔·盖茨与乔布斯进行一场关于PC未来的对话。那时候比尔·盖茨已经成为硅谷和华尔街的新宠，而乔布斯却再也没有当初那种睥睨天下、视盖茨于无物的勇气。

1993年，被苹果扫地出门的人轮到了斯高利，但斯高利的离去丝毫无补于苹果的困局。乔布斯却在重新崛起，《玩具总动员》的成功使制作商NeXT重新变得充满活力，也使苹果意识到，除非乔布斯重新回来，否则苹果终将一死。

1996年，苹果公司4.29亿美元收购NeXT，乔布斯以"顾问"身份回归。1997年，在甲骨文的拉里·埃里森支持下，乔布斯再次成为苹果（临时）CEO，他重新掌握了权柄。

那一年的波士顿举办了MacWorld会展，会展结束后，乔布斯和同事兴奋地走回酒店。乔布斯双手抱拳，放肆地大笑。稍后他亲自制定了"Think Different"系列广告活动。后来的事实证明，这让苹果重获生机。1998年，iMac成为美国最畅销的个人电脑。一个属于乔布斯和苹果的新时代，经过了十几年的转折之后，终于重新开始了。

2. 革命：从iTunes到iPad的"半遮半掩"

千禧年的纳斯达克股灾和2001年的恐怖袭击都没能击垮美国的帝国主义体系，反而使美国的金融资本主义得到了空前发展。虽然在2000年出现季度亏损导致股价大跌，但它并未伤及苹果的命脉。乔布斯又开始频频出现在《时代周刊》的封面上，也开始频频出现在各种"最佳CEO"的榜单中；苹果也开始频频出现在"最受尊敬企业"、"全球最佳雇主"的排行中，与拥有"7X神秘配方"的可口可乐，以及通用电气、沃尔玛、花旗银行相提并论。

起初的时候，乔布斯把复兴苹果的希望放在音乐领域，他在2001年宣布iTunes将带领苹果通往音乐之路。iTunes是苹果历史上最具革命性创新的产品，有人认为，直到今天它的意义依然被低估了，因为没有iTunes的出现，就没有iPhone和iPad这些革命性产品的出现。

iTunes使乔布斯已经清晰地看到，在那条信息高速路上，音乐将发生一场革命性巨变，传统音乐模式将被网络下载所取代。他和苹果必须成为这场革命的领导者，如果他们不能掀起另一场革命的话。

他再次将其性格中的偏执与刚愎自用展示出来，苛刻地追求完美，追求包括焊线笔直度在内的每一个细节。他们设计的新玩意儿叫做iPod。

2004年夏天，当乔布斯开车行驶在纽约麦迪逊大街上，他注意到每个街区都有人耳朵上戴着白色耳机。“我当时想：‘哦，我的上帝啊，iPod真的开始流行了。’”那时候，苹果已经推出了iPod4。

iPod的流行使苹果和乔布斯再次站到了时代的潮头，但使他们成为领导者的却是2007年发布的iPhone手机。iPhone上市时，大批苹果迷在全美各个iPhone销售门店提前排队，以争取在第一时间使用上这款新时代手机产品。那一年，乔布斯被《财富》杂志评为年度最伟大商人。

2010年1月27日，苹果公司平板电脑iPad正式发布。美国《新闻周刊》在4月5日的封面文章开始探讨“苹果的创新与独特”，它相信，乔布斯除了能折腾出些新鲜玩意儿外，“领导下的企业所设计的新产品在不停地改变着现代人们的预期和周围事物存在的方式。最近推出的iPad就是一款可以改变未来人们生活方式的产品”。

“iPad的简洁外观和便捷的使用方式掩盖不了它带来的深层变革能力。有人称，iPad引领了一个新的数字计算时代。iPad是终日挂在网上的，它最终会成为人们的电视机、报纸和书库。此外，iPad可能还承载着乔布斯的宏伟大志，以及他公然挑战传统，让硅谷的习惯思维向他低头的意义。今天的互联网代表着自由和选择。然而，乔布斯推出的互联网产品的确形成了一个完全封闭的体系。”

乔布斯第七次登上《时代周刊》封面。在与英国演员、作家史蒂芬·弗莱的对话中，他说：“我一直认为苹果的位置，处于人文艺术和科学技术的交界处。”“当然，我们所做的一切必须要有商业价值，但它从不是我们的出发点。”

史蒂芬·弗莱写道：“苹果高级设计副总裁Jonathan Ive告诉我说，他们最为iPad感到骄傲的是，它是一个史无前例的存在。科技记者们都在执迷于这样的问题：它能做这个吗？它能做那个吗？他们一贯把发明看做性能之和，但是这种观念却绝不存在于苹果的DNA中。iPad当然有它的功能：日历、浏览网页、视频音频、游戏……但当我最终接触到这款发明时，我发现它绝不只是一个工具，而像是接近了一个生命体。”“我相信乔布斯是一位真正的大人物，他是为数不多的改变世界的人物之一。”

伴随这些赞誉同时到来的是，2010年4月3日iPad上市，首月销量100万台。2010年6月24日，iPhone4首发，首日销售100万部。一年后的3月11日，iPad2在美国上市，乔布斯称“如果说iPad拿在手中像是一本书，iPad2就像是一本杂志”。如今iPhone4S已经降生，它的半遮半掩、半推半就，已经吊足了追随者和旁观者的胃口。

3. 强权：新秩序与被征服的“苹果粉”

乔布斯曾对史蒂芬·弗莱说：“我没把人生看做一场事业。我会有所作为，也对周遭世界作出反应。我所做的一切不只是事业，而是我的人生。”而在18岁时曾和乔布斯一起去印度朝圣的老朋友丹·科特里则说：“他的成功源自他内心怀有的一种深切的不安全感，正是这种不安全感使得他必须出去闯荡来证明自己的价值。”

在2009年的时候，乔布斯就已经成为《财富》杂志评选的“十年最佳CEO”。在新千年的头十年里，“他从根本上改变了三大行业的秩序：音乐、电影和手机。而对于他最初涉足的行业：计算机，他的影响力仍在上升”。“改变任何一个行业都可称作终生成就，而改变4个行业则前所未有。”

乔布斯不仅前所未有地改变了4个行业，还前所未有地改变了人们的内心世界。

“iPod–iPhone–iPad”使经历了恐怖袭击、战争、次贷危机和金融海啸的美国人乃至地球上的所有人找到了一个类似于灵魂栖息地的庇护所。在一个瞬间就可能一无所有的年代里，苹果抓住了人们心灵中最脆弱、最缺乏安全感的骨节，将人们拜物的弱点与宗教的需求杂交起来，变成一种新的信仰，以意识形态、生活方式的外观，延续到了世界的每个角落。

苹果的影响所至，超越了政党、国家和宗教。它代表另一种秩序。它就像是用消费金钱表达的虔诚。当人们为了购买即将上市的新款苹果产品而带着帐篷食物，提前一个星期就在专卖店前排队的时候，苹果已经不只是一个象征，而变成了一个神话。

金融危机的那年，大选的时候，美国人曾冀望奥巴马成为救世主，现在他们知道真正的救世主是苹果和乔布斯。与神话同时而来的是，苹果不再是一家公司，而是一种主义——“苹果主义”。

要描绘“苹果主义”的力量并不困难，电视画面中的排队待购已经变成了一种常态，苹果已经变成了一种精神的慰藉，它就像是可口可乐在二战时带给美国大兵的那种幻觉：“我们只要把可口可乐运到前线就行了，敌人肯定不战自败。”

现在，苹果取代了可口可乐，取代了摩根士丹利和高盛，取代了花旗银行和通用汽车，成为美国文化进行世界扩张的象征和美国生活方式的符号，用一种直观的意识形态向人们确证美国的优越和资本主义的荣耀。

“苹果主义”直接为投资者创造的巨额利润已经体现在财务报表中，然而其影响所至，无论你喜欢抑或憎恨，它都已经成为美国和财富的象征。

斯坦戴奇曾说：“可口可乐瓶中装着20世纪发生的一切：消费资本主义的崛起和美国作为一个超级强权的出现。”而在今天，“苹果”则拥有21世纪发生的一切，尽管它刚刚过去了十年。

作为商业组织的苹果已经证明了它是一家伟大的公司，它与那些优秀公司的区别在于：苹果是一个符号，而那些优秀者只是一个组织；苹果出售的不仅仅是产品，还是一种意识形态；苹果改变了人们的生活方式，并且使这种方式最终演变为一种信念、一种信仰。据说在美国，劫匪在打劫的时候，已经开始喊出“把钱和苹果拿出来”的口号。

伟大的商业机构从来都是依托想象力进行创建，依托意识形态进行说服的结果，他们渗透进人们的生活，试图进行颠覆性的改造。那些野心勃勃、充满活力的人以及他们所提供的产品，一面满足了全球化的需求，一面又推进了全球化。当全球化演变为一种意识形态之后，贩售意识形态的伟大公司与它完成了内在的媾和。“苹果主义”的出现，再次证明了这种媾和的存在——纯粹商业的理解则是，苹果花了十年时间，完成了从产品创新到商业模式创新，从销售产品演变为销售主义。

弗朗西斯·福山2000年为美国《外交政策》杂志撰写的《新时代：难以命名》一文解释了这种新的媾和：“当今的全球化与一百年前是迥然不同的。它是由技术，特别是廉价的通信技术所推动的。这种技术使国界除了无法阻挡金融资本的流动之外，也无力阻挡思想、文化和图像的渗透。虽然金融全球化可能仅仅影响到为数有限的国家里的少数精英，但是思想和信息的全球化却触及了世界上最偏远地方的村庄和靠狩猎采集为生的部落。”

福山的论断，在十多年后的今天看来，像是特别为乔布斯与苹果提供的背书。

与可口可乐一样，苹果是“资本主义的精髓”。不同的是，可口可乐仅借助资本的力量就踏上了全球化的潮头，而苹果在金融海啸之后，其所借助的力量，不仅是基于移动互联而描绘的“美丽新世界”愿景，不仅是硅谷海盗们强力攫取的技术创新，不仅是华尔街倾力打造新神祇的努力，还有整个世界为之付出的渴望和癫狂。

我们每购买一款苹果，我们就为全球化有所贡献——不仅仅是金钱和就业机会，还有被“苹果主义”俘获的快感。

德鲁克把“组织要有前途，系统要有效率，员工要有成就”三句话作为一家企业优劣的判断标准，而从可口可乐到苹果的嬗变则证实了一家企业是否伟大的标准——产品要有主义。

信息化带动的全球化新革命使苹果成为财富的神话、生活的宗教和思想的习惯。从加勒比海到撒哈拉沙漠，从格陵兰岛到南极冰天，人们忘记了“每个毛孔中滴着血和肮脏的东西”，记住的只是从大脑中渗透出来的“苹果主义”。

无论我们是否喜欢，它都改变了世界，取代了金融体系所代表的“帝国主义”，并使乔布斯完成了自我救赎：“活着就是为了改变世界，难道还有其他原因吗？”

阅读延伸：

有迹象成为和苹果并驾齐驱的全球性品牌
——幸运儿HTC

几个月前，在智能手机领域堪称“不可一世”的手机厂商苹果对HTC（宏达电子）提起一项诉讼，指控HTC侵犯了20项与iPhone有关的专利。

陷入和苹果的专利纠纷似乎不算十足的坏消息，对于一家刚刚从代工转型打造品牌四年时间的厂商而言，这至少意味着它已经有迹象成为和苹果并驾齐驱的全球性品牌，正如华为之于思科。

工程师出身的HTCCEO周永明是这一转型工程的领导者。在过去两年里，“Quietly Brilliant（低调卓越）”是HTC在致力实现的品牌目标，这完全区别于苹果张扬的品牌个性。在某次记者会上，周永明用他一贯的缓慢语速回答了这个问题：“我们不需要大声（对外界说），但我对HTC的创新很有信心，我们没有时间可以浪费在抄袭别人上。”

技术出身的代工厂

过去十年里，从代工转型品牌几乎成为台湾制造业的魔咒，曾经的电子巨头纷纷陷入进退两难的境地。HTC不同，自1997年成立以来，只在最初几年，由于产品过于超前、缺乏市场陷入困境，后来一直没有称得上劫难的事件光顾这家公司。它甚至幸运地成为微软、Google这些科技巨头最亲密的合作伙伴。

统计数据显示，HTC已经成为继诺基亚、黑莓、苹果之后的第四大智能手机厂商。过去的一年里，在智能手机争夺最激烈的北美市场，HTC的市场占有率上升明显。

周永明认为，其中关键在于HTC的技术积累。

2003年HTC还有相当高的代工利润，但智能手机成为产业趋势的迹象已经十分明显。周永明注意到了一个关键问题："作为一家拥有技术积累的代工厂商，HTC在创新方面做出的努力仅仅通过合作伙伴，很难发挥最大的价值，而这反过来会阻碍公司的创新能量放大。"周永明和董事长王雪红提出，"与其很小地存在，不如放手一搏"。王雪红同样看到了智能手机的巨大前景，但台湾当地由来已久的代工文化对于品牌转型阻力之大超出想象，彼时明基刚刚搭上6亿欧元，泥足深陷难以脱身。

这个议题在内部不断讨论。"讨论的时间有三年之久，很多时候争论激烈。"行销长王景弘回忆，"董事会考虑了最坏的后果，是仅仅扭伤了脚还是会死掉，最后觉得不会死掉，失败能够重新来过。"

三年时间里，董事会对业务结构进行了有意的调整，确定了HTC的战略转移。需要特别提及的是，品牌化之前，一次偶然的机会，使HTC的代工方向开始转移，由之前的服务品牌厂商转向电信运营商定制。

2003年年初，HTC帮助康柏研发全球第一款基于微软操作系统的智能手机，但项目完成时，康柏公司内部发生变动，周永明只能硬着头皮到欧洲找电信运营商寻求合作，这款产品最终打动了英国电信，与英国电信的合作，成为HTC和诸多电信运营商紧密合作的开端。直接与电信运营商合作不仅绕开了手机厂商这个中间环节，有效降低了成本，更重要的是，HTC作为代工厂商，与电信运营商分享的是产业链不同环节的价值，不存在同业互竞，从而为其打造自有品牌铺平道路。

2006年6月，自认准备万无一失的HTC，开启品牌征途。在话题最初被讨论的2003年，惠普的订单几乎占据HTC七成的营收，到2006年时，惠普所占份额已经不足10%。可以想见，打造自有品牌，导致惠普、PALM等代工客户纷纷转投新的代工厂商。最初的情景看起来不妙，HTC股价自千元腰斩，一泻千里。周永明去和客户沟通，谦逊但坚定："你说NO，我们就会尊重你。我希望有一天你会主动来问我'是不是可以用HTC的品牌'。"

从成立的第一天开始，HTC就是一家与众不同的代工厂商。1997年，王雪红与当时在老牌的电脑公司DEC工作的周永明等人共同成立了宏达电子(HTC)。“董事长就是想给我们一个机会，让我们尝试自己的想法。所以我们完全没有压力，就想做有未来性的产品。”周永明回忆。此时恰好微软的移动操作系统Wince问世，到台湾寻找硬件厂商生产PDA(掌上电脑)。

公司的几位创始人意识到这是个机会。王雪红果断地向微软支付了上百万美元的授权费。HTC用不到一年时间开发出第一台基于windows系统的PDA，这段经历让HTC和微软一直保持着最密切的合作，而基于windows系统的手机制造能力几乎可称无人出其右。惠普等客户抽单之后，接连找了英华达、奇美通讯等成为新的合作伙伴，与HTC十年积累的智能手机生产经验相比，后来者显然有心无力。代工客户终于意识到，HTC并非只是简单的代工厂商，而是值得合作的对象。其中一些代工客户慢慢接受了HTC的自有品牌。美国运营商sprint曾经出过一个版本的手机sprint touch by HTC，但今天sprint合作的手机已经被称为HTC EVO 4G。

2007年，HTC推出Touch，销量超过300万，与随后上市的第一代iPhone600万的销量虽有差距，但作为推行自有品牌后的第一款机器，这显然是个惊喜。转型一年之后，HTC代工业务持续减少，毛利却屡创新高。

魔术师文化

以往的技术积累虽然带来了销量的成功，但这不意味着品牌成功建立。如同一个四面体突然变成了多棱镜，公司必须以更多不同的侧面来面对大众。这些侧面，甚至连周永明都不清楚应该是怎样的状态。

“当时公司宣布做品牌之时，股价暴跌的情况本来不是一定要发生。台湾民众对于代工企业转做品牌很敏感，但我们处境不同，我们是行业领导者。这些我们并没有和外界沟通过。”

周永明本能地意识到公司面临的最急切问题是聚揽人才。现任创意长的陆学森，之前就职于微软，负责XBOX(世界最大的电脑软件公司微软所开发、销售的家用游戏主机)游戏机等移动产品的创意和设计，还曾经就职于耐克企业形象设计师。周永明现在还能想起他说服陆学森的情景，他飞到西雅图，进行了一场长达五个小时的谈话。周永明并不是说话有蛊惑力的人，但陆学森被一句话打动了，“做有价值的事，改变产业甚至改变世界”，就这样陆学森离开了工作十年的微软。

凭着谦逊的个性和远大的抱负，周永明搜罗的人才不止一位。行销长王景弘的加入是另外一个故事。出身麻省理工和哈佛的他，早前创立过两家软件公司，赚得盆满钵溢。见到周永明之前，他也只是从网络上知道这家公司而已，周永明也并不熟悉王景弘，但他直接说，“你先到公司，我们需要你，来了之后再想做什么。”后来王景弘主持了MagicLab。当时已经做到中国副总裁职务的庄正松也离开了惠普，“人生这样的机会并不多，如果我晚点加入，说不定HTC已经很成功。不会给我这样的机会。”这样的信念让HTC聚拢了大批人才。

这些来自外部的人形形色色，带着不同的风格，给HTC原来古板的工程师文化带来很大冲击。据说陆学森在和周永明讨论产品，争执到激动时，会比出中指，拂袖而去。但周永明在意的是，这些人带来的新的管理和创新的模式，完全改变了台湾代工企业的传统模式。

工程师出身的周永明，本身就爱好广泛，兴趣多多，会为了做好一碗汤去研究番茄如何剥皮。2009年，时任中国移动总裁的王建宙访台见到周永明，听说他喜欢雕塑时，表示惊叹。

正是这种热情让周永明带领HTC除了专注技术的领先之外，也把创新创意视为HTC的头等大事。设立研发中心时，周永明认为，创新就要从名字开始。王景弘负责这个新项目，带领这个50人组成的新团队，脑力激荡之后，研发中心最后变成了MagicLab，所有人名片的头衔变成了巫师、魔术师，不一而足。

MagicLab里也的确有很多创新的制度。为了激发团队的创意，王景弘建立了MagicLab的招商大会制度，任何人可以举办招商大会，公开征求合作伙伴，一起来完成自己想出的创意案。所以，在HTC内部，部门的区隔并不明显，2007年研发钻石机时，硬件、软件、无线等所有部门都集合在一起，组成了一个虚拟的新部门，“这样的合作无疑更紧密，效率更高。“五分钟就可以探索一个解决方案的可能性，而按照原来的程序，大概需要两个礼拜来解决。”当一个创意真正变成一个项目之后，这里的气场就发生巨大变化。

代工企业强调压缩成本，这一开始就不是HTC的风格。在MagicLab中，魔术师最重要的就是想出新的点子。在华人公司里，能够以这种目标召唤员工热情的公司并不多见。“如果有人还能和iPhone打一架，那就是HTC。”周永明说。2008年5月，钻石机上市，大获成功。半年报同比增长20%，超出资本市场预期。这款机器也真正奠定了HTC品牌手机的地位。

区隔价值

HTC的好运气还没有结束。现今，HTC的任何一款产品发布，现场都能够出现最有当地影响力的媒体。这是因为HTC又占到另外一个巨人—Google的肩膀上。HTC不再是HTC，而是Gphone的化身。能够与Google建立紧密合作关系，源于周永明与Android项目负责人Andy Rubin的私人关系，在Google尚未收购Android之前，周永明与Andy Rubin一起讨论如何将移动的互联网体验做得更好，并且一起合作。这个故事被砸开的彩蛋是Android后来被Google收购，然后随着Google与苹果在移动互联网市场的竞争，HTC变得万众瞩目。“这件事情对品牌发展有很大帮助，我们当时并没有想到。”周永明说。

在GoogleAndroid这个开源的平台上，HTC秉承一贯理念，努力建立有区隔的价值。就像在公司成立之初，这些有丰富电脑经验的人没有选择做电脑代工。随着Google给公司带来大放异彩的同时，面临的问题是，如何避免与三星、摩托罗拉等手机厂商同质化的竞争。而HTC手机的区隔价值，在于HTC设计的SenseUI界面。如果外面晴天，屏幕就是温暖的颜色，如果外面下雨，屏幕就是湿漉漉的感觉。HTCSense凭借着这些小而有趣的体验已经逐渐形成品牌。王景弘说，这不是简单的UI，是HTC希望传达的品牌精神。“HTC的工作人员，把全国基站的序号统计下来输入系统，每到一个城市，手机便知道你的位置。HTCSense来自倾听与观察使用者的生活，并以沟通的方式，努力让手机做到更懂你。”

为了实现区隔价值，从周永明开始，公司上下就努力明白一件事情：硬件差异很容易消失，界面设计和开发，能够凸显品牌价值。所以对于软件设计，HTC这间以代工起家，技术导向的公司，在设计这件事上，展现出了台湾品牌中难得的重视与认真。

看上去，HTC建立品牌的第一步已经成功，但更大的困难在后面。HTC去年发布的机器虽然引起了市场的广泛关注，但是随着智能机市场的迅猛发展，强敌纷纷加入。2009年，智能手机市场增长15%，但HTC的销量增长不足10%。为了扩大品牌影响力，HTC开始重拾低价策略抢夺市场份额。2010年这家公司的销售目标是6000万部，比去年增长30%。

一直强调高价值、高成长的HTC，以牺牲利润的方式能否换得品牌影响力的进一步增强？从更深层次看，面对苹果以自身强大的号召力，吸引开发者，打造的“服务+内容”的闭环商业模式，HTC的武器显然单薄许多。与Google的合作固然凸显了HTC的品牌价值，但“天花板”似乎也很难打破。

第 2 章

从个人电脑到智能手机

——论乔布斯的“颠覆性创新”

“颠覆”是乔布斯最醒目的标签。

天马行空、百无禁忌的他用iPod颠覆了音乐，用iPhone颠覆了手机，用imac、iPad颠覆了电脑，又用Pixar颠覆了电影……

最终，他用超乎想象的完美主义彻底颠覆了人们一贯对技术创新的定义。

乔布斯并不是计算机科学家，也没受过硬件工程师或工业设计师方面的训练。

从个人电脑到MP3，再到智能手机，苹果公司涉足的所有业务都是它进入前就已经存在的。

但是，乔布斯在寻常中颠覆性地创造了不寻常，他彻底改造了这些行业。

颠覆、再颠覆
——像苹果一样直面消费者的喜新厌旧

全球企业每年有无数新产品上市，其中只有20%在市场竞争中存活了下来。尽管企业对创新都存在着恐惧感，但是消费者的喜新厌旧又不得不逼着企业在创新产品上下苦功夫。

无论是苹果iPad的大卖，星巴克的门庭若市，还是经济型酒店遍地开花，宝洁公司的垄断地位……这一切都告诉企业家，在这样的两难境地下，颠覆性创新，才是企业的一棵救命草。

而谁先抓住这根稻草，谁抓得更牢，直接决定了企业的兴亡成败。

1. N条大路通罗马——颠覆就是“重新定义产品”

自有人类文明萌发，创新就成为推动社会进步的最大原动力。自有企业形态出现，创新就成为企业获取核心竞争力的法宝。时至今日，科技产品的创新，基本都是由发达国家为主要承担者。在发明出新产品，新科技之后，再慢慢传入发展中国家。在经济全球化和新科技革命的相互作用下，世界经济竞争、国力竞争，深刻表现为一场颠覆创新战。

苹果重新发明了手机，一家的盈利超过所有手机厂家的总合；

Facebook重新定义了互联网，估值超越了Google；

星巴克重新定义了咖啡馆，成为生活方式的象征；

……

进入21世纪后，产品的创新模式发生了颠覆性改变，给产品一个全新的定义，重新发明产品，成了突破蓝海的非常讨巧的一种手段。

iPad——解放人类一只手

在重塑产品方面，目前还没有任何一家企业能和苹果平起平坐。2010年1月27日的苹果公司新品发布会上，当乔布斯穿着那套千年不变的黑衣蓝裤出现在人们眼前时，所有人都将目光聚焦在他手上那看似笔记本电脑，却更像个超大手机的东西。iPad，颠覆了所有人的思维。

平板电脑，做为笔记本电脑的浓缩版，在之前的十年里三星、惠普、联想甚至微软都曾经推出过，它们功能强大，试图取代笔记本电脑，但是在市场反映上却是不温不火。

可是，乔布斯成功了，“比笔记本电脑更具亲和力，比智能手机更强大”，这是乔布斯对iPad的定位。

iPad可以打游戏，听音乐，画画，看电影，写点东西……它如此小巧，680克的重量，长不到25厘米，只有1.25厘米的厚度，像一本大书，你可以把它揣在包里，随时拿出来享用。更重要的是，它解放了你的一只手，你只用一只手就可以完成对它的操控，很多购买者甚至将iPad带入厕所，iPad不仅让人重新衡量了上厕所的时间，更重新定义了笔记本电脑。在2011年2月对国内的统计中，iPad在平板电脑中的占有率接近99%。

重塑产品勿忘消费者

苹果在2007年推出了跨时代产品iPhone，乔布斯对此自豪地说：“我想你们也会同意我们重新发明了手机。”

iPhone将创新的移动电话、可触摸宽屏iPod，以及具有桌面级电子邮件、网页浏览、搜索和地图功能的突破性因特网通信设备这三种产品完美地融为一体，时尚的外形，简洁酷炫的设计更是使其拥有无数粉丝，一经上市便销量领先。

而乔布斯在对产品进行重新定义时也完全从消费者的需求出发，在iPhone和iPad自带的iTunes里，用户可以在APP中选择多达30多万种的软件，这些软件无所不能，包含了生活、工作、娱乐休闲等所有方面。用户喜欢什么，需要什么，就可以下载相对应的软件，这使得消费者的需求在苹果产品中得到了最大的满足。

TIPS：那些重新定义产品的经典之作

爱咖啡，更爱生活

重新定义产品的另一大经典之作就是星巴克。

“我不在办公室，就在星巴克；我不在星巴克，就在去星巴克的路上。”

星巴克想要卖给消费者的产品不仅是那香气四溢的咖啡，更是一种环境，一种在家和办公室之间的生活空间。以服务卖产品，成了星巴克的主要盈利模式。

在星巴克中，除了可以享用到各类咖啡和美味餐点之外，你还可以躺在舒适的沙发上阅读各类杂志，或是坐在藤椅上享受免费WIFI给你带来的乐趣。

在星巴克放松心情，发展友情成了消费者选择星巴克的主要原因，而更多的年轻情侣甚至将星巴克直接当做了最佳的约会地点。

小霸王征服家长

即使出现了PSP，NDS，PS3或者XBOX360等高端游戏机，但是在大部分人的心中，上世纪90年代风靡一时的小霸王才是他们心中的第一名。小霸王学习机，堪称中国式创造的先驱，也是重塑产品的经典案例。

20世纪90年代初期，几乎所有学生都幻想拥有一个游戏机，但是作为金钱的掌管者，家长却认为游戏机会毁了孩子的学业。如何征服家长，让众多游戏机厂家头痛不已。

让大多数望子成龙的父母给孩子买电脑不太现实。当时不但娃娃用不起电脑，许多大人也体会到电脑是可望而不可及的奢侈品。许多人要想用下电脑，只能换上拖鞋进学校或单位的机房，还得一个小时轮候，比起现在进五星级酒店还充满神奇和崇敬。

受国民平均消费水平还很低的因素制约，当时的计算机高高在上，虽然有学电脑的迫切性但仍是曲高和寡，冷冷清清。

小霸王在洞悉了家长的需求与市场缝隙之后，重新调整了市场战略：

(1)在游戏机的基础上加上键盘、鼠标，以及词霸学习卡等配件；

(2)改名学习机；

(3)提供多种学习功能；

(4)以“望子成龙小霸王”的广告语推出。

这些小改动即迎合了家长的购买目的，又让孩子们乐在其中。而1984年邓小平说的“计算机要从娃娃抓起”更让这台具有windows雏形的学习机销量一路飚红。

几百元的学习机已经满足了人们操作电脑、打字和简单编程的基本需求，自然也很快就被渴望电脑却买不起电脑的人们接受了。作为一个跨越手写时代与电脑时代的承前启后里程碑式的产品，学习机甚至推动了一个职业的发展，促进了就业。

当时一个女孩子用小霸王学会打字，就能找到很不错的工作。与录音机与电视机相比，学习机堪称中国式创造的先驱。

录音机与电视机都是舶来品，中国制造只是在成本与功能上将这些洋电子成品进行了本土化改选。学习机的前身游戏机，虽然也是舶来品，但中国人进行了颠覆性地创造，无形中运用了插位思路，进行了产品差异化的创新，创造出一种新需求，这种历史意义超越了山寨产品的意义。

正因如此，小霸王才成功突围，单品年销量高达10亿元。仅从这一意义上看，学习机无论是从硬环境还是软环境上都促进了计算机的普及应用并推动了电脑时代的到来，许多中国娃娃是从学习机开始跨入了IT时代的大门。正如walkman之于iPod，没有学习机，中国的IT时代也许会来得更晚些。

经济型酒店的成功秘诀

近年来，经济型酒店以其低廉的入住价格，优质的客房环境走俏大江南北。分析其根本原因，也在于经济型酒店将自身与普通酒店区隔开来，赋予酒店一个新的定义，那就是只为了舒适的住宿。

(1)与传统酒店不同，经济型酒店突出专业化与社会化，将服务功能集中在住宿上，而几乎没有会议、娱乐、正餐餐饮等功能，在国外被称为B&B

酒店，即供床和早餐。

(2)在成本方面经济型酒店的能源、水资源、人工、各种用品等都高度节省，以锦江之星为例，为了降低成本，其肥皂由40克减少为25克；梳子缩短减少2分钱；用最简单的板式床，免去音乐、灯控面板、浴缸以保证提供给客人的房价是“经济的”。

(3)在人工方面，星级酒店的客房数与员工数的比例通常在1:1.2以上，而经济型酒店仅为1:0.5以下。

(4)在如此节约的成本之下，入住经济型酒店客房的价格通常只需要其他酒店的一半甚至更低，在这些客房内，往往充满着现代家居的气息，卫生、简约、温馨、舒适、实用等特点使其更具吸引力。

(5)经济型酒店的选址往往很有讲究，交通枢纽、繁华商区是它的最佳地点。

从如同雨后春笋般冒出的“如家”、“汉庭”、“锦江之星”等经济型酒店中我们可以看到，在酒店业的争夺上，经济型酒店抢到了一块不小的蛋糕。

窝窝团颠覆行业变革

近年来网络电子商务最大的发展无疑是团购企业铺天盖地席卷而来的浪潮，在团购行业的迅速发展中，不少团购网站也快速崛起，其中窝窝团被业界认为是成长最快、发展最稳的团购企业之一。

窝窝团的这一快速成长，在很大程度上得益于颠覆性的创新，并在不断创新中推动行业的变革：

(1)和传统团购网站模糊的团购定位不同，窝窝团提出“沃尔玛模式”的团购理念；

(2)以精挑细选和不满意就退款，满足用户的一站式需求。

举个例子：

用户在沃尔玛购买一瓶可口可乐，为用户提供交付和服务的不是可口可乐公司，而是沃尔玛，窝窝团可以为用户提供一整套的服务方案，这一点目前除了窝窝团还没有哪家团购网站能够提供。

窝窝团CEO徐茂栋称，窝窝团要成为颠覆中国团购行业的变革者，而不是抄袭者。

在窝窝团的颠覆性创新中，窝窝团推出了六大撒手锏产品颠覆性满足商家需求，包括：

(1)普通团购

(2)身边的团购

(3)秒杀的团购

(4)商家品牌展示

(5)折扣券

(6)随时退款

窝窝团还是业界唯一推出全民持股的团购网站，与所有员工一起分享公司的成长果实。此举不仅提升了员工的工作积极性，还提高了员工的创造力。

如果说创新是企业发展的源泉和动力的话，那么创新的动力则来自于企业的内在体制。

2. 和上帝玩游戏——颠覆就是“重新定义游戏规则”

面对门前打出的“售完”通告，大批2011年十一假期到苹果专卖店选购iPhone4和iPad的客户不得不失望而归，但通告仍不妨碍客户将新款iPod及Mac系列笔记本一扫而空。上海闸北区专卖店内的导购员无奈只能将数千名在店内排队体验产品、流连忘返的客户一一登记，承诺到货后立即通知。

与苹果专卖店的熙攘对应的是迪信通等各大手机专卖店的落寞——虽然重金属音乐喧嚣不止，促销手段层出不穷，但除了穿着暴露的Showgirl(歌舞女郎)能偶尔吸引人群外，客户的目光很少落到各大厂商的产品上。

8月11日，苹果股价迅速攀升到了363.69美元的历史最高位，成为世界第一大公司。另一方面，曾经的移动设备巨擘Nokia，自iPhone推出至今四年的时间中，市值缩水约600亿欧元，股价累积下滑了67%。去年9月，Nokia宣布CEO卡拉斯沃下课。

2000年苹果公司的市值只有170亿美元，如今已经超过3300亿美元。什么让消费者对其产品趋之若鹜？

毋庸置疑，优秀的客户居于首位——“消费者才是老板”，如果说客户是“上帝”，那么公司应该是“和上帝玩游戏”的人，游戏规则可以由“上帝”制定，但是必须由玩家“颠覆”。

第一，传统观念认为卖的是产品，乔布斯告诉我们卖的是体验。

人类社会正在逐渐走向体验经济的时代。IT产业的生命周期相对较短，人才、技术和产品的更新迅速。这种环境下，保持公司优势的传统做法是微软模式，即技术不断升级，或以IBM为代表的模式，即服务不断升级。

苹果采用的是客户体验升级模式，更简洁的设计、更友好的用户界面、更方便的使用场景、更为高雅的外观和更为舒适尊贵的持有感等构成了更好的用户体验。这种客户体验基于卓越设计的产品之上，包括企业与客户接触沟通的每一个触点触面上。

许多客户第一次走进苹果的店面时，最大的感受就是苹果店的环境设计和其他IT电子产品的店面完全相异。在看上去朴实无华的桌架上，各种产品的展示、使用恰到好处。客户购买完毕走出店面时提的购物袋，也可以制造出一种独一无二的购物体验。

苹果并不是首家追求客户体验并取得成功的公司，Nike将运动鞋打造成为时尚产品，Sony曾将磁带播放器打造为Walkman。与之相同的是，苹果公司当前也处在“体验经济”正迅速取代“产品经济”的转折点上。

从行业角度分析：

(1)技术的普及和竞争对手的不断增加导致厂商的成本可压缩空间和利润空间都趋于零；

(2)技术实现与需求的关系已经达到饱和；

(3)在革命性的技术变革出现前，小规模技术改进对需求几乎没有任何刺激；

……

这时，“产品与客户共鸣”、“制造让客户难忘的体验” 成为了新时代先发企业的制胜法宝。

当产品能够调动消费者的情感时，需求自然而然地产生，基于情感的多样性和复杂性，这种需求成为具有唯一性的需求，这种产品也成为了最具差异化的产品。

在爱立信实验室对全球iPhone用户的调研中发现：

70%以上的iPhone用户认为，iPhone是一种个性、一个时尚且前卫的群体的标识。用户在选择其他手机或IT产品时，是在购买功能；而在购买苹果公司的产品时，用户是在为自己的情感共鸣和自我实现付费。

第二，传统观念认为营销第一，乔布斯告诉我们产品第一。

产品是客户体验的首要载体。苹果是全球在营销、服务和公关领域做得最出色的公司之一，但在苹果内部产品永远是第一位的。

在iPhone之前，业界对于手机的想象力到了一个极限，但iPhone给了大家全新的震撼。iPod推出时，批评家认为它是“idiot sprice our devices(白痴为我们的装置定价)”的缩写。iPad推出时，业界都质疑在笔记本和手机之间是否存在这样的一个缝隙市场。

但事实证明了苹果公司的正确，这种正确的核心是“卓越体验的革命性产品”。

在苹果公司的精英创造出具备优秀客户体验的产品原型后，苹果公司并不像很多企业一样根据生产可能性调整产品，而是更多地采用最新技术和创造出新的生产方法。如客户所熟知的多点触摸技术、重力感应系统，甚至USB和WIFI都是在苹果的产品上率先使用的。

为实现更好的客户体验，苹果对细节的关注同样近乎苛刻。

苹果产品的底色之上都有一层透明的塑料，能够为产品带来纵深感，这被称为“共铸”(Co-molding)。为了实现这种体验，苹果的团队与市场营

销人员、工程师，甚至跨洋的生产商合作，最终采用了新材料和新流程，保证了工艺在所有产品上的大规模实施；几乎所有科技产品在塑料或金属的接口处都有缝隙，但苹果公司创造了新的工艺，保证产品没有缝隙。所有的产品上只有线条，而没有缝隙，甚至没有任何可见的螺丝，这就是质量和优雅的客户体验的基础。

苹果的平台体验负责人专门配了一副钟表修理工使用的高倍双目放大镜，用来反复搜索屏幕上的每一个微小像素的可能瑕疵。

2002年，乔布斯与各大唱片公司就在线音乐的版权展开谈判时，苹果已经开始设计即将发布的iTunes音乐商店的应用界面了。有一次，美国唱片业协会CEO希拉里·罗森(Hilary Rosen)亲眼目睹了乔布斯与工程师讨论用户界面设计的情形。当时，乔布斯和工程师坐在电脑前，为了一个设计上的问题争执不下。罗森发现，乔布斯与工程师所关注的，不过是在屏幕上一块大约只有一张便条大小的区域里，如何排放3个单词的问题。罗森不禁感慨道："乔布斯竟如此关注细节。"

负责Macintosh用户界面设计的柯戴尔·瑞茨拉夫回忆说："乔布斯会一个像素一个像素地检查屏幕上的每个细节，确保相关的图像准确对齐。他非常重视细节，细致程度居然达到了像素的层面。如果发现问题，乔布斯就会立即冲着某个工程师大吼起来。"

瑞茨拉夫为Macintosh设计的滚动条在整个图形用户界面中并不是特别起眼的部分，但乔布斯就是对滚动条的设计不满意。他希望，即便是滚动条这样的小元素，也应该有比较艺术化的视觉效果。为此，瑞茨拉夫的团队反复修改设计方案，但乔布斯就是不认可，不是觉得箭头的尺寸有问题，就是觉得颜色不好看。最终，瑞茨拉夫整整花了六个月，才弄出了让乔布斯心满意足的滚动条设计——这么折腾细节，也难怪当年Macintosh的发布要屡次延期。

Macintosh电脑的开关设在电脑机箱的背后，这样，用户就不容易因为不小心而碰到电源开关。但乔布斯很快注意到了由此带来的另一个麻烦，

用户伸手到机箱后面找电源开关可不是一件容易的事。为此,乔布斯和设计师一道,在机箱背面靠近开关的地方,特别设计了一小块使用不同材质的区域。这样,用户只要伸手到机箱背后一摸,根据手感不同,就能很容易找到开关的位置。

在对细节的苛求上,苹果2010年发布的iPhone4差不多到了登峰造极的地步。

从用料到手感,iPhone4的每一个细节都是经过精心设计的。玻璃的光滑质感和金属边框的磨砂质感在同一部手机上配合得天衣无缝,每一条曲线,每一个凹槽,每一个边角,都有着设计团队对美感的不懈追求。

在制造工艺上,苹果规定iPhone4主要零件的合缝间距不能大于0.1毫米,这个尺寸主要是为了避免打电话时夹到人的头发。据说,苹果测试iPhone4时,测试员会拿着手机反复在脸颊上滑动,以确认没有一根头发会被手机夹到——可怜的测试员。

iPhone4侧边的音量调节按钮上,加减号是两个凹下去的符号。苹果要求,即便是凹下去的部分,也必须平整、光亮。耳机插孔也是一样,金属触片的光洁程度,插口内沿的坡度等,都有细致的规定。

iPhone4的包装盒把这种对细节的追求推上了顶峰。刚买iPhone4的读者可以做个简单的实验,用单手从桌子上轻轻提起iPhone4包装盒,不要托盒底,也不要用力握盒盖,就让装有手机的盒子在盒盖里靠重力缓缓下滑。你会发现,盒身的滑落速度不快不慢,差不多8秒钟的时间,盒身就从盒盖里完全滑出——这不是巧合,而是精心的设计。

乔布斯说:“我们的主要任务,就是关注最零星、微小的细节。细节最重要,值得花相当大的精力。当然,关注细节的时候,你的脑子里一定有另一个声音与你作思想斗争:‘会有人注意到这个细节吗?’是的,我知道大部分使用者不会注意到我们精心设计的细节,即使注意到了,他们通常也不会觉得那有什么意义。但我始终坚信,这些细节会产生强大的聚合力,当许多精心设计的细节汇聚在一起,用户终将爱上我们的产品。”

引领个性化需求
——让苹果“被咬一口”

品牌个性,是苹果市场竞争的一把利器,是差异化的最高境界,是追求高于平均利润的最持久、最可靠的法宝,是追求创新与发展的平台。

如果对苹果的创新轨迹做个简单梳理,可以发现它其实有个转型过程。

创新类型的选择与企业商业架构有关。一开始苹果属于复杂系统开发企业,面对的是小众市场或分众市场,追求的是价值创新及其产生的超额价值回报。但苹果自身还不够强大,单靠自己不能形成正反馈,无法以一己之力树立操作系统标准。后来许多学者、包括苹果公司自己对此进行反思,认为苹果公司在电脑领域落伍的主要原因,就是一开始没有像IBM那样构建开放的战略合作伙伴关系,也就是说没有找到跷跷板的借力点。

那么,面对衰退,苹果用了怎样一种创新模式呢?

它选择了个性化需求的一种创新模式,就是把创新资源集中在某一个比较小的领域——苹果已经成为一种“图腾”,并具有超强的产业链整合运营能力。

综上所述,我们看到,今天苹果的创新不是仅仅着眼于产品,而是把产品做成一个个性化平台。由此,它的颠覆性创新的生态系统就构建起来了。

1. 疑问:为什么在拥有苹果后,就变成了他人眼中的时尚潮流一族?

根据对iPhone用户购买因素的调研,用户选择iPhone主要是考虑操作方便,其次是娱乐性强。而在产品使用者形象上,34%的iPhone用户认为使

用iPhone的人时尚、潮流。换句话说,大多数消费者因为iPhone操作方便和娱乐性强购买了它,在拥有它之后,这位消费者就变成了他人眼中的时尚、潮流一族。为什么?

上述问题的答案也许是揭开苹果成功秘密的一把钥匙。

如果说消费者在购买一款新推出的产品时考虑更多的是产品的功能性属性,如产品实用性、外观样式、做工等属性,那么当产品有一定知名度后,消费者再购买时考虑因素除了功能性属性外,还会增加诸如品牌感知、联想、美誉度等多种外在属性。上述消费者调研结果有力地说明了这一点。

苹果通过对其产品内在、外在属性的整合,使其转化为消费者可以感知的一系列利益,再通过对诸多利益的提炼,变成苹果产品的品牌价值。至此,单一的物质层面的产品变成了积极正面的精神层意识——品牌价值。从品牌管理角度来说,产品属性是初级阶段,是可以被快速模仿的,而品牌形象是高级阶段,是十分难以被模仿的,是企业真正的竞争壁垒。

产品属性到消费者利益

正如媒体所评说的那样:“苹果不是一家纯粹强调技术领先的科技公司,虽然它是世界上唯一一家有能力同时开发硬件、软件、芯片技术的公司。苹果是一个懂得如何将技术和人文科学完美结合的顶尖高手。多年来,它始终用一种不同的思考方式,创造了许多易于使用并充满乐趣的顶尖产品。”苹果产品简洁的美学观符合最基本的人性。“用最少的资源,达到恰好的功能,并以简单、平实的形式表达出来”。而触摸屏的设计,也是最具人性的,小孩子并不会操作鼠标,也不会点击那些程序化的按钮,用手撕开、掰开、拉长是惯用的路数。而反映在消费者利益中就是体验好、很人性、很方便。

产品属性到消费者利益是极为关键的一步,实际上满足了消费者在产品功能性、心理情感上的需求,苹果在这一点上做到了,且做得很好。

产品利益到品牌形象

高效、视觉享受、良好的操控体验、新奇好玩、潮流时尚、与众不同是苹果产品带来的消费者利益,而提炼这类利益因素,使其完成品牌形象的塑造就成为艰难的一步。

品牌形象分为三个部分:

公司形象:主要包括革新性、历史延续性、社会营销意识及给消费者的信赖感,对应的苹果形象是创新、个性。

使用者形象:指品牌使用者的人口统计特征,还包括使用者的个性、价值观和生活形态等软性方面的特征,对应的苹果形象是时尚、潮流、高档、成功人士。

产品或服务自身形象:产品形象是与产品本身功能特征相对应的品牌特性,对应的苹果形象是完美、快乐、高效。

从品牌形象的塑造讲,大致有以下方面:

消费者对品牌的直接使用或购买经验,构成了品牌形象的直接来源,关于iPhone产品购买过程、体验的文章遍布网络;

销售及渠道:各种营销手段、店面设计等以及各种网上零售商的软文宣传;

促销:商家为迎合消费者,将苹果产品作为奖品或者幸运产品;

媒体:媒体上大量关于iPhone、iPad的报道,大部分是正面的;

合作伙伴:联通对于iPhone的促销、宣传;

口碑:口口相传,耳濡目染;

公司职员:公司职员往往是品牌形象的直接来源,如苹果公司的天才。

2. 反思:如何学习苹果塑造自己的品牌个性?

苹果公司的高明之处正在于通过以上诸多资源,借力完成了自己的核心竞争力——品牌价值的塑造,有一天当消费者说起苹果,脑海中想的不是那个能吃的苹果,而是基于苹果公司产品的一系列美好的想象的话,那么苹果就真的无敌了。

如果要问苹果制胜的因素，品牌当属首位，虽然“成功的背后有很多原因”。面对个性的苹果，中国企业家都应该问自己几个问题：

一、为什么要塑造品牌个性？

个性一词原义是对人的心理特征的一种描述，是指个体在心理发展过程中逐渐形成的稳定的心理特点。那么品牌个性就可以说是指品牌在建设过程中逐渐形成的对消费者而言稳定的心理感受。

(1)品牌个性是产品持久差异化的真正根源

让消费者从完全同质的商品中持久地选择自己的产品，这实在是痴人说梦。从迈克尔·波特提出了三种战略模式以后，怎样使自己的产品表现出差异成了商家思考的重点。可口可乐与百事可乐，两个世界最具影响力的品牌，如果没有“永远的、美国精神”与“NEXT、渴望无限”这样充满个性的品牌内涵做支撑，让消费者仅仅从名称、标识甚至口味上对两者做出区分并能持续地辨别这些差异，恐怕是很难的。喝过可口可乐和百事可乐的人都知道，仅靠口感是无法辨别出二者的，我们清楚真正起作用的是它们所深深蕴涵着的品牌个性。

其实，百事可乐在入市之初采取的是仿效策略，从口感、包装、宣传上对可口可乐依样画瓢，注重的是品牌外在的建设，因而不可避免地遭受了挫折。其后，在确认了从品牌个性上彻底与可口可乐对抗：可口可乐是正宗、传统的代表，百事可乐就是新一代的选择之后，百事可乐成功地做到了与可口可乐的差异化，从而新开辟了一个消费者认可的市场。从此，百事可乐建立了自己的王国，成为了唯一能叫板可口可乐的强势品牌。

反观国内的一些可乐饮料，没有在品牌个性的塑造上下苦工夫，仅仅停留在口号代表一切的层面上，让消费者根本无法体会到差异的真正根源，失败不可避免。

(2)品牌个性是产品获得利润的最持久、最可靠的保证

没有品牌个性的产品，唯一能够引起消费者产生消费动机并引致消费行为的方法就是价格战。并不是说价格战不好，而是商家除此之外就别无

他法是一种悲哀。中国彩电行业从大量竞争者涌现到价格屠刀祭出导致全行业亏损，不能不说是对此的证明。

为了冲抵国内过剩的生产能力，彩电厂家冲出国门进入国际市场是理性的选择，然而，当遭遇反倾销反击受进口配额制约进退两难，看着日本、韩国的产品打着品牌个性的大旗畅行无阻时，他们才明白价格只是引起消费者购买欲望的各种因素中的一个。

当然，在国内多数家电厂家忙着磨亮自己的价格屠刀时，我们仍然欣喜地看到了一些“反潮流者”，海尔是其中的代表。为了维系海尔品牌，张瑞敏明确提出：海尔不打价格战，要打就打价值战。一字之差，天地之隔。在别的靠价格战争夺市场份额的商家无奈面对亏损局面时，海尔却在以强调注重消费者的消费感受、满足消费者个性化需求为目标的价值战中取得了胜利。也正是如此，海尔品牌迅速跃升成为了世界最具影响力的100个品牌之一，这无疑给其他厂家树立了一个典范。

从价格差异入手大打价格战弄得两败俱伤，到以建设品牌个性为工作核心，中国的企业用上百亿人民币的高昂学费明白了这个道理：品牌个性才是获得利润的最持久、最可靠的法宝。

(3)品牌个性是追求创新和发展的平台

怎样保持品牌旺盛的生命力？

怎样锻造百年品牌？

在谈论品牌的生命力上，我们不得不把目光投向哈佛大学——一座存续了三百多年，比其祖国的历史还要长久的世界著名学府。

1636年，历尽艰难登上美洲大陆的欧洲移民们，为了实现重建一个“剑桥”的梦想，建立了这所大学。三百多年过去了，哈佛大学从最初的9个学生和1名老师，成长为今天拥有上万名教职员工队伍、18000多名学位毕业生和世界最负盛名的大学，支撑它走过来并如此辉煌耀眼的是什么呢？

1986年哈佛三百五十周年校庆，里根总统让人代话：自己很乐意到哈佛进行现场演讲，但条件是授予他荣誉博士学位。当时的鲍克校长立即作出了反应:我无意奉承总统的虚荣心!也许哈佛就是这样,从来不屈从于权贵,只在对真理、自由的追随上矢志不渝。

哈佛的校训:“与柏拉图为友,与亚里斯多德为友,更要与真理为友。”告诉了所有来哈佛求学的学子，他们唯一的目标和动力就是真理与自由,除此之外,没有什么可以束缚他们的思想与灵魂。正是这样的个性,使得所有哈佛人都在追求自由与真理的道路上不断地激发灵感,开拓创新,也正是这样,经历了三百多年的哈佛给人的感觉仍然像是崭新的一样。

没有个性,中庸的产品是没有创造力和发展前途的。

(4)品牌个性是获得消费者忠诚的法宝

没有个性的品牌就像一杯白开水,在竞争如此激烈的市场上,想得到消费者的厚爱和忠诚,是不可能的。

现在没有哪一个奖项能有诺贝尔奖这么权威和受人仰慕,立志于学术研究的人都将获得诺贝尔奖引为毕生的荣耀。诺贝尔奖创立于1901年,是根据瑞典著名化学家诺贝尔的遗嘱创立的。根据诺贝尔的遗嘱,获奖人不受任何国籍、民族、意识形态和宗教的影响,评选的唯一标准就是成功的大小。评奖的全过程是保密的,而且没有复议。在发表结果时,也只有获奖人的姓名和简要理由。有关评选的记录和候选人材料等,五十年内都不得向外界公开。

诺贝尔奖各颁奖机构都极为强调其严格的独立性,即便是瑞典和挪威政府对评选结果也不能施加任何影响。应该说,正是这种特立独行、不惧怕外部任何压力、坚持自己原则的个性,使得诺贝尔奖成了现在最权威的奖项而受万人仰慕和推崇。

试想,一个没有原则,受外部势力左右的奖项能达到这样的境界吗?

中国现在各种奖项多如牛毛,但能做到“富贵不能淫、威武不能屈、贫贱不能移”的少之又少,也就谈不上什么权威、受人仰慕了。

信守自己的原则,信守自己的承诺,给所有参与者一个稳定的心理感受,这就是个性,通过它,才能获得消费者的忠诚。

二、怎样塑造品牌个性？

品牌个性的塑造，决不是一朝一夕能够做到的，需要从以下几个方面着手并持之以恒。

(1)把握需求，正确定位

要塑造品牌个性，先要明确品牌的个性是什么。品牌的个性其实就是所要针对的消费者的个性。中国有句话：不是一家人，不进一家门，消费者所要购买的商品都会与他们的自我认知相匹配。因此，发现并把握这样的需求就非常重要了。

那么怎样来发现并把握这样的需求呢？可以通过市场调查和数理统计的方法加以区分和把握，这就是所谓的市场细分。

通过市场细分，商家可以对市场的组成有比较详尽的了解，通过对自身优势、资源的分析，选择自己最有优势的细分市场，并生产相应的产品以满足上述细分市场，这样就完成了市场定位的工作了。

这样看，好像需求把握、市场定位很容易，其实不然。问题主要是：

1)对某个消费群体的需求认识是否准确。就是说，在把握消费者最本质、内在的需求上存在着误差，既有受自我认识偏差、有限理性束缚的原因，也有调查手段是否科学的原因。

2)对企业自身优势、资源的分析过程中，也存在着被夸大或被缩小的误差。

因此，在需求把握、市场定位这个步骤上，科学严谨的态度是一方面，持续跟进不断修正也是必要的。

(2)选择传媒，精确传播

通过上述需求把握、市场定位阶段，商家对通过何种传媒能够将产品信息传递给目标消费群体，应该说也很清楚了。当然这些渠道、媒介绝对不是仅有的，各个渠道、媒介的覆盖程度、消费者的接触率、传播效率也是各不相同的。因此，选择适合的传媒对商家非常重要。

这里提几个原则：

1)依据商品传播目标原则

如果商家在宣传一项新食品的初期,传播目标是让尝试该食品的人多多益善。那么确定传媒目标时,我们就应拟定拥有较大接触率的媒介。

2)依据传播活动目标的原则

传播活动目标是根据消费者购买活动过程和信息处理过程制定的,是影响拟定传媒目标的最主要因素。例如一个广告活动的目标是告诉一小部分微波炉的可能购买者不要怕放射线会泄漏的危险,那么传播信息必须是说理的,消费者处理信息是深层的,这时,传媒目标就要着重在平均接触频率,而非接触率本身。因为,我们希望微波炉的可能购买者多接触几次,而不一定接触许多人。

3)依据目标市场信息处理习惯的原则

有时,有些目标市场不习惯某种传媒的呈现方式,确定媒体目标,必须考虑这个因素。如目标市场是老年人,他们处理吸收信息时,一般喜欢或习惯于安静、悠闲的方式,如果老年补养品的广告,选用热烈的电视画面,恐怕就有些不合时宜。

4)竞争者的媒体计划

务必使商家的覆盖程度能和竞争者匹配。

5)广告经费

广告经费的多少,自然会节制商家过于具有野心的目标拟定,这是不言而喻的。

(3)坚守承诺,持之以恒

经过了前两个阶段后,一个品牌在受众眼中的形象基本确立了,如果销售业绩或者市场反应与商家的预期一致的话,这个时候,就要坚守这个形象,也就是坚守对消费者的承诺。哈佛大学和诺贝尔奖的例子已经将坚守承诺、持之以恒做了非常精彩的阐释。问题是:为什么会有那么多的商家做不到这点呢?原因可能有如下两点:

1)盲目乐观,不思进取

商家在看到品牌入市初期取得的不错成绩后，觉得大功告成，思想开始麻痹，“刀枪入库、马放南山”，更多地开始尽享成功的喜悦了。这就导致服务态度开始下降、产品品质开始下降，并步入销售额下降与品质下降的恶性循环中，品牌倒塌不可避免。

2)以偏概全，失去个性

同样是看到品牌入市初期取得的不错成绩后，商家的自信心开始膨胀，对自己的优势、资源的认知出现偏差，开始涉足所谓更大的市场，搞一体化、多元化，使得消费者对品牌的认知出现矛盾和混淆，最后导致品牌的陨落。

所以，商家的所有举措还是应该以市场为风向标，以消费者的需求为导向，保持清醒头脑，坚守自己对消费者的承诺，在遇到挫折时也不能动摇。

(4)与时俱进，开拓创新

随着科学技术的发展，人们的需求一直就在向着更高与更深层次的方向发展，所谓更高，就是精神领域的需求越来越高，所谓更深就是需求越来越细化。因此，伴随着消费者需求的不断变化，通过对消费者需求的把握，传播媒介的精确选择，在坚守对消费者承诺的基础上，商家的品牌个性也要不断地赋予新的含义、新的形象。

TIPS：学习苹果，卖个性房子

一个房地产公司学一家IT公司，这个不合常理的模仿，却让这家只有八年历史的公司，从2007年不过3.5亿元的销售额，上升至2010年的40亿元。

要“野趣”也要“私密”

2010年12月10日，光耀创造了一个销售神话，6天前，其名为“全球候鸟度假基地”的新楼盘开盘，仅用6天时间，售出了80%的房屋，收获2.3亿元。

而就在一个月前，全国15个城市刚刚公布了极为严厉的调控细则，此背景下，光耀的卖房速度着实令同行咋舌。

这个楼盘的所在地离厦深高铁不过5公里，原本是日本人修建的高尔夫球场，位于北纬23度的北回归线上，每年有60000多只候鸟，被这里四季如春的气候所吸引，从世界各地赶来。

“湖泊、草地，还有数不清的候鸟。想想我们的优势，挥一挥高尔夫球杆，万只白鹭齐飞，会是什么感觉！”还在规划时，光耀地产副总裁李丁就对负责设计的深圳清华苑建筑副所长张生强提了一个要求：奢侈、野趣和私密，就是它的性格。所有房间都能看到球场和湖，业主可以在游泳池裸泳，而不必担心邻居偷窥。

在房价高涨的中国，大多数别墅都是两层到三层半，这样用地效率才会高，10万平方米的开发面积，一般能销售6~7万平方米，而建成平房，最多能销售3万多平方米。对于光耀地产提出的颠覆目标很多人都觉得不可理解——别墅一般卖的都是毛坯，一栋光秃秃的平房能有多大的吸引力？

“平房没问题，我们的房子不必赠送地下车库，关键在于怎样把人与自然结合在一起。”豪宅都很奢华，但“候鸟”差异就是它的个性，光耀地产要的是小型奢侈酒店的感觉，就像巴厘岛宝格丽酒店——房屋建在悬崖上，崖下是印度洋，室内宽敞几无墙壁拦阻视线；屋顶上是茅草，远远望去很低调，内部却不失奢华。

光耀管理层们觉得业主来这里是过周末或假日，需要休闲和放下身心，所以坚持要平房，奢华可以放在别处，比如邀请香港室内设计师协会主席陈德坚亲自操刀设计装修，白天鹅酒店集团提供服务，可以在湖边为业主操办Party。

于是，一个高尔夫平房业态就此诞生。

500盒饭与500平米好户型

中国的房地产，除了圈地、卖房，再圈地、再卖房的循环之外，能不能有新的盈利模式？那一年正好苹果发布了革命性的产品iPhone，将智能手机带入了触摸屏时代。“乔布斯可以把枯燥的电子原配件，设计成酷味十足的艺术品，为什么与生活息息相关的房子就不能设计得有活力？”光耀的设计师们开始关注苹果这个企业，并极力想把苹果的理念引入地产。

如同乔布斯对产品完美的热衷，这群另类个性的地产人也追求高度完美。

“我们不想让有缺陷的东西，影响我们的房子要表达的主张。”

以“先生的湖”楼盘为案例，很多细节的完美都能在过程中一一体现。

按照常规的做法，这批别墅用地挨着8万平方米的原生湖，湖面处于用地西侧，将建筑的主要景观线导向调整为向西后，可以减少南北向间距，使有限湖岸多出几排房子。

不过，光耀地产的决定却恰恰与此相反：当下市场条件，并不支持湖边独栋到1000万的售价，而且紧凑型的独栋，与周边同类楼盘相比也没有竞争优势。何不做成双拼，把两栋别墅连在一块，这样户数不仅多出一倍，又能把单价控制在500万元。

“先生的湖”要表现出回归人的本性，慢慢品味生活的主张，所以建筑风格为英伦庄园别墅，追求空间感和采光。更加紧凑的双拼，无疑对房间布局提出了新挑战。

“要有花园和景观阳台，又要把湖光山色引入室内，每个空间我们只有不断进行推敲，不能浪费一点空间。”为此，他们把花园与地下室连在一块，使得房屋前、中、后三面都有庭院。但问题也来了，泳池在哪呢？一栋豪宅不可能没有私家泳池。最后，他们将泳池抬高到10多米的空中，在别墅与别墅夹层修建泳池，“泳池与湖水融为一体，感觉确实震撼。”光耀高层很满意这样的设计。

针对房子的每个细节，设计师们之间争执不少，开会到深夜，中间都以盒饭伺候，后来大家相互调侃，正是这500盒饭换来了500平方米的漂亮户型。

与苹果比高的另类广告

光耀地产副总裁李丁很欣赏苹果在1984年拍摄的广告，一个身穿红色运动短裤，手拿大铁锤的女孩，快速跑向象征着“老大哥”的屏幕，用铁锤砸碎了屏幕。这篇广告寓意着苹果的主张：平民百姓——而非政府和IBM，才配拥有掌管科技的权力。广告是展现楼盘主张的载体，李丁希望可以像苹果广告一样很酷地说出自己的主张。

喔噻广告创意总监梁丰，与李丁是多年好友，然而他接后者的案子，却比其他地产公司更辛苦。

“湖滨双拼”还没有做，李丁就找到梁丰。在“先生的湖”一二期项目中，“先生”是一个身材优雅的英伦绅士，事业有成，举止幽默，谈吐不凡。但到了“湖滨双拼”这个产品，想表达的主张已发生变化，为了前后风格统一，“先生”需要保留，形象却必须进行调整。

人无完人，“先生”也不可能十全十美。善于自嘲的梁丰让“先生”发福了，成为一个胖子。他的第一个文案也不那么“美好”：“要看真相么，撕开先生的燕尾服，满心都是伤痕。”画面上一个臃肿的男人，用手抓住自己的礼服，好像迫不及待向人们展示内心的痛苦。

“这个广告词，让很多深圳中年人为之心酸，在城市拼搏，虽然有成功，但更多是挫折留下的伤痕。”梁丰说这是要让客户发现自己就是“先生”，而不是广告牌中缥渺的宣传形象。

不过，社会中的人各种各样，“先生”又岂能是一种模样，梁丰与李丁交换了想法，他们让“先生”拥有了各种角色，父亲、儿子、老狐狸、大叔、怪物、长辈、孩子……

梁丰做了很多文案，在深圳的深南大道上，“走，痛饮那一湖春水，解我乡愁。”让很多外地而来的深圳人为之共鸣；机场的路上，广告语是，“你好，失眠。再见，关机”。这是给出差在外的“先生”看的；到了惠州淡水高速收费站，则变成了，“男人成熟三大秘诀？买单。买单。买单。”路过“先生”皆会心一笑。

不仅仅是公路上的广告牌，梁丰还为“先生”创作了上百款报纸广告，

“报纸每天刊登不同新闻，广告词也会根据这一段时间的重大新闻重新设计内容。半年时间，已把我脑中的点子全都掏空了。”

类似的“抱怨”，李丁早已听过无数次，实际上他从很早就开始榨取各类合作方的创意。新楼盘还在酝酿中，各路精英就会被他召集，共同为新房出谋划策。

“我们是主题先行，不是房子建好后，才根据产品推出广告，而是所有环节，从设计、广告到销售，大家先共同讨论出一个主题，再开始做产品。”李丁说这就像苹果，产品外形、包装、广告到体验店的氛围，风格始终一致。他将这种做法，比喻为打通研发和营销的“任督二脉”。

苹果实验：高铁时代的整体营销

自2008年8月1日，京津城际高铁正式通车运营以来，铁道部规划的“四纵四横”的高铁路网正在快速展开，2011年年底将开通穿过惠州的厦深高铁，正属于四纵中的一纵。

因为高铁，人们对城市距离的衡量标准已经改变，中国房地产游戏规则已进入了高铁时代。光耀嗅到了高铁时代的房市热情，李丁操刀的几个项目，全都距离厦深高铁出口处不远。

不过，高铁机遇并不是只摆在光耀面前，别的房地产公司也看到了。以“先生的湖”所在地惠州惠阳为例，如今早已大盘云集，在方圆半小时车程内，就有半岛一号、振业城、东方新城、万城等数个豪宅楼盘盘踞。

2010年11月，深职院房地产研究所所长邓志旺到惠州观看了这些楼盘后，在自己的新浪微博中将惠州楼市总结为四个字“大水欧深”：以百万大盘为主，以大户型为主，以水景为主，以欧式为主，外来客户以深圳为主。

“4个共同点说明了，大家要做的产品都一样，高铁将深圳人拉来了，惠州在珠三角工业化程度又不高，土地资源丰富，湖、山、泉、海、江各种景色都有，房开商索性都做起了高端住宅。对深圳人来说，买这些豪宅的钱就相当深圳市中心新房的钱。”邓志旺说，高铁缩短了距离，但也让地段决定输赢的模式失效，面对着异地业主，所有楼盘比拼已是产品美誉度和智慧。

此时，李丁决定做他的苹果实验，他必须让买来的土地，产生出更有价值的产品。

第一个案例，是光耀在惠州大亚湾的楼盘"DADA的草地"。大亚湾虽隶属惠州，但最近处离深圳坑梓地铁口也不过600米，来此买房的人更多是深圳人。

李丁接受这个项目时，大亚湾一带荒芜人烟，周边没有任何配套设施，其他楼盘的销售业绩也都是一般般，如此地段，他也发愁房子怎样才能卖得好。为了挖到好点子，他邀请了很多人，澳洲、欧洲和美国的设计师，深圳广告公司还有销售团队来一场头脑风暴。

开始的谈话，没有任何限制，所有人都在海侃，澳洲设计师说应该有一个足球场，欧洲设计师说应该有一个剧场，美国设计师说应该有烧烤炉……还有人感叹说深圳这么多年都在迅猛发展，生活节奏越来越快，压力却越来越大，想去看画展或者话剧的时候，却在马路上塞上两小时车，无奈之下只好买个大芬村的画聊以慰藉，大家都是"被深圳"了。

所有的谈话都被记录在案，然后慢慢做减法，将不合适的点子剔除，李丁说他们最后综合出一条主线，无论关内白领，抑或关外蓝领，都在期望享受一个够情趣、够交流以及够健康的生活空间。

最终总结出三个关键词，艺术的、交流的、健康的。

这些关键词指导并串起整个项目的规划、设计，以及对外传播。新楼盘被命名为艺术居住区，拥有1个艺术剧场、3个艺术会所、3块花园草坪，设计使用灰加橙颜色，注重艺术氛围的同时，采用一般豪宅才采用的新风系统，令室内都可以呼吸到新鲜空气，保证健康元素。他们想出的广告也很有意思，"天天演戏给别人看，不如回家看别人演戏"。

这样的模式后来被李丁所总结，就是先有定位，再有土地，再有产品，再有体验，"经过'先生的湖'以及'候鸟度假基地'，我们也差不多摸索出一套系统方法，接下来就得看执行。"

光耀的实验很不错，"DADA的草地"首批256套房，开盘两日全部售罄，9月11日二批货248套房，一周售罄，别墅盘“先生的湖”中一组产品，更创下三小时售罄的纪录。

“要说学苹果，我们卖房的速度勉强可以跟上苹果吧。”一推出就卖光的态势，让光耀地产越来越有信心。

向苹果学习，向乔布斯致敬，在乔布斯的个性创新精神的带动下，已经有越来越多的中国企业走向了成功之路。

阅读延伸：

奇瑞：颠覆与创新

奇瑞刚成立的时候，詹夏来等高层被邀请去参观丰田公司的标杆工厂，尖端的生产线、穿梭于其中的机器人、自动化大生产的现代工业奇观令人目眩神迷。在这个时刻，没有什么比奇瑞这个迟到的闯入者和单薄的挑战者更令人觉得脆弱了。

然而，奇瑞却以狂飙突进的姿态，迅速打破了中国轿车业的传统版图。2005年，奇瑞全年销售汽车18.5万辆，在全国排名第七。销量增幅全国第一，也是中国轿车行业历史上第一家年净增超过10万辆的企业。

自2005年12月起，奇瑞已连续三个月销量超过2万台。

2006年2月，销量排名全国第三，首次超过一汽大众。而各地还纷纷传来断货的消息。

3月28日，奇瑞第50万辆轿车缓缓驶下芜湖总装生产线。

……

据国外调查公司分析：奇瑞将成为中国最具发展潜力的汽车企业。

成立不到九年的奇瑞，赤手空拳打天下，创下了令世人瞩目的“奇瑞模式”。

传统版图的颠覆者

从“专业”的眼光看，奇瑞完成的几乎是“mission impossible”。

所以，奇瑞在上马的时候，甚至不愿意接受一份专业机构的可行性分析报告。

早在八十年前，被尊崇为“20世纪最伟大的管理人”的通用总裁斯隆就说过：汽车是当代最伟大的工业机遇之一。如今，具有上百年产业史的汽车业早已经成熟无比，壁垒森严，11家跨国巨头共同占领全球市场。即使在相对落后的中国，二十年来通过大型国企集团和国际巨头的结盟，也早已经形成标准的产业格局。

作为一个姗姗来迟的闯入者，一切都显得那么不合时宜。没有准生证，没有优良的血统，没有资本实力，没有任何资源储备。甚至是工厂所在地的芜湖，也不过是位处二三线的港口小城，产业基础薄弱，“望之不似人君”，不具有追求所谓“中国底特律”梦想的底气。1995年，奇瑞就这样在芜湖开发区的一个废旧的砖瓦厂，开始他们的梦想之旅。

在汽车业这样一个高积累、高投资、高耗时的行业，从零开始，单凭自己的力量开发模具，进行发动机和整车研制，在别人看来简直是疯狂。面对业界对他们“无知者无畏”的嘲笑和讥议，奇瑞号称“八大金刚”的创业团队宣称：“干不成就一起跳长江！”

1997年奇瑞在安徽芜湖破土动工，标志着奇瑞公司正式诞生。两年后，首辆奇瑞轿车下线。2001年，第一款奇瑞“风云”杀入车市，成为中国轿车暴利时代的终结者。风云售价只有同档次桑塔纳、捷达轿车的三分之二，极高的性能价格比当即打破了国内轿车售价“虚高”的格局，引起强烈反响，当年销售量2.8万辆，销售额达20多亿元。2002年，奇瑞销售突破5万辆，销售收入52亿元，一举进入中国轿车十强。

2003年，奇瑞推出经典品牌QQ，迅速在市场上掀起巨大波澜。QQ以其明确的市场定位、时尚前卫的设计、超高的性价比，受到市场强烈的追捧，创造了单一品牌微型轿车六个月2.8万台的销售记录，成为微型轿车的主力车型。QQ使奇瑞迅速上位，在奇瑞的发展中起到了中流砥柱的作用。同年，东方之子、旗云也同样获得良好的市场表现。

2004年，在国内汽车市场趋冷、销量锐减的情况下，奇瑞轿车销售仍保持强劲势头，全年销售突破10万辆，国内市场占有率攀升至5.5%，稳居国内汽车行业前十。

2005年，奇瑞以年产销量18.9万台在十大汽车厂商产销排行榜上排名第七，仅比一汽丰田少卖4000台车，而超出排在其后的东风日产31000辆。至此，奇瑞以17.52亿的总投资(一汽丰田三厂的投资就达到22亿元)，自主研发出成本极低的4个车型平台和国内第一款自主品牌的与世界技术水平同步的发动机系列ACTECO。同年，一汽大众第一次出现亏损。

2006年，奇瑞销售依然强劲，不少地区严重断货，经销商不得不采取订单式销售。在持币待购阴霾未散、国际油价高位难降、汽车市场牛市依然遥远的中国车市，奇瑞逆市而动，令人惊叹。年销售量突破30万辆。

奇瑞的海外战略也斩获颇丰。2001年10月，奇瑞实现第一批轿车出口。2005年，奇瑞出口轿车1.8万辆，连续三年蝉联全国第一。2006年3月，5000台奇瑞造发动机ACTECO获得美国订单，实现了中国自主发动机品牌出口零的突破。目前奇瑞轿车在海外20个国家已拥有相应经销网络，已得到海外市场的广泛认可，QQ在中东、旗云在俄罗斯都广受赞誉，东方之子还获得乌克兰的“2006年度中级车”称号。

昔日野孩子出身的奇瑞，如今已跻身国内主流汽车企业，成为了民族汽车工业最令人生畏的力量。

短短几年间，以所谓“自主品牌”的轿车，冲破大众轿车市场传统格局，获得异乎寻常的增长，奇瑞由此成为二十年来“以市场换技术”式中国汽车战略的一个“异数”。

为大众造车的价值创新

1908年，售价仅850美元(后来降价到295美元)的福特T型车问世，该车累计销售了1500万辆。禀承“为大众造车”理念的亨利·福特使人类进入汽车时代。

奇瑞“造中国最便宜的家庭轿车”的价值观，正是对亨利·福特理想的

回归。通过为大众需求造车，奇瑞放弃了在一个长期“价值扭曲”的市场的通行做法，转向追求价值创新，最终在蓝海中形成强劲的竞争力和冲击力。

《蓝海战略》指出：“身陷红海的企业采用的都是常规的办法，也就是在已有的产业秩序中树立自己的防御地位，竞相去击败对手。”蓝海的开创者根本不以竞争对手为标杆，而是采用价值创新，全力为买方和企业自身创造价值飞跃，并由此开创无人争抢的蓝海空间，彻底摆脱竞争。开创蓝海的成功者和失败者的分水岭，不在于技术壁垒，不在于进入市场的时机，而是看能否把创新与效用、价格、成本整合为一体，以此来实现“差异化”和“低成本”。

当奇瑞义无返顾地进入汽车业时，正是看到了在中国日渐庞大的中间阶层汽车拥有的强大需求，而在传统的汽车业格局，这部分人群的要求和利益一直饱受压抑和蔑视。满足这部分人群的需求，成为奇瑞价值观的核心内容。这种对最广大需求者的利益的尊重，使奇瑞走向了价值创新，更使它在最快的时间里颠覆了传统的产业格局。

数十年来，中国轿车市场最大的消费者是官员阶层和财富新贵阶层，轿车被视为是划分身份的象征和奢侈消费品。而逐渐富裕起来的中国平民家庭开始有能力实现人生中第一次消费轿车的梦想，他们需求的是既具有时代气质和品质，又必须经济适用的轿车，即中国人“买得起”的大众消费型轿车。这个市场一直被贬斥以“低档车”市场，不被跨国厂商所看重。

实际上，中国消费者一直被告知，这个产业有很高的技术和资金壁垒，本土公司要通过合资学习和培养自己，要付出很大的代价才能获得这样的能力，所以消费者必须也要付出很高的价格才能享受这个产品。他们似乎忽略了这样一个事实，汽车在西方国家早就已经是最普及的消费品之一了。

跨国汽车巨头在中国独特的政经体制下，得以获取垄断利润，国有大型汽车企业也深陷在合资体系中，他们没有动力去为满足大众的需求而造车。所以，数量最为庞大的潜在消费群却被人为地排除在消费体系之外。

这就给抱持“为大众造车”、“造中国最便宜家庭轿车”理念而生的奇瑞在一个看似已天衣无缝的行业结构里留下了广阔的市场空间。

作为一个极端的产业后进者，奇瑞没有遵守现行的游戏规则，没有按照现行玩家的思维逻辑，而是回归到行业初期亨利·福特式的汽车业源流。

在一个被认为是暴利的行业里，奇瑞坚持为大多数人服务的“正心诚意”的价值观。

正是这种理念，使得奇瑞同时实现了“差异化”和“低成本”，以真实、较低的本土价格，为中国最广大的消费群提供解决方案和轿车产品。

就拿奇瑞的经典之作QQ来说，既富含时代气息，又经济实惠。习惯了桑塔纳、捷达、夏利等“老三样”的消费者，突然看到像QQ这样价格5万以下的轿车，竟然如此时尚俏皮，无不眼睛一亮。“大眼睛”的外观，QQ这样的名字，深合新经济时代崇尚个性、先锋的气质。QQ大获成功，实在是市场的必然。

而奇瑞的低成本使它成为行业价格虚高的终结者。第一款产品风云，是以一条从英国淘回的旧发动机生产线为基础造出的，在技术上竟然可以和桑塔纳、捷达同步，而价格水平整整低了50%到100%。

根据公安部交通管理局的调研，奇瑞的出现打破了跨国汽车集团在中国市场的“铁桶阵”，奇瑞几乎每一款新车下线，都让国内轿车价格下挫一截。据估算，近几年洋品牌轿车被迫降价30%左右，中国消费者从中获益数百亿元。到2004年4月底，我国低端轿车国内售价与国外持平，中端已接近国外水平。

在奇瑞身上，我们可以看到，正是最本真的服务精神，使它充满无可抵御的勃勃生机。

自主创新的道路选择

1999年，奇瑞刚起步时，曾经通过日本汽车零部件行业协会联系了日本本土27家汽车零部件厂商负责人，在东京召开奇瑞配套件采购订货会。结果，到会的只有一个女秘书。一了解，原来这些零部件厂商在会前都接到日本丰田的“劝阻”传真。

奇瑞自主创新的道路一开始就充满荆棘。

然而当奇瑞一步步创造了经营奇迹的时候，国内汽车巨头们却步履蹒跚。

2004年中国汽车产量达到507万辆，汽车工业总产值已达11000多亿元，工业增加值2700多亿元，占全国GDP的比重已从“九五”末期不到百分之一，上升到接近百分之二。汽车产业已经成为拉动国民经济增长的主要产业。但是到了2005年，汽车市场突然放缓，甚至连一汽大众都遇到了自成立以来的第一次亏损。

然而就是在这样低迷的市场环境里，奇瑞逆市而动，仅上年年增长量一项就达到了中国创记录的10万辆，越发令人注目。

国内汽车业的整体尴尬，导致了对“以市场换技术”战略的深刻反思。伴随着我国各大汽车国企纷纷与跨国公司合资生产，我国汽车工业原有的民族品牌日益衰微，自主创新能力日显薄弱，几个曾被寄予厚望的大汽车集团多年未能自主研发出一个新的轿车车型。这种自主创新能力弱化以及由此造成的产业技术“空洞化”的倾向，引起国人的忧虑。

人们不由得反问，国家总投资不到10亿的神六都上天了，国内汽车巨头技术研发动辄数十亿，为什么至今还没有开发出像样的自主品牌呢？

产品开发是企业命脉，自主开发是企业核心竞争力。在昂贵的自主开发成本面前，是急功近利地追求利益，还是目光长远，追求企业的长期发展，这成为每一个做企业的人都不得不认真对待的问题。

据说，美国开发一辆轿车要花20亿美元和两年时间，建立一个平台则花费更多。中国的民族企业所谓的“自主开发”只是痴人说梦。

成熟行业的森严壁垒，并不只是那些已经形成的有形竞争门槛，而更是精神和心智的牢笼。后进者在这种市场神话中逐渐沦为现实的奴隶，失去开拓进取的斗志和价值创新的勇气。

国外是不是真的开发费花掉20亿美元姑且不论，中国很多产品自主开发的经验却足够发人深思。长三甲火箭开发费只占到国外同类产品的几十分之一，蜂窝式移动电话国外开发花了8亿美元，而国内只花了7000万元人民币，不到它的2%。中国自主开发的汽车品牌，哈飞前不久建成的新工厂大概花了不到5亿元，按国外算法至少值30亿。上海华普汽车仅用五年时间就开始自主开发车型，奇瑞更是仅仅三五年就推出了六七款新车。

2003年奇瑞宣布推出QQ的时候，国内一家合资企业计划推出同一个目标市场定位的新款车。为抢得市场先机，奇瑞公司比原计划提前半年推出QQ，并定价49800元，仅为合资产品目标定价的三分之二。跨国公司不相信奇瑞能自主设计并生产出可与之竞争的产品，于是在海南试车场让他们推出的产品与QQ车作3万公里试验比拼，同时邀请了国内专家和记者观摩，为市场宣传做好准备。结果，在3万公里跑程中，合资品牌跑趴下好几次，而奇瑞QQ始终强劲。后来，这一合资产品推出后，月销量仅为QQ的八分之一。这是近二十年来跨国公司在中国市场投放的车型第一次受阻于国产自主品牌的汽车。

奇瑞现已储备20余种新车型，从性价比极高的微型家用车，到目前世界最高级配置的轿车，均是奇瑞吸收、集合世界多家一流汽车研发机构成果的创新作品。在研发过程中，已获得国内外专利120多项。目前，奇瑞完成一个新车型的开发只需要十八个月，已达到国际同行业的先进水平，并具备了每年推出4至6个上市新车型的能力。

奇瑞老总尹同耀说过这么一句话："没有自己的品牌，造多少车都是别人的辉煌。以我为主整合世界资源，这样的'中国品牌'才能让中国汽车具有真正的国际竞争力。"

奇瑞在"自主品牌、自主研发"的道路下，既避免了在技术开发和市场营销上受制于人，同时可以使开发、生产和销售随时顺应市场需求。而合资企业却无法做到这一点，新车的推出要到母公司的车型里面去找，找到合适的产品，再引进，修改上市。新车销售不畅，再去更换其他的车型，周期依然不变。有时新车的上市成本尚未收回，就已经被淘汰。

位居跨国公司总部的研发工程师是从全球的整体角度来作改进，无法根据我国的细微市场要求及时作出改进。一般合资企业引进一个车型需付出代价至少上亿欧元,相比之下,奇瑞每一个新车型的平均研发费用还不足一半。

而奇瑞在2005年10月推出的发动机ACTECO更意味着在新一代高性能汽车发动机领域取得零的突破,对汽车产业意义重大。

研发是动力之源

国际汽车界一般认为,轿车厂家只有达到50万辆生产规模时才有可能进行自主研发。而奇瑞从成立伊始,就设立了自主研发机构“技术中心”,把建立人才队伍和自主研发能力放在最优先考虑的位置。

2003年年初,奇瑞又投资成立了占地7万平方米的汽车工程院,现已建立起1500多人的研发队伍,拥有国际一流的实验设施,研究领域涉及车身、底盘、发动机、变速箱、电子电器和工艺材料,形成了国内唯一的完整轿车研发生产体系。其中博士以上高层汽车专业人才相当于国内各汽车厂家的总和。

正如发动机是汽车的心脏,奇瑞把研发作为了公司持续发展的动力之源。

奇瑞的研发体系已经完成了由逆向开发到正向开发的历程。所谓逆向开发,就是通过标杆车分析,对市面上竞争对手的车进行分解,得出自己的图纸和工艺。逆向开发的主要内容是模仿,对于白手起家的创业者,这是一条必经之路。当年福特等跨国巨头也是这样发展起来的。

模仿并不是抄袭,而是在创新中学习,在学习中创新。如QQ就是奇瑞逆向开发的杰作,奇瑞设计团队在吸收他人成果的同时进行了巧妙独到的创新活动,连原车型的意大利设计师都承认QQ的外观设计更优于原车型,更富有时尚感。

2002年以后,奇瑞的产品研发逐渐形成规模和稳定的上市方式,开始转向了正向开发阶段。正向开发要做早期的概念设计,在这个基础上进行分解、反复优化和试验验证,最后产品出线。

正向开发对人员和能力知识的要求非常高。奇瑞和国际专业设计公司进行合作,联合开发,设计公司按照奇瑞的要求进行产品设计,奇瑞拥有所有产品的知识产权。通过与设计公司合作,逐渐培育自己的开发力量和水平,奇瑞在最短的时间内,具备了整车和主要零部件的正向开发能力。

车商能否快速向市场推出新型产品,决定了能否获得差别化优势而首先占领细分市场。国内汽车用户目前没有形成比较固定的消费惯性,时尚别致的新车型更容易被市场接受。因此,研发能力和创新能力在企业核心能力中占据不可替代的重要位置。

奇瑞也由此而形成了抢占人才高地的战略。

业界都知道,QQ的设计手笔整个来自原二汽的设计团队,这个团队是神龙公司“爱丽舍”改型的主要设计者。2000年,下决心走合资道路的东风汽车决心裁撤自己的技术团队,中心的骨干技术人员辗转加盟奇瑞。

奇瑞经过深思熟虑,对设计人员们做足了长远打算,由奇瑞和这个设计团队合资成立了佳景科技,奇瑞投资持股三分之二,设计团队以技术入股占三分之一,把佳景打造成为一个专业设计平台,主要是为奇瑞承担开发任务。除了QQ之外,佳景还设计出了畅销的旗云和东方之子,为奇瑞立下汗马功劳。佳景模式简洁有效,成为奇瑞人才和技术战略的有效手段而被高度重视。

此外,奇瑞成立的汽车研究院网罗了来自全球产业巨头和科研机构的技术精英。汽研院的院长许敏博士先后在通用、福特、伟士通公司专攻发动机燃烧系统设计,曾担任美国汽车工程师协会(SAE)学术会议发动机燃烧分会主席。

汽研院、佳景科技、国际专业设计公司,这构成了奇瑞有效的三位一体的研发体系。每年4到6款新车的研发能力,以及ACTECO发动机的问世,可以视为这种三位一体研发模式的成功。

第3章

从“头脑风暴”到“A级海盗”
——论乔布斯的“好而不贵的创新”

1992年9月底，乔布斯率领麦金塔电脑小组举行了一次静修大会，地点在离苹果公司100多英里的帕哈楼沙丘城。这时候，乔布斯的麦金塔电脑小组已经扩张到100多人，平均年龄为28岁，其中有近一半的人为左撇子——他们应该是右脑创意高手。

活动开始时，乔布斯在黑板上写下了那句著名的话：“干‘海盗’胜过加入正规海军。让我们一起干‘海盗’吧！”参加会议的每位成员都站了起来，欢声雷动。他们都想做率性而为的“海盗”，一起向“海盗王”宣誓。

这句话也成为团队的灵魂，体现出乔布斯想灌输给小组成员的精神与理念，它让大家共同努力奋斗并深信不疑自己正在从事一项意义重大的工作。

我们都知道，创新是苹果的秘密武器，但是乔布斯其实并不笃信创新来自一套现成的“系统”。苹果的员工从不参加那些旨在锻炼创新能力的研讨会。你不会看到在苹果总部里散布着乐高玩具来激发创新的火花，也不会看到一群员工在所谓的“创新咨询师”带领下参加精心设计的团队建设活动，满世界地玩寻宝游戏。

实际上，乔布斯对这些老一套的做法颇为不屑。他曾经对《纽约时报》的罗布·沃克说：“我们从不说什么‘让我们来上个课’或‘听好了，这就是创新的五大法则’或‘把这些创新宝典挂满公司’之类的话！”

因为他知道，让一个创新团队出色工作并不难，难的是让他们拥有“苹果式灵魂”——深切知道自己为何而战。

为设计人员扫清障碍
——脑力激荡讨论会

记得有人说过，真正的强人是游戏规则的捍卫者。

乔布斯就是苹果公司团队的捍卫者，他的使命就是清除障碍，明确方向。

1. 像乔布斯一样正确应用“头脑风暴”

这个世界并不缺乏有才华、有想法与有创意的人，但是缺乏对关键产品进行关键决策的人，以及捍卫游戏规则的人。杰出的领导者，首先就是产品挑选人。

乔布斯1984年于《麦客世界》杂志创刊号上写：“从事麦金塔电脑（Macintosh，简称Mac，是苹果电脑其中一系列的个人电脑）设计工作的那

些有创意的人就是麦金塔电脑的前进动力。我的工作就是为他们创造空间，清除组织中对其不利的因素，并将它们挡在外面。”

在产品开发过程中，乔布斯参与了很多重要决策的制定，从电脑的风扇到机箱上使用的字体。

虽然乔布斯是“产品独裁者”，但是苹果公司的决策并不总是自上而下的，争论与辩论是乔布斯“头脑风暴”的一部分，乔布斯通过参与一种智力对抗游戏来作决策，这一做法具有很强的好斗性，但能产生精准、有创意的想法。

“头脑风暴”对我们来说早已经不是什么新鲜词汇了，它的流行程度已不亚于一场真正的风暴，它席卷了全球不同类型的企业和组织，成为创新思维最常用的一种方法。

但是，也有很多人在使用头脑风暴进行思维创新时屡屡受挫，于是他们坚持认为：头脑风暴方法已经过时了，而且不再有效。

但实际上，不是头脑风暴方法无效，而是他们没有像乔布斯那样正确地使用。

一次有效的头脑风暴能够产生许多好的创意，并兼具趣味性和活力；而无效的头脑风暴却令人受挫，消磨动力。乔布斯认为，不成功的头脑风暴贻害甚大，它们是导致多数企业创新思维过程中产生高达95.8%的失败比例的主要原因。

毁掉头脑风暴的6个原因：

(1)没有清晰的目标

如果一次头脑风暴的意图是模糊不清的，就会导致逡巡不前甚至失去方向。模糊的目标是无用的，最好的方法是把目标设定成一个问题。

(2)参与者的背景太过相近

假如每个人都来自同一个部门，就极易陷入一种“群体思考”之中，从而大大地禁锢创造力，因此要小心地选择参与者。

(3)老板成为讨论的推动者

要小心在团队中表现得独断专行的老板,他们可能会限制或固定住讨论的内容。对头脑风暴而言,最差的一种情形是,老板既主持会议,同时又做记录员和证明人。

(4)允许过早的评判头脑风暴

最重要的原则就是将评判推后。如果不能确保没有人对任一想法提出批评、负面的评价或任何的评判,是无法鼓励大量不同凡响的好想法的。

(5)满足于为数不多的想法

想法的数量越多越好。各不相同的想法产生的越多,其中一些最终被选中的可能性就越大。因此,不要刚得到几个想法,就开始分析。

(6)没有收场或后续执行

不要在没有达到清晰的执行计划之前,就结束头脑风暴。如果看不到一个真实的结果,人们会感到之前进行的过程没有意义,从而灰心丧气。

为了克服头脑风暴中可能存在的一些问题,乔布斯提出了“高级头脑风暴”即“脑力激荡讨论”的概念。高级头脑风暴是一个改进了的过程,它增加头脑风暴成功的机会,包括使用创新思维技巧来增加观点的数量和种类。高级头脑风暴会使头脑风暴进行得更加顺利,更有效率,不会因为“没有新观点”而受阻。实际上,高级头脑风暴就意味着更好的头脑风暴。

高级头脑风暴所借助的工具和技术包括:

创新的思维技巧

头脑风暴软件和材料

在创新环境中改进过的头脑风暴技巧

提升头脑风暴到高级头脑风暴的过程有3个阶段:

(1)技巧培训,即对参与者进行创新思维技巧方面的培训。

这些创新思维技巧会解释创新的过程是如何为我们工作的,解释个人创新能力的障碍,解释创新能力技巧会如何使我们产生更多的观点。

(2)给予工具,即给参与者适当的工具,以使技巧更容易和更有效率。

头脑风暴软件和其他刺激材料会使创新思维技巧更生动,会使思维更

快和更新颖

(3)克服障碍，即让参与者了解与头脑风暴有关的障碍中有多少能被克服，如何通过组织开发营造一个更利于创新的环境。

2. 跳出固有模式——七步提升头脑风暴

试图掀起头脑风暴的多数尝试都注定无疾而终。要产生更好的创意，并增加你的组织根据这些创意采取行动的几率，首先要提出质量更高的问题。

企业发展离不开好的创意。从研发团队寻求新产品的创新管线，到运营团队探究省时的流程改进，再到首席执行官们寻找未来的增长机会——所有高层管理者都希望其组建的、参与创意活动和管理的团队源源不断地产生更好、更具创造性的创意。

然而，在某种程度上，所有高管都有过通过传统的头脑风暴会议寻求新创意的痛苦经历。我们都熟悉这样的场景：首先，一群主要是基于政治方面原因被挑选出来的人在台下被动地倾听；一名主持人(通常是对你的业务几乎一无所知的外部人员)在台上呼吁你“要有创造性！”“跳出固有的思维模式！”还精神饱满地提醒你“创意没有好坏之分！”

结果如何呢？有些与会者无动于衷，有些人零星贡献点创意，还有那么几个人用自以为得意的创意，吵吵嚷嚷地把持着头脑风暴的会议。大家会随意地冒出一些点子，有些有点意思，但很多都颇为荒谬——由于这种会议缺乏组织，所以几乎不会围绕任何一个创意积蓄起行动的劲头。会议结束时，大家疲惫不堪地离开，对于接下来要发生什么一头雾水，有些人会嘀咕：“现在，我们又可以回到实际工作中去了。”

事情不必一定这样。在一项观察了150多家企业领导和200个此类项目，涉及多个行业的实验中，人们发现了一套实际的方法，可以把握通常在传统头脑风暴会议中被浪费掉的精力，并将其引导到更有成效的方向上。

其诀窍在于，利用人们在创造性地解决问题形势下的实际思考和工作方式，这种方法被称为“头脑引导”。

与传统的头脑风暴相比，它需要更多的准备，同时，也会催生更有价值的结果，你可以通过如下七个步骤，来明显提高成功的几率。

了解组织的决策标准

企业头脑风暴会议中产生的好创意往往无疾而终，原因之一是它们不在组织愿意考虑的范围之内。如果外部环境或者企业政策设定了组织必须遵从的框框，那么“打破思维框框”的口号就是一种无济于事的劝勉。

因此，管理者如果希望在其团队中点燃创造性思维的火花，应首先了解或制定企业采纳最终创意决策的实际标准。例如，是否存在任何绝对的约束或限制？一家银行召开了头脑风暴会议，会议的最佳创意都要求改变IT系统，然而，高级管理层最近已“封闭”了未来18个月的IT议程——对此，头脑风暴会议的策划者全然不知，结果整整浪费了一天的时间。

还有，什么才算是可接受的创意呢？另外一家更为明智的银行需要好的创意，以便让每家支行投入不超过5,000美元，就能迅速增加利润。对此，高管层与策划者协调，决定接纳三种类别的创意：新产品、新销售方式和定价变化，但回避那些需要新的监管审批的创意。结果，该银行召开了一次更加富有成效的会议，准确地传递了企业想要的东西：一组包含所有三个类别、务实、成本可以承受，并在一个财政年度里就能盈利的创意。

提出正确的问题

数十年的学术研究表明，传统的、结构松散的头脑风暴法（“以量取胜——创意越多，成功的可能性就越大！”）不如提供更具结构性的方法。我们发现，提供结构的最佳方法是利用问题作为催生创意的平台。

在实践中，这意味着围绕一系列“正确的问题”组织研讨会。这里的窍门在于，识别具有两个特征的问题。首先，这些问题应迫使与会者以一种全新的、不熟悉的视角进行思考。因为每当你寻找新的方法解决难题的时候，你自然会想到从前行之有效的思维模式和创意。研究表明，随着时间的推移,得到的好创意会越来越少。改变参与者的视角将会使其思考方式发生转变。正确的问题的第二个特征是,它限制了团队将要探究的概念空间,但限制程度不会大到强迫产生特定的答案或结果的地步。

根据经验,对于约有20名人员出席的比较典型的研讨会,最好是准备15~20个这样的问题。要谨慎选择这些问题,因为它们将会构成研讨会的核心——与会者将会在会议期间的一系列小组讨论中集中讨论到这些问题。

选择正确的人员

此处的规则非常简单:挑选那些可以回答你所提出的问题的人。这听起来很好理解,然而实际上却并非如此,对与会者的挑选更多的是基于他们在组织结构中的地位,而不是他们具有的专门知识。

相反,如同我们的一位目录零售商客户为召开关于加强坏账催收能力(这家企业直接向某些客户发放信贷)的头脑引导研讨会所做的那样,应选择那些拥有第一手实战知识的参与者。在研讨会期间,当参与者们讨论“自上一次重新设计流程以来,我们的运营环境发生了什么样的变化?”这一问题时,一名一线催收经理评论说:“哎,死亡变成了新的破产。”

有几名人员会意地笑了,然而,会议室中的高管们却一头雾水。随着讨论的深入,情况变得明朗起来。最近,出现了一种更好的策略:无耻的借款人指示家庭成员告知代理人他自己已经死亡——这种策略会迅速阻止催收努力,因为代表们如继续追讨这笔欠债,会感到很不舒服。

一线管理者出席研讨会却让管理层发现了一个机会,而另一名一线经理的提议成为了最终的解决方案:公司要求催债代表们如果怀疑这是一个诡计的话,要谨慎而坚定地询问电话接听者更多的具体信息。不诚实的借款人如果被要求提供自己的身份或其他基本信息时,一定会挂断电话,这样催收工作就可以继续。

分而治之

为了确保开展富有成效的讨论,不要让与会者在整个群体中连续数小时进行漫无边际的讨论。相反,要让他们在由3~5人(不要更少也不要更多)

组成的小组里，召开用足30分钟、多场独立的、重点明确的创意催生会议。为什么是3~5人呢？从社会规范角度而言，这么大小的群体有利于成员直言不讳，而更大的群体却会使其变得沉默不语。

当你为小组分配人员的时候，一定要把“创意扼杀者”隔离在他们自己的小组中。这些人员会有意或无意地阻止别人提出好的创意，这类人员有三种：老板、“大嘴巴”和主题专家。老板的出现通常会使得人们在表达未经证实的创意时变得犹豫不决（“在我老板的老板面前发表讲话？别，还是算了吧！”）；“大嘴巴”则会占用会议时间，对信心不足者造成恐惧；主题专家会扼杀新的创意，因为每个人都认为他们具有更高人一筹的智慧，即便他们对眼前的问题存有偏见或认识不足。

最后，把你早已准备好的15~20个问题在小组间进行分配——每个小组大约5个问题。只要可能，将某一特定的问题分配给你认为最适合解决这个问题的小组。

准备开始

在将参与者划分为小组之前，请先对其进行引导，这样你就会对他们将会完成什么，以及完不成什么，有了明确的预期。请牢记：你的团队习惯于传统的头脑风暴，其中思想的流动快速而狂乱，最终难免肤浅。

然而，今天每一小组都将用半个小时的时间全面思考并讨论一个唯一的问题。在小组单独召开会议期间，不要提及来自任何来源的其他创意——不论这个创意多么好。

让与会者为可能出现下列情况作好准备：当小组研究解决一个问题时，可能仅产生两个或三个有价值的创意。提前知道这一可能性将会防止他们灰心丧气，使参与者鼓起用新方式思考、增强创造性力量的勇气。

此外，只要可能，在每次会议开始之前分享“要点示例”——以前的小组使用过的实际问题，以及相关的成功故事，以激励参与者并向他们表明以问题为基础的方法如何奏效。

最后一条警告：任何小组的头脑引导会议的前五分钟可能都感觉像是

典型的头脑风暴，人们都在测试自己得意的创意或脱口而出的肤浅的新创意。但参与者应坚持下去。随着小组在专注于所分配到的问题的同时，努力充实完善肤浅的创意，更好的思想就会随之而生。

善始善终

到一天结束的时候，一个小组通常可能会产生出15个有趣的创意，可供进一步研究。你一直是在同时组织多个小组，因此，你的20人团队就已经共同产生了多达60个创意。现在该怎么办呢？

有件不应当去做的事情就是让整个团队从中选出最好的创意，这种做法在传统的头脑风暴中较为普遍。根据我们的经验，对于那些在确定各个创意的优先次序以便进行实际投资所必须涉及的标准和考虑因素方面，与会者未必总能形成达到高管级别那样的理解。挑选优胜者的过程也会降低人的积极性，尤其是当决策者事后推翻小组最中意的选择时，更是如此。

正确的做法是，让各个小组将自己的创意列表，自行减少到最重要的少数几个，然后与整个团队分享所有最重要的创意，以此激励和鼓舞参与者。但是，整个团队不应评选优胜者，而是要在习惯于传统的头脑风暴的参与者不曾预料的情况下，高调地结束研讨会：向他们确切地介绍大家将会采取什么步骤来选择优胜的创意以及他们将如何了解到最终决策。

迅速跟进

决策以及其他跟进行动应该迅速而彻底。当然，我们并不是建议对仅仅几个小时之前浮现出来的创意做出根据不足或研究不充分的结论。但是，产生创意的过程导致具体行动的几率，往往会随着时间的过去以及热情的减弱而迅速下降。

例如：美国一所大学的校长、教务长和系主任在头脑风暴研讨会之前宣布研讨会之后的上午将召开全体员工大会，讨论所形成的各种节约成本的创意。高层领导在会上将各种创意分为四组：立即转向实施规划，当天决定在最近的适当时间（例如，下一学年开始时）实施，安排一个小组进一步研究所讨论的创意，或者当即否决。这一过程进展顺利，该大学相继通过了十多项创意,最终节省了数百万美元。

为了与参与者保持紧密联系,该大学保证向每位相关人员通报决策的结果,即便某个创意被否决。尽管与某个团队分享坏消息似乎可能会打击士气,但我们发现,这种做法带来的结果正相反。参与者常常会迫切希望获得反馈信息,并急于想确认他们的声音至少有人听到。通过有礼貌地解释为什么某些创意被拒绝,你可以帮助团队成员下一次产生更好的创意。根据我们的经验,他们下一次还会参与,往往还会比以前更积极。

股权激励:与公司同仇敌忾

在团队奖励上,乔布斯同样花费了巨大精力。在硅谷将股票确立为奖励标准的进程中,苹果公司确实起了很大的作用。在硅谷繁荣期,股票期权成了技术行业所有公司的标准福利,对吸引人才起到了巨大的作用。

苹果公司曾有一个非常受欢迎的股票购买计划,即员工可以以自己的薪水为基础大量购买折扣股票。购股价格为购股之日前的六个月内的最低价,外加一定的折扣,以保证购股人能够多挣点钱,结果是员工往往可以挣到很多钱。

在乔布斯离开苹果的十三年里,苹果团队的战斗指数飞速下降,原有的那股追逐梦想的狂热很快冷却下来,因为公司没有一个像乔布斯那样整天扯着嗓子给团队不断灌注激情的领导人。渐渐地,员工失去了工作的激情,他们不再积极地对待工作,懒散的风气在公司蔓延。

乔布斯回到苹果做的第一件事就是让员工成为公司股东,把他们紧紧地和苹果联系在一起。他取消了大部分现金奖金,改用股权奖励代替。公司所有员工都有薪水和股票。为了阻止大批员工离开苹果公司,乔布斯耗费了巨大精力。当时,苹果市场份额急剧下降,员工对公司能否有好的前景持怀疑态度,很多人决定离开。

为了恢复士气，乔布斯与董事会展开一场激战，努力说服他们以低价将股票出售给员工。最终，苹果公司推出了一个非常受欢迎的股票购买计划，即员工可以用自己的薪水购买折扣股票，并且该股票价格为购买之日前六个月内的最低价。结果是，苹果员工从股票上获得了丰厚的收入。股票期权也渐渐成为技术行业所有公司的标准福利，成为吸引人才的亮点。

乔布斯1998年接受《财富》杂志的采访时说：“在苹果公司，我们从很早开始就给所有员工股票，我们是硅谷首批实行股票制的公司之一。重返苹果公司的时候，我取消了大部分现金奖金，取而代之的是股权奖励。基本上每个人都有薪水和股票，这是一种非常平等的公司经营方法，这种方式是惠普公司首创、苹果公司确立的。

——股票期权是一个战略性的激励武器，不能简单视之，像乔布斯这种大佬都会在这方面花费不小精力，可见其对员工的重要性。

什么是股权激励？

股权激励源于美国，20世纪50年代中期，美国旧金山的一名叫路易斯凯尔索的律师设计出了世界上第一份员工持股计划，1952年，美国PFIZER公司推出第一个经理股票期权。迄今为止，美国实施股权激励的企业达到了20000余家，有3000多万企业员工参加了各种持股计划，全球工业企业500强中90%都实施了股票期权制度。

股权激励的模式一般有业绩股票，股票期权，虚拟股票，股标增值权，限制性股票，延期支付，经营者/员工持股，管理层收购等。其中，股票期权制度在世界范围内被广泛推广和应用。所谓股票期权是指以股票为标的物的一种合约。上市公司授予激励对象在未来一定期限内，以预先确定的价格和条件购买本公司一定数量股份的权利，当然也可以放弃这种权利。

简单来说，股票期权是以公司股权为利益载体，借助于企业的价值追求与企业员工个人利益的协调互动，谋求极大地激化员工主动性和创造力的一种激励方式。这种激励模式是现代公司制企业进一步发展的必然产物。

众所周知，现代企业的一个显着特征是两权分离，即所有权与经营权分离，企业由众多股东拥有，而由代理人负责经营，代理问题由此产生。正因为比如，才出现了乔布斯一度被自己创立的公司开除的事件。

当企业规模不断扩大，利润不断增长时，经营者可能因为自己的利益而背离股东的利益，股东对经营者的监管也会越来越困难。事实上股票期权制度赋予经营者与股东利益均等的权利与义务，这在一定程度上解决了代理成本过高的问题。

我国股权激励机制

2006年，我国颁布《企业会计准则第11号——股份支付》，股票期权等股权激励方案终于有了规范化的会计处理准则。于是国内各上市公司纷纷建立起酝酿已久的股权激励机制，股权激励已成为当下中国的热点问题。

按照《上市公司股权激励办法》，我国国内上市公司可以采用限制性股票激励和股票期权激励两种主要的股份支付方式。根据Wind资讯提供的资料，截至2006年年底，我国共有分布于不同行业的近50家上市公司发布了股权激励方案。

从总体上看，虽然这些方案在进度、行权价格、行权特别条件、禁售期、解锁期等方面的规定都不尽相同，但就其激励方式而言，无外乎股票和股票期权两种方式。统计资料显示：在48家发布股权激励方案的公司中，13家选择以股票为激励标的物，其余35家选择以股票期权为激励标的物。

由此可见，股票期权已成为我国股权激励机制的主要形式，且从国外的趋势分析，股票期权在中国还会有进一步的发展势头，并极有可能成为我国最为普遍的股权激励机制。

1. 股权设计：从“情理法”到“法理情”

近几年来，随着我国经济的发展，一大批企业不断成长并进入了新老交替的阶段，均在不同程度上面对着长期激励的问题困扰。乔布斯在股权激励上所取得的巨大成功，激励无数中国企业家走上了股票期权之路。

由于企业分布所属的专业、历史背景、资本结构、地域、规模等都不尽相同,其长期激励特别是基于股权安排的长期激励也是千差万别。从众多案例看,最难的是股权设计对企业长期发展与历史旧账之间度(合理与合适)的把握。

常见的现象是情理法顺序形成的股权结构设计,很容易出现工龄优先,忠诚次之,职位等级再次之,个人贡献最后考虑的现象,分配的原则也出现大锅饭、大平均的现象。

由此形成的问题是被激励对象难以感到激励的效果,有拿到股权照样跑的,有感到不公平辞职的。另外,在股权设计时,由于结构设计没有形成动态机制安排,形成股份逐步稀释到外部,并最终形成对公司股权结构的潜在威胁的现象。

面对这些问题,许多公司感到非常困惑,企业花了大力气和大投入的结果却很不尽人意。

苹果的长期激励有以下几种:

股权激励

长期服务激励

退休金计划

期权

期股

虚拟股票

混合激励

……

乔布斯认为股权激励设计是需要考虑到理和情两个因素,两个因素的平衡需要的方法,即股权激励的原则和方法。

股权激励的体系设计的核心是对价值创造的倾向性激励,核心重点在于对员工价值创造活动和成果的激励。价值可以进一步分解成历史价值贡献和未来价值贡献。由此,股权激励的设计安排就必须从这两个方向给以考虑，并由“情理法”的原始设计思想，转向“法理情”的结构体系设计。

股权激励设计中应该坚持的几个原则：

(1)需要系统的分析激励对象。

(2)对员工的价值创造进行梳理。

(3)员工对于企业的贡献可以从历史贡献积累和未来价值创造两个维度进行分析。

(4)通过价值创造的分析，我们可以理清激励对象，并对不同的对象给以不同的激励措施。

在员工价值创造的分析完成后，股权激励政策需要有所倾斜。

核心员工

公司核心员工的特点一般是随企业成长而成长，年富力强，目前在公司肩负着重要的职责并位高权重的一群，这无疑是一个激励的重点。要让这群人能够切身感受到激励的分量，并促使其在未来持续地为公司创造价值。因而，这类员工的激励手段有股权激励、期权期股等。其中股权激励一般考虑设置为实股结合期权的模式。

业务骨干

当下的业务骨干是每个公司的未来希望所在。对此类员工的激励，应当更多的从成长预期出发，股权激励的重点在于长期结果。一般而言，此类员工的激励手段包括：

1)股权层级设置到其业务单元，使其能够享受到与自身贡献相匹配的实在好处；

2)可以采用股权锁定期的方式，绑定其股权；

3)可以通过期权设计和逐年条件行权的方式，使得员工能够切实感受到其对公司贡献与自身成长过程中公司给以的激励。

老骨干和老员工

老骨干和老员工是沉默的大多数和公司的民间意见领袖。对这类员工，更多的是从情的角度出发，给以关照。这些人往往出现较多的妥协和所

谓公司特点，其实质是如何妥善地处理好情和理的关系。对他们公司领导者需要表现出对其长期服务的尊重，一般采用一个持股结构，使得这部分员工通过这个持股结构，能够分享到公司长期发展的好处。

新员工

新人公司的员工，是受影响与被感染的一群。需要给以明确的政策指引，这个政策指引，可以通过前面三类员工的股权激励安排，给员工以清晰的发展前景，从而形成公司的业绩导向文化。

通过对员工的分析，我们形成了比较清晰的激励方向。那么具体到激励方案的设计，需要始终关注价值创造这一核心。具体到股权激励的设计，业界已经有了很多成功的方式和成果供我们借鉴。但我们还应该关注以下几点：

首先，股权设计合理性应以公司持续发展为根本。股权设计是为了公司未来发展得更好，突破体制、机制的制约，因此未来能够给公司带来重大贡献的人才都应该在股权设计中给予重点考虑。至于历史贡献人才，更多的以目前利益的兑现为主要激励方式。

其次，股权设计应以公司股东的长期利益为出发点。股权设计不是瓜分历史利润，也不是“最后的晚餐”。股权设计更应该考虑未来竞争激烈的情形下合理的股权结构才是最适应那时竞争的需要。因此股权应更注重于长期利益，而不是短暂的利益分配。

再次，股权设计应体现设计单位人力资本为重的原则。特别是在当下激烈的人才竞争状态下，有人才就有市场竞争力。资本并不是竞争的关键因素。所以，在股权设计时不仅要考虑现有人才之间股权的合理分配，更要考虑未来人才的进入，未来人才也应在股权设计中有所考虑。

再有，股权激励设计需要针对正常的员工流动留有余地，即形成股权进退的机制。对离职员工的股权，要有股份回收机制。这个机制的安排需要合理合法。股权回购往往是较好的方式。股权回购机制能够让员工享受到自身价值兑现的合理收益，又为未来的员工留下了合理的空间。这需要公司建立公平、公正的股权激励系统。

最后,股权设计应维护公司职工的安定团结。许多企业由于历史旧账,企业文化中有较多的不适合企业长期发展的旧机制,具体包括国有体制或机制的影响、旧有的组织架构、岗位设置,还有薪酬机制、企业文化等,股权设计绕不开这些方面的影响,因此股权设计既要考虑未来,也要考虑目前维护公司的内部团结。

2. 一手抓激励一手抓治理,走好平衡木才能成功

乔布斯的成功在于巧妙地把握股权激励的积极效用并抑制其消极影响,在薪酬策划与公司治理优化之间取得一个平衡点。

"金手铐"的诱惑

2009年6月18日,三金药业发布招股意向书,暂停九个月之久的IPO得以重启。之后的短短一个月时间,IPO就批量制造了19位亿万富翁。充满诱惑力的造富神话又一次勾起了人们对股权激励的向往,越来越多的上市公司和非上市公司为之前仆后继。

作为一副充满诱惑力的"金手铐",股权激励能否"铐牢"高管之心？这是个颇具争议的话题。2008年,对于绝大多数股民来讲,可以说是伤痕累累。而与之不相协调的是,随着"大小非"解禁高潮的到来,上市公司高管"辞职套现"现象愈演愈烈。显然,股权激励这副"金手铐"根本无法"拷牢"高管的心,在利益诱惑与公司发展前景之间,选择前者的绝非个案。

当然,股权激励的正向作用还是值得肯定的。在1999年到2006年的短短七年时间内,蒙牛凭借"老牛专项基金"所迸发出的威力成功演绎了"三年十倍速"的商业传奇,销售收入增长了400多倍。即便是在非上市公司中,股权激励的激励光环依然灿烂夺目。凭借员工持股所迸发出的韧劲和激情,华为演绎了令人称道的"土狼传奇"。

要说股权激励是一把充满杀伤力的双刃剑, 恐怕没有任何人会质疑,

但究竟如何趋利避害，这无疑又让众人为之神伤。

谈及对股权激励的向往，更多人想到的是它的“造富神话”。2007年11月6日，随着阿里巴巴在香港成功挂牌上市，上千名持有阿里巴巴股份的员工在一夜之间成了百万或千万富翁。对于疲于奔命的员工来说，股权激励无疑让他们找到了买车买房的突破口；对于求才若渴的企业来说，股权激励无疑成为招揽高素质人才的撒手锏。

在西方，拯救克莱斯勒的艾科卡、重振苹果公司的史蒂夫·乔布斯缔造了“一元CEO”的“商业传奇”；而当三一重工的梁稳根和中国平安的马明哲试图演绎“一元CEO”甚至“零元CEO”的“中国传奇”时，迎来的不是鲜花和掌声，而是对高管薪酬的热议。

从高管个人价值决定的角度来看，尽管我们有很多岗位价值评估或人力资本价值评估的科学工具可供借鉴，但评估出来的结果其实很难客观反映高管这一特殊群体的真实价值。也正是因为这个原因，不管是西方版的“限薪令”还是中国版的“限薪令”，都无法从根本上解决高管薪酬这个令人头疼的难题。

另一方面，从高管薪酬结构的角度来看，无论采用“百万年薪”还是“一元年薪”，其实几乎没有任何分别，因为高管的报酬更多地取决于其拥有的股权或期权的价值。据2007年美联社对世界500强CEO薪酬的不完全统计，工资仅占他们薪酬总额的9.5%。

所以，沿着“调控静态数量”这样的思路不可能找到解答“高管薪酬难题”的秘方，唯一的出路是在高管薪酬结构上做文章，适时引进股权激励。当然，对于激励对象的资格确认以及激励方式选取等关键环节应精心筹划。

股权激励是一把双刃剑

在美国，股权激励可以说是员工的一项福利，全员持股计划非常流行，但对于中国的企业和员工来说，股权激励还是一种“稀缺品”。如果硬将其做成一项惠及全员的福利，则股权激励极易会蜕化变质，成为企业资产流失的漏斗，造成企业控制权旁落。

为最大限度地抵御股权激励的风险，在确认激励资格时，应从人力资本附加值、难以取代程度、历史贡献、敬业度等多个层面对员工进行认真考量。着眼于未来，这是股权激励的宗旨，所以激励份额应向那些附加值高且难以取代的员工倾斜；同时，为规避“辞职套现”、“变相分赃”等有悖职业道德的不良现象，对员工的历史业绩表现及敬业精神进行审查也是不可或缺的。

提起激励模式，从提振企业经营绩效的角度来讲，对于创业期(或高成长期)的企业，价差式的股权激励方式非常有效。可以说，在催生美国硅谷的众多力量中，股票期权这种激励方式可谓功不可没。也正是基于股票期权的激励作用，才有了微软的崛起神话。

在中国，股权激励之所以被视为双刃剑，其关键原因就是行权的业绩条件过低或者退出机制不够严谨。从薪酬策划的角度来看，股权激励不应是对现有企业财富和股市财富的“零和博弈”，而应该成为提升企业整体价值和个人人力资本价值的“创富”工具。

平衡激励与公司治理股权激励不同于月度工资、业务提成和年终奖金，这不仅在于股权激励的长期性和几何增长性，更在于它对公司治理结构的影响。所以，除了激励力度、激励方式的筹划之外，还必须处理好股权激励中的控股权问题。这一点对没有明确法规限制的非上市公司(尤其是家族企业)来说更为重要。

从“经济人效用最大化”的立场出发，公司大股东追求股东价值最大化，而管理者则追求自身报酬的最大化和人力资本增值的最大化，而股权激励正是能够将管理者个人收益与广大股东利益相统一的有效工具。但是，如果股权激励脱离公司治理的有效约束，则缺乏监督的管理层就会采用先“压缩”、后“释放”的方式掏空公司利润。所以，建立完善的公司治理结构是非常必要的。

另外，提升治理水平对企业融资也大有裨益。麦肯锡公司所做的一项调查表明，在财务状况类似的情况下，投资者愿意为“治理良好”的亚洲公司多付20~27%的溢价，愿意为“治理良好”的北美公司多付14%的溢价。

规范治理优化公司系统

对于上市公司而言，如何规范公司治理，已有相关法律法规可供参照，至于落实到位的措施，可从两个层面进行阐述。从企业内部看，主要是从法规制订与公司制度建设上进一步约束管理层的决策行为，规范并理顺股东大会、董事会及监事会之间的关系，另外，对期权的授予、行权以及股票解锁、退出机制等关键环节应严格把关；从企业外部看，主要是进一步健全资本市场、公司控制权市场以及经理人市场。

对于非上市公司(尤其是有限责任公司)而言，股权激励与公司治理之间的关系比较复杂。非上市公司要实现股权激励与公司治理之间的平衡，更多地在企业的“自治”，可从以下两方面着手：

第一，在甄选激励对象的基础上完善授权体系。

一般来说，处于成长期的企业，权力都高度集中。按理说这种高度集权的治理机制本应有助于提升工作效率，但事实并非如此。原因在于，随着经营范围的扩大及业务的深层开拓，事必躬亲的老板越来越会觉得力不从心，这势必导致大量的事情排成长队等待决策。

在未实施股权激励的情况下，高管也仅仅是个拿薪水的打工者，公司的经营业绩与其个人得失关联性不强，没人真心愿意主动承担责任。站在老板的角度来看，股权激励的导入为其甄别可以依靠之人提供了一个参照，解决了“想授权”而“不敢授权”的难题。

第二，在健全治理架构的基础上完善决策程序。

对于大多数民营企业来说，股东会、董事会、监事会等机构可谓一片空白或者有名无实。在以“家庭决策”为主导的情况下，先进的管理思想和管理模式很难派上用场，而由此导致的决策混乱、内控缺失等后果极易逼迫企业走向歧途。

当然，在商机转瞬即逝的现代社会，过于民主的决策方式并不利于成长期企业的发展。所以,对于非关键性的股权激励对象,宜采用虚拟股形式,只"授利"而不"授权",以避免出现控股权之争的悲剧发生。

概而言之,股权激励要成为从根本上解决委托——代理问题的激励工具,规避其负面影响,必须进行精心的薪酬体系策划,并建立起与企业发展阶段和管理主题相匹配的治理架构。

真正的好故事
——打开PowerPoint或Keynote之前的激励

魔术师大卫·布莱恩感叹:"乔布斯当主持人的水平是无法超越的,他能一直吊着听众的胃口直到最后谜底揭晓。"

要成功地推销你的观点,使其富于说服力和感召力,编织故事、设计情节是不可或缺的第一步,而正是这一步将平庸的信息传递者和不同凡响的沟通大师区别开来。

大多数人对策划故事情节缺乏彻底而全面的考虑,而高效的沟通大师则目光长远,他们往往事先策划好扣人心弦的故事内容,配备简短而引人注目的标题,方便听众跟随他(她)的思路步入下一步陈述的内容,同时不忘引入一个共同的对手,提供戏剧所需要的情节冲突,引起听众的共鸣。

乔布斯向听众传达的不只是演讲的内容,更是一种人生体验。想象一下,你前往纽约百老汇欣赏一出广受赞誉的戏剧,你将目睹众多明星大腕的风采、精心布置的舞台道具、极富视觉冲击力的美轮美奂的背景。在这样一个美妙的时刻,你会感觉门票花得很值。在众多的产品发布会中,你能发现乔布斯的每一次演讲都包含以上这些元素,从而使他本人和听众之间产生一种强烈的情感共鸣。

下面,你将学习到乔布斯如何精益求精,反复排练演讲的内容,从而实现与听众之间水乳交融的情感沟通。如果你希望自己在舞台上看起来像一位领袖人物,那么这些是你必不可少的学习课程。

1. 打造大明星——像乔布斯一样塑造舞台形象

苹果公司前CEO阿梅里奥说:“我为史蒂夫的精力和热情深深着迷。”

乔布斯站在舞台上,他的气场像旋涡一样有力,他的声音、手势和肢体语言无一不透出权威、信心和能量。在2003年的Macworld大会上,乔布斯的热情表现得淋漓尽致。

沟通的效果,不仅仅取决于我们说话的内容,更取决于我们说话的方式。乔布斯宣传新产品时,选词固然重要,但他表述的方式和演讲的风格对演讲的效果也起着决定性的作用。每一小节条理清晰、重点突出,语言技巧处理得当,语气、语调、节奏富于变化。同时,为了配合演讲,他灵活运用手势等肢体语言和听众交流。

提升肢体语言效果的三大技巧

乔布斯登台演讲时,总是热情洋溢,看起来似乎有无穷无尽的精力。当他的情绪处于最佳状态时,有三件事贯穿乔布斯演讲的始终,任何人都可以学习这三项技巧,以提升自己的演讲和表达能力。这三大技巧是:注重目光交流,保持开放式姿势,并频繁运用手势。

第一,注重目光交流。眼睛是传递非言语信息的最有效的渠道。乔布斯比一般的演讲者更注重保持目光的接触,他很少在演讲时读幻灯片或注释。乔布斯并没有完全淘汰注释。进行示范展示时,他常常会参照事先准备好的注释提示。苹果公司的Keynote演示软件,使得演讲者可以很容易地参考准备好的注释,而观众只能看到显示在投影仪上的幻灯片。如果乔布斯逐字逐句地阅读注释,台下没有人知道,但是,事实上,他一直和听众保持着目光交流。他会偶尔扫视一张幻灯片,然后迅速将注意力转移到听众身上。

大多数演讲者把太多时间花在逐字阅读幻灯片文本上。进行示范展示时，平庸的演讲者基本上完全忘却了和听众保持目光交流。研究发现，目光交流意味着诚实、守信、真诚和信心。避免目光的接触则意味着缺乏信心和领导能力。缺乏和听众的目光交流绝对会使你失去听众。

乔布斯之所以能一直和听众进行良好的目光交流，因为他总是提前几个星期就开始排练。他对每张幻灯片上的内容了如指掌，他排练得越多，演讲的内容就越了然于胸，和听众之间的交流也就更加易如反掌。大多数的演讲者都缺乏排练，熟练程度不够。

使乔布斯和听众保持良好的目光交流的第二个原因是，他的幻灯片令人赏心悦目。大多数时候，幻灯片上寥寥数语，只有照片，即便有文字，字数也不多，有时一张幻灯片上只有一个词。图像风格的幻灯片使得演讲者必须向听众解释图片的内容，从而和听众保持了很好的目光交流。

第二，开放式姿势。乔布斯很少双臂抱肘，双手在胸前交叉，或是站在讲台后面，他的姿势是“开放的”。开放的姿势意味着他没有在自己和听众之间设置任何障碍。进行示范演示时，乔布斯坐的位置和电脑平行，因此他和听众之间的目光交流保持通畅。他演示完产品的一项功能后，就立即转向听众，向大家解释他所作的演示。他很少长时间中断和听众之间的目光交流。在乔布斯早期所作的演讲中，最著名的是1984年Macintosh电脑的推介会。一开始，他站在一张讲台后面，但是很快他就放弃了讲台，并且不再使用讲台之类的道具(2005年，他在斯坦福大学的演讲例外)。

几乎每一句话，乔布斯都会运用手势进行强调。一些守旧的演讲教练依然误导客户，要求他们双手自然下垂，放在身体的两侧。我不知道这种理论的来源，但是这样做对于任何一位演讲者而言可谓“死亡之吻”(表面上看上去有益但是实际上是毁灭性的行为)。手放在身体两侧，会使你看起来身体僵硬，过于呆板，而且坦率地说，看上去还有点奇怪。诸如乔布斯之类的杰出的演讲大师，则比一般的演讲者更频繁地使用手势，甚至有研究证实这一观察结论。

芝加哥大学的戴维·麦克尼尔博士因其在手势领域所作的详尽研究而闻名。自1980年以来，他一直积极地从事这项研究。他的研究显示，姿态和语言是密切相关的；事实上，手势的运用可以帮助演讲者更好地理顺自己的思路。他认为，其实不运用手势难度更大，需要演讲者加倍集中精力。麦克尼尔博士发现，受过训练、作风严谨、满怀信心的思想家善于运用手势来清晰地表达思想——手势就好像是一扇观察思考过程的窗子。

第三，运用手势来强调你的观点。要小心，别让你的手势过于机械化，使你看上去像个机器人，或者显得表情僵硬，不够自然。换句话说，不要完全模仿乔布斯和他的举止。要做真实可信的自己。

风度

乔布斯尽可能有效地控制他的语音，就像恰当运用手势一样。他的演讲内容、幻灯片和示范演示都能使观众兴奋起来，但将所有这些融合在一起的是他的表述方式。2007年1月，当他发布iPhone手机时，他向听众讲述了一个情节动人的故事，他的音量、语调、节奏和故事的内容刚好契合。

乔布斯不断变换演讲风格，不断制造悬念、热情和兴奋点，带动着听众的情绪。精彩的演讲如果采用单调枯燥的表述方式，只会使所有的精心准备都前功尽弃，而乔布斯肯定不会这样做。

乔布斯的语音和故事的情节互为补充。每次演讲中，乔布斯都会灵活运用技巧来吸引听众的关注，本节我们将详细讨论四类相关的技巧：音调的变化、停顿、音量和语速。

音调的变化

乔布斯运用音调抑扬顿挫的变化传达情感。试想，如果在iPhone手机的发布会上，他一直使用单调的音调，音调适中，语气平和，那么实际效果一定大不相同。平铺直叙的演讲很难引起听众的共鸣，相反，乔布斯音调明快，节奏适中，抑扬顿挫分明。当他说“大家听明白了吗”和“而是一款产品”时，他的音调高亢响亮。他在演讲中常常会冒出很多口头禅，他爱用“令人难以置信的”、“真棒”、“酷”和“巨大的”这些标志性的词汇。这些词汇如果在使用过程中不改变语气和音调加以强调，感情的深浅浓淡就很难表现出来。乔布斯不断地调整其音调，召唤、鼓动听众随着他的思路时而惊呼，时而赞叹，时而大笑，时而震撼。

停顿

停顿是演讲中奇妙的“休止符”。恰到好处的停顿往往比语言能更有效地传达思想，更具有戏剧性。“今天，我们将向大家推出第三类笔记本电脑。”2008年1月，乔布斯在Macworld大会上对观众说道。在介绍之前，他停顿了几个节拍，接着他说：“它就是所谓的MacBook Air系列。”他又停顿了一下，才抛出了震惊全场的标题性口号—“它是世界上最薄的笔记本电脑”。

停顿也是一种说话的艺术，恰到好处的“停顿”对于一次成功的演讲具有重要意义—它能促使人们对主题进行深入的关注和思考，使演讲者的信息更加有效而巧妙地得到传达。乔布斯演讲从不急于求成，他赋予演讲以生命，让它“自由呼吸”。当他阐述一个关键点时，他时常缄默数秒钟，从而达到出人意料的演讲效果。大部分演讲者语速很快，好像赶着读完事先备好的阅读材料。多数情况下，是因为他们的阅读资料准备得过多，导致宝贵的演讲时间不够用所致。乔布斯向来都是不慌不忙，他的演讲都是经过精心排练的，这使他有足够的时间放慢速度、恰到好处地停顿，让听众准确地接收他传达的信息。

音量

音量的高低起伏应配合演讲的内容。呼吁、号召时自然提高音量、加重语气。如果演讲中一直使用较高的音量或较重的语气，则无法突出重点，反而给人以嘈杂、夸张的感觉。乔布斯不断地调整音量以增强演讲的戏剧效果。当他一开始在发布会上演讲时，他通常会使用较低的音量，而当他介绍某种产品时，就会提高音量；相反的情形他也处理得恰到好处。例如，当他介绍第一代iPod时，他提高嗓音说：“能够做到任何时候都将你的整个音乐库随身携带，这是欣赏音乐的巨大飞跃。”紧接着，他又压低嗓音说：“但

iPod最酷的地方还不只是这些，它可以将你的整个音乐资料库都装入口袋里。"

就像抑扬顿挫的音调和恰到好处的停顿能够牢牢抓住听众的注意力一样，音量的高低起伏也能达到这样的效果。

语速

语速和演讲的节奏密切相关。乔布斯的演讲有张有弛，语速拿捏快慢适中，起承转合驾轻就熟。进行示范演示时，他往往会使用正常的语速，阐述标题或主要信息时语速则大大减慢，他希望大家理解并记住重点。当乔布斯第一次介绍iPod时，他压低声音几近耳语，强调这一关键的转变。他还通过放慢语速来增强戏剧效果。

领袖风范

演讲中，肢体语言和言语表达方式同等重要，这些都属于演讲中适用的"软技能"。加州大学洛杉矶分校的科学家艾伯特·梅拉比安在他的《无声的信息》一书中，研究表达和交流的技巧。他发现，肢体语言正是意识、思维的表达方式，也是暗示的表达方式；非语言因素是交流中最具决定性的因素，其次是语调等与语言有关的因素，排在第三也最不重要的因素是实际的谈话内容。

在很大程度上，乔布斯说话的方式为其赢得了听众的尊敬。听众心中充满了对他的敬畏和信任——他就像一位领袖人物。美国总统奥巴马曾经说过，无论是从事社区工作，还是把自己变成地球上最有势力的人，他所吸取的最宝贵的教训就是："永远表现出信心十足的一面。"

人们永远都在对你评头论足，尤其是在初次见面的前90秒内，你的肢体语言和你说话的方式可能使你的听众受到一定的启发，也可能让他们大失所望。乔布斯之所以是一位激动人心的沟通大师，是因为无论是声音还是手势的运用，他都已经驾轻就熟，得心应手。

2. 成为完美的艺术大师——让演讲更加流畅自然

乔布斯是一位娴熟的表演大师，表演技艺精湛。演讲中，他的一举一动都和示范演示、图片和幻灯片播放配合得天衣无缝，无懈可击。他看起来显得愉快惬意、信心十足、轻松自然且毫不费力。至少，在观众看来，他显得轻松自然。以下是乔布斯演讲的秘密——他排练时间长达几个小时。为了达到更加精准的效果，他甚至连续多日进行排练。

怪才马尔科姆·格拉德威尔有句名言："不是在你已经很棒的时候才去练习，而是练习本身可以让你变得很棒。"

史蒂夫·乔布斯、迈克尔·乔丹和温斯顿·丘吉尔的共同点

心理学教授研究了世界一流运动员如飞人迈克尔·乔丹，以及其他各行各业的成功人士，如国际象棋选手、高尔夫球手、医生，甚至扔飞镖的大师！他们发现：这些成功人士都无一例外地通过某种方式来不断完善他们的技能，刻意反复地练习，精益求精。换句话说，他们不只是反复地做同样的事情，希望取得更好的成绩。他们还制订具体目标，寻求反馈意见，长期坚持不懈地努力，不断完善。

普通的演讲者之所以也能够转变为一代演讲大师，也是因为他们不断地练习。英国首相温斯顿·丘吉尔是大英帝国利益的坚决捍卫者，为大英帝国的利益奋斗了一生。他也是20世纪最出色的沟通大师之一，著名的演说家和作家。在第二次世界大战最黑暗的时期，丘吉尔领导英国人民坚决抗争，挽救民族危亡，为争取世界反法西斯战争的胜利作出了不可磨灭的贡献。为了激发数百万英国人，说服、影响和鼓舞听众，他也曾刻意练习演讲所需技能。

"他会在大型议会演讲开始前数日就着手准备，包括有预见地作推测性的准备，针对各种可能遇到的感叹和疑问准备好巧妙的回答。丘吉尔准

备得如此彻底而充分，他看上去似乎是即兴发言……他的听众都不由自主地被他所吸引，并深深地为之着迷。”丘吉尔的孙女在《永不言败——温斯顿·丘吉尔的领导智慧》一书中写道：“道理非常简单，但需要事先进行大量艰苦的准备工作，尤其是如果你想在即兴发挥时也表现得自然流畅，事先反复练习就更加必不可少。”世界上最伟大的演说家都知道，“自然流畅”是反复练习的结果。

你也可以像乔布斯那样演讲，但同样需要练习。乔布斯的演讲看上去容易，那是因为他在幕后煞费苦心地花大量的时间精心准备。乔布斯的朋友曾这样说：“每个幻灯片都优雅得像是诗歌的片段。即便是大多数人不屑一顾的细节，我们也花几个小时的时间反复推敲。史蒂夫不遗余力地为演讲作准备。我们一起精心策划、协调、编排所有的元素，使一切看起来更加真实。”只要你接受了这个简单的原则——反复练习，你的演讲就会自然而然地从平庸之作中脱颖而出。

“10000个小时”的成功定律

没有人生来就是“专家”，乔布斯是一位非凡的演说家，因为他坚持不懈地练习。怪才马尔科姆·格拉德威尔在他的《异类：不一样的成功启示录》一书中的研究显示，一位音乐人，一旦拥有进入顶级音乐学院学习的实力，那么，判别他们未来是否优秀的唯一标准就是他们的努力程度。那些最顶尖的专家，他们不只是努力，也不是比其他人稍稍努力，而是付出了常人无法想象的努力。尽管《异类：不一样的成功启示录》的具体研究对象是音乐家，但是大量对于成功人士的研究结果都表明，唯有坚持不懈地练习才是成为某一领域的专家的唯一途径。神经系统科学家告诉我们：要在一个领域里成为专家，至少要经历过一定时间的练习，这个神奇的数字是10000个小时。

一个人的技能要达到世界水平，他的练习时间就必须超过10000个小时，任何行业都不例外。通过研究无数个案例，可以发现，无论是作曲家、篮球运动员、作家、滑冰运动员、钢琴演奏家、棋手，还是作案屡屡得手的惯犯，对他们的练习时间进行统计的结果都无一例外地显示“10000”这个神奇的数字。

当然，这并不能解释为什么有些人的练习时间远远超过其他人，仍然达不到世界级专家的水准。然而，不需要花费多少时间练习，一个人的技能就达到真正的世界级专家的水平，目前还没有这样的案例。可以看出，人脑的确需要这么长的时间去理解和吸收，才能消化所有必要的知识，才能达到真正意义上的精通，完成成为世界级专家所必需的知识储备。

“10000个小时”的成功定律和我们所了解的大脑的学习理论是一致的。心理学专家认为：学习需要神经组织的整合——大脑将信息整合，作出反应，再通过神经组织指挥身体感官学习。我们对某一特定行为的体验越多，大脑中的这种联结就变得更紧密。

现在，让我们来简单计算一下：10000个小时相当于每天练习3个小时，或者一周练习20个小时，共计10年的练习时间。为了证实这一理论，心理学专家分析了甲壳虫乐队的故事。毫无疑问，甲壳虫乐队是流行音乐史上最伟大、最有影响力、拥有歌迷最多、最为成功的乐队。可是很少有人知道，这支乐队并不是在英国奠定了其全球摇滚事业的基石。

1960年，甲壳虫乐队成立之初，它的年轻成员们曾在德国汉堡穿梭雷佩尔街的各类俱乐部进行演出。甲壳虫乐队在1964年首次取得成功、征服世界之前，已经在汉堡演出了不下1200次，有时一口气不停息地演出8个小时。这是意义非凡的技艺表演，因为大多数组合在他们的整个职业生涯中都没有这样高强度地合作过。乐队成员在一起合作的时间越久，他们的技艺就越发炉火纯青，他们也变得越发自信。从甲壳虫乐队成立之日，到他们的新专辑《佩珀中士的孤独之心俱乐部乐队》和《白碟》的问世，整整经历了10年时间。

学习了“10000个小时”的成功定律后，让我们再次将注意力转移到乔布斯身上。虽然苹果公司成立于1976年，但乔布斯和朋友兼共同创始人史蒂夫·沃兹尼亚克从1974年就开始参加家酿计算机俱乐部（Homebrew

Computer Club)的活动。家酿计算机俱乐部是早期成立于美国加州硅谷的电脑爱好者俱乐部。正是在家酿计算机俱乐部期间，乔布斯开始考虑并谈论电脑如何改变世界。整整十年后，乔布斯在舞台上发表了精彩的演讲——1984年推出Macintosh电脑。参加苹果大会的大多数观众都认为那是一项伟大的成就，包含了悬念、戏剧元素、兴奋感。值得注意的是，乔布斯并没有就此停歇，他继续练习，改进并提升自己的演讲风格。

又过了十年，到了1997年，乔布斯重回苹果公司，并在波士顿举行的Macworld大会舞台上讨论他帮助苹果公司恢复生机所采取的措施。十年后的他，演讲技艺更加优美精致、自然流畅。讲台对他而言已属多余，他轻松自如地在舞台上释放情感，挥洒热情，他所呈现的幻灯片也更加富于视觉魅力。

十年转瞬即逝。在很多人看来，全面考虑演讲从头至尾的每个元素，2007年Macworld大会上的演讲是乔布斯迄今为止所作的最成功的演讲。可以说，每场演讲，乔布斯都打出了漂亮的本垒打，但2007年，他打出的则是四座皆惊的全垒打。一切都完美到极致。整场演讲优美流畅，堪称经典，情节跌宕起伏，举手投足洋溢着自信，表述方式魅力四射，幻灯片华丽典雅。关于iPhone手机的宣讲甚至使得同一周举行的拉斯韦加斯国际消费电子展上的新品都黯淡无光。

人们关于乔布斯的一个重大误解是认为他是一个与生俱来的演说家，他天生具备舞台展示的魅力。事实并非如此。正如上文提到的研究所显示的，没有人生来就是专家。如果你肯付出常人难以想象的努力，你也有望达到世界级演讲大师的水平。

阅读延伸：

像乔布斯一样去演讲

追求卓越，成功自然会不期而至。对产品展示、演讲，恐怕也是如此。对苹果来说，无疑更是如此。

苹果粉丝也有不买苹果账的时候。2009年苹果公司的年度Macworld大会就遭到粉丝的抗议，要求退票，原因是苹果公司宣布乔布斯将缺席他持续多年的主题演讲。

“我还记得2007年，有一天我跟外甥打了一下午球，然后他迫不及待地要回自己家，拒绝了我请他吃饭的邀请。他那时候刚从高中毕业，我想他是不是约了朋友要去闲逛。我猜中了一部分，他的确约了朋友去闲逛，不过逛的地方就在苹果商店门口，他们结伴在那里排队等着iPhone发售。”乔布斯的苹果引爆了全世界拥趸心中持续的热情，而高潮正是从那次被卡迈恩·加洛称为“最棒的乔布斯演讲”开始的。

“如果你想看非凡的演示，那就应该看那次iPhone发布会上的乔布斯。我在书中对这一部分作了很全面的分析，那次展示的华彩部分在于乔布斯对iPhone出场的介绍。”加洛兴奋地说。在发布会上，乔布斯并没有草草带过开场——“现在我们有了一部令人激动的电话，我现在向大家介绍，这就是……”

——然后直奔iPhone的功能介绍，而且费尽笔墨以取悦听众。

乔布斯说：“我们要向大家介绍三款革命性的产品：一个新的iPod，一部电话，还有一台网络交流设备。明白吗？这是一个设备，我们把它称之为iPhone。”在场的听众发出欢呼声，加洛说：“乔布斯满面笑容，他彻底赢得了听众，这是多么欣慰和自豪的事情。”

加洛曾是一名电视新闻工作者。“在UCLA和西北大学完成学业以后，我当了十五年的电视节目主持人，之后做了CNN的财经新闻记者。”加洛热爱媒体工作，“但是做媒体不能释放我所有的热情，与报道一家公司相

比，我更想自己去运作一家公司。”作为媒体记者，加洛发现，一部分参与节目录制的企业高管和访谈嘉宾总是会被重复邀请，“他们的共同点是，都很善于讲故事，一件事情经过他们的描述往往变得清楚、明白，能唤起听众的热情。”加洛开始了“媒体训练”的实践，开始为企业高管接受媒体访问做培训。“媒体训练是我所从事的工作的很小一部分，但是其中的很多技巧是适用于所有商务沟通的。”

其实加洛从2005年就开始研究乔布斯的演讲技巧。“2007年，在他的iPhone演讲之后，我深受震动。如果说1984年的乔布斯有非凡的号召力，那么2007年Macworld大会上的乔布斯已然成为一位完美的演讲者。我给《商业周刊》写了一篇文章，后来又就同一个话题写了一系列的文章，文章反响不错，我发现人们对这方面的内容很感兴趣，那些明白其意义的人想成为更出色的演讲者，为什么不从做得最好的人那里学呢？乔布斯是全世界企业家中最会讲故事的人。在过去的三十年里，他已经把产品发布和展示发展成为一门艺术。所以我决定在2009年写一本书。”演讲技巧已经成为现实的商务沟通工具，演讲越精彩，给客户和同事留下的印象也就越深。“我记得我曾经看过一本Bill Lane写的书，他是前通用电气公司CEO杰克·韦尔奇的讲稿写手。他说在韦尔奇宣布退休之后，最终成为CEO候选人的都是在通用电气公司公认的演讲高手。”

加洛回顾自己的职业生涯，对于他自己并没有什么印象特别深刻的事情，哪怕是曾经获得美国电视艾美奖，反而是那些曾经交流的嘉宾、演讲者给他留下了深刻的印象。“他们中很多人都是沟通交流的行家里手，他们所用的词汇以及组织词汇的方式都令我激赏，乔布斯就是他们其中的一位。”

“乔布斯的演讲像一出戏剧性的表演”

“优秀的小说家不会在小说开始的第一页就泄露全部的情节和结局，他会通过慢慢堆积素材、催化情绪来实现。”加洛说。乔布斯的演讲往往是从回顾和评价苹果已经创造出的“革命性”产品开始，对他来说，“革命性的产品总是结伴同行，相继到来。苹果公司很幸运，已经为这个世界创造了它们当中的一部分。”在2001年iPod的发布会上，乔布斯回顾了1984年苹果推出Mactonish电脑，它改变了整个电脑行业；而iPod的出现则改变整个音乐产业。

在背景的铺陈之后，乔布斯用一种戏谑的方式来吊听众的胃口。“就像他在发布iPhone时所做的那样，他调侃听众，设置悬念，最终出现的iPhone彻底颠覆了大家的预期。”当大屏幕上出现iPhone的图片，乔布斯说，今天苹果重新发明了手机。“乔布斯像驾驭一支交响乐队一样控制演讲的节奏，有起伏，有渐变，有高潮，最后为听众创造一个意料之外的结果。”不仅是演讲的内容，乔布斯通过自己声音的抑扬顿挫，掌控着听众的兴奋点。“这是一个优秀的演讲者必须具备的技巧，自如地变化语速，在恰当的时间提高或者降低声调。”当他开场回顾过去的时候，语速慢，声音低，甚至是以一种谦卑的语气在说话，这样的声调一直延续到他宣告iPhone的诞生。

“一张幻灯、一个观点，这是最有力的方式。”加洛说。乔布斯在介绍那三款“无中生有”的产品时，并没有用一张幻灯展示出三种产品，他为每个产品都制作了一张幻灯，宽屏iPod、手机、网络交流设备，每张幻灯上出现一种产品的图片。“真正有效的演讲幻灯，每张只传达一个信息。对于真实的信息是这样，对于那些有意制造效果、渲染气氛的信息也一样。”加洛说。对于幻灯片所展示的内容，乔布斯也极尽简化，没有要点提示，也不用冗长的数据，尽可能发挥图片的视觉作用。“人更善于图片记忆，而简化的内容更容易让听众关注演讲者所说的话。太多文本会分散听众的注意力，所以演讲者在准备幻灯片时应该是图片导向，专注关键点。”

在iPhone发布的时候，乔布斯使用了大量的形容词来描述这一新产品，包括“非凡的”、“革命性的”、“酷的”，对触屏技术，他甚至使用了“魔幻之作”的说法。加洛说：“如果你相信你的独特产品和服务会改变世界，那就直接说出来。很多演讲者都害怕在介绍自己产品的时候太夸张，变成自吹自擂，于是他们走到了另一个极端，让演讲非常无趣。你为你的产品、服务、企业激动兴奋，那就直接告诉你的听众。你要允许自己释放这样的热情，表达出来为自己找乐。”

“乔布斯也是练出来的”

乔布斯并没有把演讲的成功当做想当然的事，事实上，长时间的排练才换来演讲过程中表面上轻松、不拘小节和亲和力。乔布斯通常提前几个星期就开始为演讲作准备，检查要展示的产品和技术。“一个原苹果公司的员工曾经回忆说，这些演讲看上去只是一个身穿黑色上衣和蓝色牛仔裤的人在谈论新的技术产品，真实情况是每场演讲都包含了一整套复杂、精细的商品宣传、产品展示。为了五分钟的舞台演示，他的团队曾经花了数百个小时做准备。”加洛说。演讲前，乔布斯用整整两天的时间反复彩排，咨询在场产品经理的意见。在幻灯片制作方面，他亲自撰写并设计了大部分内容。相反地，“我能列举出一大堆企业CEO、高管，他们青睐即兴演讲。这让我很奇怪，企业的领导者花费大量的金钱来设计产品发布、技术演示，但是在临门一脚的时候，他们却没有时间彩排。”

当年乔布斯正在为发布iMac进行彩排，按照设计，他话音一落，新款的iMac从一块黑色幕布后面滑出。乔布斯对当时的照明状况不满意，他希望光线更亮一些，出现得更快一点。照明演示的工作人员一遍又一遍调试，始终不能让乔布斯满意，而他的情绪也越来越糟。最后终于调试好了，乔布斯在礼堂里兴奋得狂叫。“如同乔布斯的朋友所说，他追求品质的态度近乎神经质。我们应该想一想，最后一次为准备演讲进行筋疲力尽的排练是什么时候？答案也许是，从来没有。”加洛说。

第4章

从“烂苹果起死回生”到“金苹果红遍全球”

——论乔布斯的“焦点创新”

在乔布斯重返苹果公司之前，公司已经花了好几年的时间努力开发现代版的麦金塔电脑操作系统，但都徒劳无功。自1984年首次亮相以来，老版MacOS系统已经变成了一系列冗繁、不稳定代码的大杂烩，维持并升级这一系统成了一场噩梦。对用户而言，老版操作系统意味着不断的系统崩溃、死机、重启、丢失大量资料，导致失望和愤怒……

于是，乔布斯提出了“焦点论”。他说：“如果苹果公司要继续生存下去，我们就一定要砍掉更多的项目；我们要有焦点！做我们擅长的事！”他还进一步强调：“这个世界上不需要另一家戴尔公司或者康柏公司！苹果公司的根本是为人制造电脑，而不是为公司！”

正是这一论断和行动，使得当年的苹果“起死回生”，如今的苹果“红遍全球”。

行动篇：苹果断臂之后的起飞
——寻找焦点

1997年7月一个阳光明媚的早上，乔布斯重返二十年前与好友沃兹尼亚克在自己车库成立的公司。

苹果公司当时已经陷入了绝境，濒临破产边缘。仅仅在几年之内，苹果公司一路下滑，从全球最大的电脑公司之一变成了失败者。公司资金与市场份额都大大缩水。再没有人买苹果电脑，股价低得可怜，股票犹如废纸一般，媒体预测苹果公司很快就会破产，成为历史。

乔布斯重返公司的第一天，高层就被召集到公司总部开会。当时的CEO吉尔·阿梅里奥已经步履维艰地经营公司十八个月了，虽然他对公司进行了改进修补，但却没能重燃苹果富有创新能力的灵魂之火。在会上，他说了一句：“是时候离开了。”然后，静静地离开了会议室。人们还没能反应过来，乔布斯就走进了会议室。他看起来就像个流浪汉，穿着短裤和拖鞋，胡子也有好几天没有剃了。他重重地往椅子上一坐，然后慢慢地转着椅子：“跟我说说这个地方到底出了什么问题？”还没等人回答，他突然大喊道，“问题就出在产品上。公司产品实在是太糟糕了！这些产品已经一点吸引力都没有了。”

乔布斯接管苹果公司的时候，该公司销售的产品大约有40种，涉及从喷墨打印机到Newton掌上电脑等各种门类的产品。所有这些产品中鲜有占市场主导地位的。其电脑阵容尤其混乱，电脑产品由几大系列组成——Quadras系列、PowerMacs系列、Performas系列和PowerBooks系列，而其中每一系列又有十几种型号。除了令人迷惑的产品名称以外（Perfoma5200CD、Perfoma5210CD、Perfoma5215CD，以及Perfoma5220CD），所有这些型号之间的实质性区别很小。

“我接任苹果公司的时候，看到的是数目繁多的产品，”后来乔布斯回忆到，“太不可思议了。于是我开始问公司员工，为什么推荐3400而非4400？为什么直接跳到6500，而非7300？三个星期后，我依然无法弄清楚到底是为什么。如果连我都无法弄懂这一点的话，我们的顾客怎么可能弄清楚？”

“又酷又新的产品不能带来可观利润，那只是艺术，不是创新。”重返苹果，作为过渡总裁的乔布斯做的第一件事就是砍掉经营了七年还在不断亏损的牛顿(Newton)PAD业务。尽管这个产品极为令人惊叹。

用专业的技术做自己最擅长的事，是一个公司最终能立足并长期发展的基石。乔布斯专心于自己的电脑领域，舍弃了一些或许目前赚钱但并不能带给公司长远发展的项目，最终成就了苹果。

1. 用专注寻找产品焦点——他们和乔布斯想的“完全一样”

“他是一个专注的人”——身边的人这样评价乔布斯，专注精神对于成长型企业尤为重要。往往你的成功并不体现在你拥有多少智慧、掌握什么独特的新技术，而仅仅在于你比别人多了一份执著、多了一份坚持、多了一份专注。

小时候，如果有人问：长大了想做什么？我们的回答总是多种多样，今天是画家，明天是科学家，后天又是个什么家，因为童年的我们梦想太多，总是在变。长大的我们也大都没实现儿时的梦想，当然原因很多，但其中肯定有一条是我们的生活缺少了一种态度——专注。

所谓“专注”，就是集中精力、全神贯注、专心致志。一个专注的人，往往能够把自己的时间、精力和智慧凝聚到所要干的事情上，从而最大限度地发挥积极性、主动性和创造性，努力实现自己的目标。

美国著名作家马克·吐温说：“人的思维是了不起的，只要专注于某项事业，那么就一定会做出使自己都感到吃惊的成就来。”

乔布斯专注于他热爱的电子领域，他的苹果产品及其为消费者带来的体验。乔布斯曾在见到一款厨房家电产品后，着迷于其设计，要求苹果设计人员将Mac电脑参照该家电的设计来打造。还有一次，他希望让Mac像一辆保时捷跑车。GoogleAndroid手机操作系统以开放性为旗帜，苹果拒绝接纳Adobe的态度也激怒过不少科技界人士。苹果对这些批评却毫不在意，该公司只专注于推出好产品、带来更好的用户体验。

乔布斯意识到，对未来的消费类电子产品而言，软件都将是核心技术。坚持做操作系统和那些悄无声息的后端软件，比如iTunes，这样的“苹果”才不至于像戴尔、惠普或索尼那样，因为等待微软最新操作系统的发布而延迟推出硬件产品，看着微软干着急。这也是消费电子巨头索尼在随身听市场不敌苹果的原因之一。

古人云，十鸟在林，不如一鸟在手。既然选定了一项事业、一份职业，就专注地投入进去。这种态度是决定我们成败的关键，是对于完美的追求，是对于事业精益求精的追求。专注是一种态度、一种行为、一种习惯、一种精神，更是一种境界。乔布斯更是把这种境界发挥到极致。唯有志存高远，学会经营自己的强项，才能坚定信念和追求，做到专注和成功。

科技界对苹果的批评一直是不绝于耳，苹果被许多人视作一家封闭性的公司。他们质疑一个只专注于音乐播放器和创意手机的公司，怎么立足于飞速更新换代的今天。十年下来，苹果仅做了几个型号的音乐播放器和手机，但是，无论是哪个产品，都被当做艺术品来追捧。乔布斯做产品的思路就是专注，所有的研发、市场和推广，100%在一段时间里专注在一个产品上，甚至只有一个型号一种颜色。事实证明，他成功了！

这些成绩不能不令人佩服。“欲多则心散，心散则志衰，志衰则思不达也。”乔布斯坚信只有专注，才能把每件事情做到极致。

“苹果是一家价值300亿美元的公司，但我们的主要产品却少于30种。我不知道这种事情过去有没有发生过。但毫无疑问，过去那些了不起的电气公司都拥有数以千计的产品。我们相比之下要专注得多了。人们以为'专注'的意思就是对你必须关注的事情点头称是。这并不是'专注'的全部内涵。'专注'意味着必须对另外100个好点子说不。你必须谨小慎微地做出选择。"

"对于那些我们做了的事情和那些我们没有做的事情，我都同样引以为傲。这里有一个再贴切不过的例子：很多年以来，我们都迫切地需要做出一款PDA产品，而终于有一天我意识到，90%的PDA用户只是在路上把信息从里头调出来而已。他们不会把信息放进去。没过多久，手机就实现了这样的功能，于是PDA市场就萎缩到了今天的规模。所以我们决定不进入这个领域。如果我们选择了跟进，我们就没有资源去开发iPod了。我们基本上会连它的影子都见不着。"

对于像乔布斯这样的人来说，世上无难事，成功的秘诀在于专注。专注也是成功者最可贵的品质！

生活中许多事让人们疑惑不解，为什么许多成功者大都资质平平，却取得了远远超过人们预期的成就？其原因很简单，他们在追逐所谓产业潮流的时候，有意无意地依据这样一个假设：最后成功的人有一种顽强的毅力，一种在任何情况下都坚如磐石的决心，能专注于一个领域，集中精力，耕耘不辍，想方设法一步一步地积累自己的优势。而那些所谓智力超群、才华横溢的人却仍在四处涉猎，永远无法关注于一个目标，终必一无所获。

有一位著名的将军曾经说过："我们发现，在很多重要的战役中，成败的关键在于：一方是全身心地投入而另一方却不够专心致志。"可见专注不仅是一种精神更是成功的基本素质。现在我们知道，很多伟大的成功者，他们的秘密其实很简单，就是对事业充满热爱，对工作十分专注。只有高度的专注才能让一个人坚持自己的道路，并创造出前所未有的成就。

在我们的工作中有很多这样的人，他们总是在选择一个行业或一家公司后，不断后悔，于是又换了新的方向，他们把大部分时间用在选择、后悔、再选择中，因而无法集中精力做好本职的工作。但是人的精力往往有限，在你犹豫彷徨的时候你就已经被淘汰了。达·芬奇是从画无数的鸡蛋开始，慢慢成为一名伟大的画家的，爱因斯坦则是从一个众人眼中的笨小孩，变成了杰出的科学家。他们的成名不单单是机会、运气、天赋，更重要的是他们专注于自己事业的态度。

"我确信我爱我所做的事情，这就是这些年来支持我继续走下去的唯一理由。"乔布斯说。是否具有专注的精神，决定了我们的工作快乐与否。因为专注，我们才会发现自己在某一方面的潜力，展现自己最优秀的一面，在某一领域有所作为。同样，由于专注，我们可以避开自己的弱点，避开许多可能会出现的无端烦恼。一生专注一项事业，每天专注本职工作，它会让我们的人生变得有希望。

盛大网络董事长兼首席执行官陈天桥总结出自己的两大成功密码："第一是专注，第二是节奏。"这点和乔布斯不约而同。

陈天桥真正的发迹是从《传奇》这个网络游戏开始的，但是他在开始自己的传奇人生之前，也曾经被诱惑过——被各种各样的挣钱机会诱惑过。游戏《传奇》想必很多人都玩过，如今这款网络游戏这么流行是和陈天桥的名字分不开的。与房地产、汽车、金融等行业相比，网络游戏依旧是很不起眼的、除了游戏玩家之外很少受到关注的一个产业。在这样一个背景下陈天桥开始了他的创业之路。这家国内最早从事专业网络卡通的企业，在短短几个月中竟拥有了100万左右的注册用户。

在功成名就之后，陈天桥告诉前来取经的创业者："当你认准一个方向的时候全力以赴，只有专注的企业才能成功，多元化的企业可以存活但是很难成功。"这正是他有切肤之痛的经验之谈："一个创业企业往往都会有自己的灵感和自己的方向，我相信他们应该对未来充满信心。但我觉得他们最容易犯的一个错误，也就是我犯的错误，就是所谓的一上来对整个战术执行的时候多元化或者摇摆不定，不能专注地在某一点上进行突破。"

陈天桥说"盛大之所以能成功，对机遇的把握很重要，但更多的是取决于在业务上的专注，这一点是非常重要的。我们的发展目标不是一蹴而就的事情,对目前的盛大来说,最重要的就是要致力于保证企业在行业内的核心竞争力。”

20世纪的最后二十年,可谓是香港的黄金时期,炒楼炒股,沸沸腾腾,就是想不发财都难。而这二十年,也是臧健和从创业到成功的二十年,可为什么在到处都是商机的香港,湾仔码头创始人臧健和却一直紧抱着几元钱一袋饺子的小生意不肯放手呢?

这并非一种倔强的固执,而是她自己在经验中的感悟。当房产股市风起云涌,一夜暴富者层出不穷时,臧健和也不是没想过在金融地产的财富之海中打捞一笔,满载而归。

那些年里,她也买过股票,但并没有赚到什么。炒房她也尝试过,但似乎比炒股更不在行。

经过无数次尝试,臧健和渐渐地明白了,既然她会包饺子,就要把包饺子当成自己的终身事业,把它做好,并且自己也有信心、有能力把它做好。别的呢,既然不是办不好就是不明白,而且还会因分心而影响到自己的生意,那就干脆不做,专心专意地包饺子。“渐渐地我就明白了,既然会包饺子,我就要把它当成我的终身事业……好多人都劝过我做其他生意,我说我就会包饺子。”

明白了自己的选择后,臧健和就不再有任何其他的想法,而这也让她在金融风暴时得到了自己意想不到的收获。

因此,后来臧健和在给香港大学生讲课的时候告诉他们:“要做自己擅长的事情,不要做自己不熟悉的东西。要做比较有把握的事情,因为这样的风险是你能承担的。”

做自己擅长的事情,这正是臧健和的赚钱智慧之一。

昨天和今天对这些企业来说是一场大浪淘沙,很多企业都在进行马拉松赛跑,这是一个十项全能的博弈,企业稍有不慎,就有可能被淘汰和超越,在这个过程中,企业排名的先后次序一直在变化。明天怎么样,还全靠自己的修行。

每个人的能力不同，每个人的性格也不一样，因此每个人的特长也大相径庭。如果让一个精通公关的人坐在研究室里做研究，未免不太合适；而让一个不善言辞的科研人员去搞销售，恐怕就更不合适了吧！其实，作为一个现代企业也一样，必须专注做自己擅长的事情，以自己的长处去应对不断变幻的竞争。

百事的发展经历了从扩张到收缩，从多元化到专业化的路径，他们的经验就是坚持做好自己最擅长的事情。从20世纪60年代直到90年代中期，百事公司也曾经秉承多元发展策略，不仅拥有软饮料、快餐、餐馆三大主营业务，还拥有一家长途搬运公司。

但随着时间的延续，不断扩张造成的过长战线导致百事经营难以为继。1996年，新的百事全球首席执行官认识到了盲目扩张、多元化经营中的弊端，为了更好地发挥产品结构优势，不得不又做出重大战略转型。1997年，百事可乐将肯德基、必胜客、特柯贝尔餐饮业务分离出去，使之成为一家独立的上市公司——百胜全球公司，自己集中力量开发软饮料，1999年，百事公司又将旗下的灌装集团分拆上市，集中精力进行品牌建设和品牌营销。随着专业化优势的显现，百事在饮料行业又开始了新一轮并购行动。2001年8月，百事公司以134亿美元的价格收购了世界著名的桂格公司(QuakerOats)，这是百事公司历史上规模最大的一次收购行动。通过此次收购，占有美国运动饮料市场绝对份额、被称为“美国生活的一部分”的佳得乐(Gatorade)品牌归入百事旗下。百事公司通过不断变革和转型，终于如愿以偿地成为全球非碳酸饮料行业的龙头老大。

应该说，随着经济全球化的进步，随着现代商业竞争的日趋激烈，企业的利润空间变得越来越小，高额利润的时代已经一去不复返了，赢利几乎成为所有行当中一件十分困难的事。不少企业步履维艰，徘徊在”温饱线”的边缘。在这样的大前提下，企业要生存，就必须走专业化之路，做自己擅长的事情。什么都做，什么都做不精，企业也不会做大，更不会做强。青啤集团是全国啤酒界的“天之骄子”，该集团投入巨资购买了占全国几乎三分之一的破产啤酒厂家，实力非常雄厚，市场非常广阔。即使这样，青啤集团还是毅然放弃啤酒销售运输这一领地，集中全力专攻啤酒生产业，确保了高额利润不流失。青啤集团这一“放弃”的战略，正是专业化运作的具体体现。

网易的CEO丁磊说：“我们永远把企业的安全放在第一位，不随便做不擅长的事，不为了多赚钱做投机取巧或急功近利的事。我们公司有一个技巧就是做自己擅长做的事情，专注在一个领域。经常听到他们在说多元化，每个人都在寻找自己一些并不擅长但是貌似暴利的行业。这样的心态，短期内也许能赚到钱，但不能长期都能赚到钱，甚至可能因为一个小小的错误把以前积累的财富化成灰烬。”

成功者拥有专注精神。因为他们知道，今天社会分工越来越细，没有一个人、一个企业可以做到不论触角伸向哪个行业都能取得卓越的成绩，要想在当今社会中有所成就，必须要专注于自己擅长的事情。

2.“不要给用户太多选择”——我们只会提供最好的那一个

一直以来，苹果产品都传承着一种风格——“不要给用户太多选择，我们只会提供最好的那一个。”这就是乔布斯的偏执，绝不苟同于任何PC(个人计算机)，不让用户面对林林总总的软件、硬件去做非专业而令人头痛的选择。从iMac到iPad，“开箱即用”的概念贯彻始终。

从企业战略实施层面看，客户体验需求可以归纳为信任、便利、承诺、尊重、掌控、选择、知识、认知、有益、身份等十个主题。我们看到苹果公司的客户体验设计过程完美地围绕这些主题的设计。

绝大多数公司的核心能力往往体现在产品(包括服务产品)的研发上，而苹果公司的研发团队是一支客户体验的设计研发团队。乔布斯自己就是其中的首席研发师。但和其他产品研发团队不一样的是，这个团队并不热衷去做大量的客户问卷调研，而这种调研在其他企业是必不可少的。

因为设计的客户体验许多并不是随机抽样的客户自己能够想象出来的。

“你觉得达·芬奇在创作蒙娜丽莎时征求了观众的意见吗？”据说乔布斯早年曾经这样问道。

苹果的客户体验设计更多的是基于乔布斯和设计精英对于客户的洞察力而来，对客户体验的升级同时建立在对现有体验的充分分析的基础上。

设计人员问自己最多的不是“我们应当设计什么样的功能？”，而是“我们需要服务客户的哪些目标？”

这样的客户体验设计团队需要精英文化作为基础。精英作为一个企业特别是IT类企业的核心资产，一直被苹果公司所重视，甚至偏执的苹果只雇佣精英。这些精英在苹果公司内部被称为A+团队，苹果领导者的核心工作之一是不断地打造A+团队并淘汰B/C类团队。

苹果公司认为在传统服务或制造领域，例如厨师和出租车司机，精英和普通人的产出差异并不大；但在苹果公司涉及的前沿和创造性领域，精英和普通员工的产出差异是10倍，甚至几十倍。

对于苹果公司来讲，真正的精英是在某一个领域最优秀的人才，但更是能够将科技和客户创新完美融合的混合体。

苹果公司拥有全球最强大的技术力量，但公司管理层却和大家一起去研究奔驰车的线条构成，索尼公司的产品质地；员工一起去参观博物馆和展览馆，包括参观新艺术派大师路易斯·康福特·蒂凡尼的作品展，探讨艺术作品的商业化历程；考察弗兰克·劳埃德·莱特位于宾夕法尼亚的流水别墅，学习建筑设计理念以便应用于科技产品；

和员工探讨年轻人，探讨当前时代的趋势和消费心态的变化，以便更好地让普通人接受全新的科技；

……

所有的这些工作，目的都是为了让精英们能够将科技和创新完美整合，推进苹果产品体验的持续提升。

在苹果的流程和体制上，苹果力求为精英文化扫除一切障碍。设计师、工程师、管理者等不同角色能够在一起办公，在一个会议上解决各类问题。当优秀的创意产生时，哪怕是在深夜，也可以立刻拨通所有人的电话，立刻将创意变成产品。

当然，乔布斯也有不少大的失败，比如NeXT电脑、Power Mac G4电脑、AppleTV……他也并非能够完全搞定消费者的神人。

但，对中国CEO而言，这种以“消费者为中心”的应用创新模式有着非同一般的意义。

满足客户需求是平庸公司所为

在乔布斯眼里，满足客户需求是平庸公司所为，引导客户需求才是高手之道。

外观诱人的产品远比不诱人的产品更畅销，苹果公司尽最大努力让自己的产品有视觉诱惑力。乔布斯钦点设计师乔纳森·伊夫，正是由于欣赏他美观而又简约的产品设计。苹果公司的笔记本电脑（iMac）、MP3播放器(iPod)以及手机(iPhone)都以其美观的设计广受赞誉。

除了美观的硬件设计，苹果公司对用户体验也严格加以控制。一个好的用户界面应该是一目了然，不妨碍用户使用的。苹果公司发布了软件开发商必须遵守的用户界面准则，用户可以有一致的、可预期的使用体验。

苹果公司一直在技术支持方面拥有很高的顾客满意度，所有的苹果新型笔记本电脑都带有一套应用软件套装产品（iLife），一从包装盒里拿出来，用户就可以直接使用笔记本，无须购买额外的软件。苹果电脑软件在设计上能实现通用与兼容，从硬件到软件再到服务，苹果公司会严密控制产品质量，确保每个环节都能有效配合。苹果公司同时生产硬件和软件产品，这意味着如果用户遇到问题，只需咨询一家公司就能解决问题，供应商不会将问题推给其他人解决。苹果同时还拥有独有的专利模式，从苹果

iTunes音乐商店购买的音乐文件，都是由苹果公司的数字版权管理技术进行过加密的，这使得这些音乐文件只能在苹果公司的产品上播放。

自己先做一名用户体验专家

很多公司喜欢说自己以用户为中心，他们接近自己的产品用户，并询问对方想要怎样的产品。这种所谓的“以用户为中心的创新”受反馈和核心小组的驱动。但是乔布斯极力避开将自己关在会议室的费力研究中。乔布斯亲自参与新产品的研发，注意自己对产品的反应，并将这一反应反馈给工程师。如果有什么功能很难使用的话，乔布斯就会命令工程师将其简化。任何没有必要或者令人迷惑的功能都被去掉。如果产品符合乔布斯的要求的话，它就能符合苹果公司顾客的要求。

不以“专家”的思维方式思考问题

乔布斯并不以工程师的思维方式思考问题。他的思维类似于外行，这一点使他成为了苹果公司产品的完美实验台。他是苹果公司的一个普通人——理想的苹果公司顾客。

在技术方面，他达到了嗜好成瘾的程度，他没有接受过正式教育，但从十几岁开始，他就一直从事与技术有关的工作。在技术上，他有意识地关注行业发展趋势，就像一名优秀的股票分析师一样，同时他又拥有外行人的见解，这是一笔宝贵的财富。

“我们有很多顾客，我们对自己已拥有的顾客基础做了大量研究。”乔布斯对《商业周刊》的记者说，“我们还非常小心地关注行业趋势。但最后，由于这一做法将某些事情复杂化了，所以要通过用户小组进行产品设计真的很难。很多时候，人们不知道自己想要什么，直到你将产品展示给他们，他们才弄清楚。”

抛弃繁杂的技术路线

不少公司认为技术、研发费用是关键，而乔布斯却认为，钱不是关键。先看看微软的研发投入。2006年，微软在研发方面的投资为60亿美元，2007年又提高到75亿美元。苹果公司在研发上的投资比微软少得多，但是获得的收益并不少。

乔布斯曾讽刺微软说:"这就表明,并不是什么东西都可以用钱买得到的。"

而苹果市值超微软+惠普的背后,也意味着游戏规则的变化:一个由"技术创新"驱动的时代徐徐落幕,一个"应用创新"时代的大幕已然开启。

乔布斯走的其实就是一条应用创新的路径。他擅长激发创意人才的潜力,产品都能深深打动人的心灵。乔布斯信奉"烤面包机"哲学——抛弃繁杂的技术路线,寻找打动消费者内心的最直接路径。不管是iMac,还是iPad、iPhone、AppStore都遵循这种应用创新理念。

苹果公司内部有不少这样的故事。1980年的一天,乔布斯带着一本电话薄走进一场设计会议,并把电话薄扔在桌子上。他说:"那是麦金塔能够做的最大尺寸,绝对不能更大。如果再大,消费者会受不了。"

当时,房间的人都傻了,这本电话薄只是过去出现过的电脑的一半大小,实现它是根本不可能的,那些电脑配件、CPU等绝对无法放进那么小的箱子里。

后来,他又要求把笔记本电脑做到最薄,甚至能放到牛皮纸袋里。数年来,苹果的"名片"就是"好用"和"简单",苹果公司致力于设计便于操作和外形美观的产品,他们的绝大部分产品都不需要用户通过阅读使用说明书来学会使用!

3. 苹果"宜家店面"——聚焦时尚,创造体验,扫除障碍

客户体验的基础是围绕产品端到端的全面解决之道。

回想一下我们使用许多运营商服务的可怕经历吧,各类计费和宣传陷阱,永远看不懂的话单,忽然增加或减少的数据服务,病毒木马等各种奇怪的问题……

而在苹果公司在美国推出的服务中,世界又变得简单和美好了,不是

么？我们来看看。

A一站式服务，让世界简单而美好

终端、资费、音乐、广播、电视、电影、游戏、应用、照片管理，苹果公司都提供了一站式服务。

在iTunes推出的时刻，产业对其抱高度怀疑态度，认为习惯使用盗版的客户并不能接受0.99美元的音乐付费下载。但苹果公司并不这么认为，比较起花费几个小时去找资源，用几美金在卓越体验环境下立刻获得内容，苹果坚信客户会选择后者。

在iTunes成为世界最大在线内容商场的今天，事实证明：客户体验，基于全面解决方案的客户体验战胜了盗版。

当然，这些的实现并非易事。苹果公司的能力和资源囊括了设计、研发、硬件、软件、营销、公关等多维度多环节，不同于微软、戴尔、IBM等在某一生产环节聚焦能力的企业。

回到现实的运营商服务，在多产品环境下，如果客户有幸使用了同一个运营商提供的移动、固话、宽带的话，而恰恰在某个时刻遗忘了去缴某项不知名的费用，那么等待客户的将是全方位的通讯屏蔽灾难，所有的服务会立刻都被停止。

而苹果公司的服务则恰恰相反，客户购买的资源可以在任何苹果设备上重复使用；同时苹果设备的使用习惯又如此相似。在中国90%购买了iPod的客户都愿意购买iPhone。就这样，优秀的客户体验在苹果系列产品间被不断地复制和放大，苹果公司的产品销量和市值也同比地不断增长着。

B体验经济大行其道

在体验经济大行其道的时代，基础产品与服务已经无法满足消费者不断变化且永无穷尽的需求。越来越多的企业正在像苹果那样，摒弃传统的营销途径，转而注重为客户创造体验。

以下我们将通过三个典型案例阐述。

体验苹果的创意空间氛围

顾客步入店门的第一感觉是什么呢？愉快、压抑、温馨，还是冷漠？一个好的店面氛围能让人流连忘返，而一个差的店面氛围也能让人掉头就走。

颜色、灯光、空间、标记、装饰格调，甚至是气味，所有的元素都会对氛围产生影响。如果将这些元素运用恰当，则会给消费者带来莫大的享受，否则顾客就会转身离开，甚至从此不再光顾。

营销界流传着这样的说法：初级营销做产品，中级营销做品牌，高级营销做文化，超级营销做宗教。美国著名品牌研究专家认为："苹果的品牌力量如此强大，以至于人们已经把它视为一个真正的宗教。"

苹果的神话源于它创新的魅力，然而，它是如何将灵感与创意传递给消费者，并让消费者有所感知呢？

先声夺人的门店外观

在众粉丝的翘首期盼下，2008年7月19日，苹果的第一家中国店在北京三里屯开业，建筑面积995平方米，共三层，65名店员。虽然还是复制的"模板"，外观依旧是一成不变的不锈钢和玻璃的混搭风格，在不锈钢长方体面上依旧悬挂着巨大的苹果Logo，这个"玻璃盒子"的魅力对粉丝们来说仍是无法阻挡的。

在体验营销中，体验店的外观是感官营销的有力工具，起着吸引顾客眼球、给顾客留下美好印象的关键作用。乔布斯将苹果体验店的理念定位为"为生活添彩"，他所设计的苹果体验店外观也的确让所有人眼前一亮。苹果体验店这晶莹剔透、象征智慧与高科技的立方体，足以抓住顾客，让他们第一眼便接收到苹果发出的品牌个性电磁波。

先声夺人，将顾客吸引进店，开始他们更加美妙的苹果创意体验之旅。

跨界思维的店内设计

那么，这个全球各地长得几乎一模一样的不锈钢"玻璃盒子"里到底内藏哪些"玄机"呢？当你走进玻璃大门，进入一个"苹果"无处不在的世界里，答案便逐渐清晰起来。

店内象牙白色的墙壁和中间镶嵌的印刷图片，让人联想起iPod或者

MacBook。白色的机身和开机时出现的界面，与这里墙壁上的图片如出一辙。稍加留意，你就会发现，其实这种一致性几乎贯穿在所有与苹果相关的事物中，包括电视广告、平面广告、户外广告，以及直营店楼梯的螺栓甚至栏杆的设计。

店里醒目的玻璃楼梯足以吸引消费者走上二楼。这里是天才吧和各种配件的销售区域。传统意义上的零售店会将所有的信息都堆砌在顾客视线内，生怕任何一件产品海报或打折信息会被顾客忽略。苹果直营店则只专注于一些重要信息的表达，例如：宣传中国店开业的小册子、店内购物指导书等。它们会出现在顾客的视线以下，因而绝不会显得突兀。

苹果体验店不仅仅用墙壁、楼梯以及货品组合营造跨界体验氛围，其员工更成为了消费者体验的重要部分。在苹果中国店里，身穿浅蓝色上衣的客户服务专员无处不在，他们经过挑选，并接受了半年以上培训。二楼的天才吧里，穿深蓝色上衣的员工则是专门帮助顾客处理技术问题的天才。

一如苹果的品牌和产品一直以来传递的热情、可亲、乐于助人的形象，苹果希望店员们将这一形象加固，创造一个让消费者轻松体验、愉悦购物的氛围，带给消费者一个完整的品牌体验。

通过这些无处不在的细节，苹果体验店将品牌形象准确传递给消费者的同时，还让他们产生了更强烈的拥有苹果产品的欲望。当顾客沉浸苹果体验店当中，陶醉在苹果创造的愉悦理想的生活氛围当中，顾客的情感价值也就在不知不觉中得到了提升。

独特的店内氛围，传递创新思维

乔布斯一直强调："零售店是用来让消费者体验并带给他们使用苹果产品的快乐的，销售并不是苹果店的唯一目的。"

苹果体验店成功的关键固然还是产品，然而其出色的门店策略也起到了相辅相成的作用。顾客每一次与苹果的邂逅，回忆起来，都有苹果独特的信息在其中传递。在闪动创新之光的氛围中，消费者得以愉悦快乐地用苹果产品群解决他们所遇到的问题。

苹果的“思考营销”鼓励消费者用心思考，使思维更加灵光闪现，从而使顾客更深地了解公司及其产品，并进一步感受到苹果产品的个性、文化和价值。

心态篇：内心“聚焦”
——不要浪费时间活在别人的生活里

企业家的领导力，不仅决定了企业的级别，同时也决定着企业家的级别。乔布斯之所以能带领苹果寻找到焦点，他本身也是一个“专注”的人，我们都听过关于他的种种传言——自大，脾气不好，喜怒无常，而他面对这一切评介，只是说：“不要犹豫，这是你的生活，你拥有绝对的自主权来决定如何生活，不要被其他人的想法和看法所束缚。”

乔布斯从来都不是活在别人的世界里，否则就没有今天的“苹果”神话。“作为生活的创造者，你完全有能力改变自己的生活。”他说。

所以，苹果公司的口号“非同凡想”远不止是一件营销工具，而是一种生活方式——一个人要想寻找焦点目标，就要做到活出自我，不被外界的声音所干扰。

1. 不论你想成为什么样的人，都应该像乔布斯一样“活出自我”

观察周围的人，你会发现一个无法忽略的事实：好多人迷失了自己，放弃了掌握自己未来的主动权，工作中永远是被领导着，他们中绝大多数都生活得并不开心，过着没有成就感且毫无目标的生活。

我们一来到这个世界上，就被人所领导着。从小，我们被父母领导；上学，我们被老师领导；进入社会后，又被上司领导；即使有一天，我们自己做了领导，依然还要被更高的上级所领导。实际上，我们能够真正领导的人只有一个——那就是我们自己。

乔布斯的成功告诉我们——尤其是年轻人，每个人的生命都是有限的，所以不要浪费时间活在别人的生活里。一个人立身处世，应该在意别人的评价和看法，把别人的意见当成自己的一面镜子，有则改之，无则加勉，但是，如果太在意别人对自己的看法，就会患得患失，迷失自我。人生毕竟是自己的，别人的建议可以作为参考，但不应该成为自己心中的坐标。

不论你想成为什么样的人，都应该活出自我，给自己一个培养创造力的机会，不要害怕，不要担心，过自己选择的生活，做自己的领导，掌握自己的人生。我们应该为自己的目标而活，至于任何方法，都只是工具，而不应该摆在第一位。

人本来就该为自己而活，但生活偏偏让人们在很多时候为别人而活。有一个老人留了1尺多长的雪白胡子，每个人都夸他的胡子好看，老人很是得意。有一天，老人在门口散步，邻居家的小孩好奇地问他：“老爷爷，您这么长的胡子，晚上睡觉的时候，是把它放在被子里面呢？还是放在被子外面？”

听到这么一问，老人还真的没有回答上来，因为他确实没有想过这个问题。晚上睡觉的时候，老人躺在床上突然想起白天小孩子的问话。他先把胡子放在被子的外面，感觉很不舒服；他又把胡子拿到被子里面，也是一种说不出来的别扭。就这样，老人一会儿把胡子拿出来，一会儿又把胡子放进去，折腾了一宿，还是感觉不舒服。老人很纳闷，以前睡觉的时候，究竟胡子是放在被子的外面还是里面的？第二天一大早，正好碰到邻家的那个小男孩，老人生气地说：“都怪你，闹得我昨晚一晚没睡成觉。”

也许我们觉得这个例子过于夸张，其实，生活中有很多这样的现象。有人太在乎别人的想法和说法，别人无意间的一句话，一个眼神，一个动作，都会让其难以释怀，心中久久不能平静。更有甚者，心思太重，几个同事在说话，当他进来的时候，同事们突然不说了，这个人就想，他们肯定是在说我的坏话，于是心中愤愤然，一天乃至几天不高兴。

与其他人不同的是，乔布斯有自己的看法：作为生活的创造者，你完全有能力改变自己的生活，你不能指望别人来解决你的问题，不要在乎别人的眼光。乔布斯的思维和做法与主流的价值观形成了强烈的冲突，他在做自己：在大学就主动退学；走别人没有走过的路；偏执地追求完美……如此种种贯穿着他创业生涯的始终。乔布斯很有自己的主见，完全把控着自己的生活。

不要让任何人的意见淹没了你内在的心声，乔布斯就是这样做自己，把自己的命运牢牢地抓在自己的手中。

2001年10月23日，整个美国还没有从9·11事件的阴影中走出来，而乔布斯没有受这种主流情绪的影响，他的行动征服了世界，向世人宣布了他的与众不同，向世界展示了苹果公司的新产品——iPod音乐播放器。

iPod有一个光亮、鲜明、炫目的白色机身，可以连续播放10小时，存储1000首歌曲，是当时市场上第一款硬盘式音乐播放器。乔布斯对着人群大声说：“使用iPod欣赏音乐难道不是很‘酷’吗？使用它，你再也不必每天都听同样的歌曲了。”

事实证明，乔布斯的iPod成为让苹果公司全面翻身的一支奇兵。2004年iPod的全球销售额突破45亿美元，到2005年下半年，苹果公司已销售2200多万台iPod数字音乐播放器。乔布斯就是这么与众不同，没有什么思想，没有什么人可以束缚住他。

不要活在别人的目标里，更不要活在别人的方法里。乔布斯在斯坦福大学对即将毕业的大学生们进行演讲时说：复制别人的产品其实就是一种被领导。社会上的跟风就是如此。别人采取的某种方法成功了，那我就学来，也一成不变地利用上，总是走别人走的路。其实在我们的生活中，大多数的人都是活在别人的空间里，他们很少去想自己在生活中是一个什么样的角色，而是把所有的精力用来想自己在别人眼里是怎么样子的。他们的眼里总认为，别人的东西永远都比自己的好，别人永远活得比自己精彩。他们的思想里根本就分不清楚什么才是自己该做的，什么才是自己该去想的。

辍学是他的选择，他学会了创新，但是其他辍学的人不一定能成功，并不是"我如果辍学了我就是第二个乔布斯"，这个模式并不一定适合每个人，它只是乔布斯的，所以我们需要找到适合自己的生活、适合自己的事业。

乔布斯的成功对我们的意义也是如此，不要让任何信条变成你行动的指南、思想的束缚。你应该有自己的信仰，只有你自己的目标可以告诉你做什么，只有你自己的价值观可以告诉你怎么做。

人要为自己而活，不是为别人而活。我们的成功是我们亲手创造的，别人的路不一定是适合我们自己的，不要崇拜任何人。你是上帝的原创，不是任何人的复制品，因此你的生活也不能成为别人生活的附属品。

在你有限的时间里，活出自己的人生，这才是成功的人生。别人的成功你可以借鉴，可以学习，但不可以当成人生的全部，我们要努力追求真实的自己。

2. 兴趣是胜利的秘诀——成功其实很简单

10岁时，乔布斯对电子学方面的兴趣就明显表现出来了。在加利福尼亚州，新兴的电子公司雨后春笋般发展起来。每逢周末，一些惠普和其他电子公司的工程师就会在自家的车库做维修。一次，一个工程师送了他一个碳晶麦克风。搬到洛斯阿尔托斯市后，乔布斯觉得自己进了天堂：他随时都能在各处的箱子翻到一两只废弃不用的电子元件，拆开来看个究竟，玩上好几个小时。

……

"成功其实很简单，就是做你最感兴趣的事情，然后把它做到最好。"

很多人都说，兴趣是最好的老师，成功者和真正杰出的人，他们把兴趣看得比什么都重要。兴趣不仅仅会让你感到快乐，对于有些人来说，兴趣还可能是一直指引他事业成功的指南针。只要你感兴趣，有一天你也会培养出被大家称为“天才”的那种能力。

兴趣是每个成功人士都能具备的伟大能量。在有兴趣的前提下，人们可以将自己的工作做得更出色、更持久。每个人在工作中都会面临很多的选择机会，一个幸运的人如果选择了更符合他兴趣的领域，工作起来就可能更快乐。一个人要成就一番事业，兴趣是必不可少的，它是我们工作成功的启蒙老师，当我们把兴趣转化为永恒的工作动力，我们就可以不断向成功迈进。

有人说上帝在每个人出生后的幼年、少年经历中都埋下一颗种子，这个种子就是兴趣。有的人，在合适的时候，让这颗种子发芽，获得最强大、最原始和源源不断的成长动力，而很多人，没有让这颗种子发芽，于是没有兴趣目标，没有成长动力。

当一个人从事他所喜爱的工作时，他将发挥个人最大的效能，而且也将更为迅速、更为容易地获得成功。乔布斯的成功来源于把个人兴趣与自己的天份融为一体，来源于他对兴趣的选择、坚守与努力。具有十分广泛的兴趣，也常常以“兴趣是最好的老师”为座右铭，乔布斯对电子产品的兴趣，最终成就了他，也成就了苹果公司。从事一项你所喜欢的工作，工作本身就能给你一种满足感，你的职场生活也会从此变得妙趣横生。

兴趣是最好的老师。孔子曰：“知之者不如好之者，好之者不如乐之者。”乔布斯儿时的兴趣影响到了他的事业，甚至整个世界。当然，我们说起乔布斯的成功，把部分功劳归功于他的兴趣，但这并不是说光有兴趣就能成功，而是有了兴趣就有了成功的动力。乔布斯，或者其他很多世界级的大师们，他们的成功，都是得益于真正找到了激发自己生命潜能的兴趣和爱好，并且能够在自己想做的事情和最适合自己做的事情上，投入全部精力和热情，这才是他们成功的关键。

有个报道，曾经轰动一时:38岁的蔡伟正式被复旦大学列入博士生拟录取名单。他并非出自名门,没有所谓“家学”的影响,但他自幼热爱书法,学生时代迷上了唐诗宋词,高二时在《文史》上偶然看到裘锡圭先生的一篇论文,从此被传统“小学”吸引。用他自己的话来形容,二十年研习古文献的经历“没有人指导,是憋出来的”,“初中成绩还不错,到了高中,理科就学不进去了,就只对古典诗词感兴趣”。所有在图书馆中能找到的书籍,都曾是他心灵的慰藉。他高考落榜后曾进厂当了三年工人,下岗后,他干过食堂的“刷碗杂工”,入复旦前都还在当着“神牛”三轮车夫。他无论做什么,无论什么时候,只要一有空,他就读着这些“稀奇古怪”的文字,对古文献的研究兴趣依然不减,以至于“他对古人的行为和想法感同身受”。他以后走的路就成为自然而然的常理了。

当爱的情感进入一个人所从事的工作时，工作质量将立即得到改观，效率将大为提高,而工作所引起的疲劳相对地大量减少,这就是兴趣的魔力。蔡伟的特殊之处在于,对古代典籍的热爱,完全出于他的兴趣。

从蔡伟走过的路看,爱好和兴趣是一个人成功的阶梯。每个成功人士的经历也许不一样,但是有一点和乔布斯、蔡伟是一样的,那就是无论做什么事情,都不减对自己兴趣和爱好的探求。

现实中有太多人,一旦工作或环境有了新的变化,就常常不再有对原来自己的爱好和兴趣的坚持,以至于在自己原有的兴趣和爱好中,本有望如蔡伟一样成功的路变成了泡影。

一个人能够根据自己的兴趣选择工作,实际上是一种幸运,但是如果能够选择而没有选择,那将会是人生的遗憾。

乔布斯的老朋友，比尔·盖茨也是因为在中学时就特喜欢电脑和软件设计而愿意花更多的时间学习和研究。在哈佛法学院读书时,他还是念念不忘软件,常在计算机房里泡到深夜,还创办了自己的软件公司。他明白一个人如果想要成功,一定要做自己喜欢的事业时,毅然决定放弃人们羡慕的律师前程,全力以赴投身于自己喜爱的软件事业。乔布斯说:“我认为我们两个(乔布斯和比尔·盖茨)是世界上最幸运的人,在正确的地点、正确的时间,发现了我们真正爱做的事。”

乔布斯对斯坦福对大学生们演讲时说:“你只有相信自己所做的是伟大的工作,你才能怡然自得。如果你现在还没有找到,那么继续找、不要停下来,只要全心全意去找,在你找到的时候,你的心会告诉你的。就像任何真诚的关系,随着岁月的流逝只会越来越紧密。所以继续找,直到你找到它,不要停下来!”

一个成功的创业者首先是兴趣驱动,而不是利益驱动。当今社会,有些人是为了工作而工作,要在这种普遍性的情况下,寻找兴趣这个原动力,就显得格外重要。爱好和兴趣,不但不会简单衰竭,而且还会不断激发,不断升华,越干越带劲。

只有从爱好和兴趣出发,才能像乔布斯他们一样,一直保持对工作的兴奋感和成就感。真正从兴趣爱好出发去工作的人,不是以利益为工作的前提和动力,能做自己感兴趣的事对他们来说是无比幸福的。那些有成就的人,都有着一个共同的特征:无论才智高低,无论从事哪个行业,他们必然是在做自己最热爱的事情,并且为此勤奋工作。

如果一个人始终都在做自己喜欢的事情,即使一开始还做得不太好,但只要他愿意花时间去学习,愿意像乔布斯那样完全地投入其中,不断地努力,自然会把事情越做越好。当他把事情做到最好时,荣誉和财富也就随之而来,这样的成功,才会带给他更多的快乐和幸福。

3. 你可以不完美,但像乔布斯一样追求完美是一种幸福

乔布斯是一个著名的“完美主义者”。在20世纪80年代,乔布斯住在一个没有什么家具的房子里,因为他的完美主义让他买不到合乎标准的家具。乔布斯完全不知中国领导总讲的“抓大放小”,在他眼里,细节就是一切,他就要揪着不放。他会驱赶研发团队花费几个月的时间去调整窗口的

滚动条，会让灯光师不厌其烦地测试舞台灯光以求最佳的展示效果，会亲自拎着别人的包装盒向设计师推荐创意。

在具体的创新实践中，他率领的苹果团队在产品研发过程中经常会进行反复修改。与其他企业在产品上堆砌越来越多的功能不同，苹果产品在设计方面尽可能简化，以方便用户使用。

乔布斯喜欢从用户体验的视角对产品设计、制造等进行审视，经常自己试用最新的技术产品，然后以用户的身份将感受反馈给工程师等团队。如果说“魔鬼在细节中”，乔布斯“点石成金”、屡屡率苹果推出热门产品，恐怕也要归功于在细微处严格控制设计、制造质量的有效执行力。

这种“完美主义”精神有时体现得似乎不近人情。如果对一个新研制的产品不满意，乔布斯会当着整个团队的面说：“你们在过去一年里做出来的所有东西，我们都要全盘否定，从头再来。而且必须加倍努力，因为已经没时间了。”他曾回忆说，这种情况经常出现，因为创新不仅仅是工程学和科学，也是艺术。

“完美主义者”乔布斯不只关注技术，对艺术设计、建筑等都颇有兴趣。甲骨文公司首席执行官埃利森曾评价说，乔布斯“拥有工程师的头脑和艺术家的心灵”。乔布斯在发布iPad2时称，技术与其他因素的结合是苹果的独到之处，只有当技术与艺术、人文联姻，才能产生“让心灵欢歌”的结果。这番言论凸显出他在创新理念方面的高格调。

细看苹果的成功，这些要素显露无遗。在工业设计和用户体验方面，乔布斯自己就是苹果最挑剔的用户，他会关注到细微像素的差异，在意机箱里数据线的排列是否美观。

乔布斯曾说：“如果你是个正在打造漂亮衣柜的木匠，你不会在背面使用胶合板，即使它冲着墙壁，没有人会看见。但你自己心知肚明，所以你依然会在背面使用一块漂亮的木料。为了能在晚上睡个安稳觉，美观和质量必须贯穿始终。”因此，他坚持认为，苹果公司的所有产品都不能有任何瑕疵。他坚持第一台麦金塔电脑不能使用冷却风扇，这样用起来才安静——

将用户需求置于工程开发的方便性之上。他也曾在某个周末紧急呼叫工程师，只因为iPhone手机屏幕上的商标中有个字的颜色不对。他经常亲自撰写或修改苹果公司的广告文案。

乔布斯非常重视产品质量，与此同时，他也不断思考如何完善产品的外包装。他之所以这么做，并非仅出于其高雅的品味，虽然这也是原因之一；对于乔布斯而言，从包装箱中取出产品的过程是用户体验的一个重要组成部分。因此，同其他每一件事情一样，乔布斯对此进行了认真的思考和设计。

乔布斯认为，产品包装有助于向消费者推介新技术。以1984年推出的第一代麦金塔电脑为例，在该电脑推出之前，从来没有人见过这样的产品。整台电脑由一种奇怪的点击装置——鼠标来控制，而不是像之前的个人电脑一样通过键盘来控制。为了让用户了解鼠标，乔布斯对鼠标进行了独立包装。这种做法迫使用户打开鼠标的包装——拿起鼠标并将其插入接口，这使得用户开始尝试使用鼠标。从那以后，乔布斯认真地为苹果公司的每一个产品设计了这一“拆包程序”。iMac的包装设计使用户很容易就可以将该电脑接入网络，包装箱内的防震隔热泡沫的设计也别出心裁，上面设有一个凹槽，精巧的产品使用说明书就嵌在其中。

除了产品包装以外，乔布斯还特别重视客户体验的其他每一个环节，从刺激消费者购买苹果产品的电视广告到展示商店，从易于iPhone使用的软件到苹果公司的网上iTunes音乐商店。

“我知道我的一生没有那么多的时间尝试所有的事情，我能做的就是把所做的事情做得无懈可击。”

完美是一种境界，不是一个具体的指标性东西，是一种态度，因为完美是永远不存在于现实之中的，它存在于我们每个人的大脑中。任何值得做的事，都值得做好，任何值得做好的事，都值得做得尽善尽美。在生活和工作中我们要追求完美，完美是无止境的，就像一句广告语一样：没有最好，只有更好！“人类的使命在于自强不息地追求完美”。

追求完美,是人生之中一个美丽的过程,不一定苛求这是一个纯美的结局,重要的是我们追求的态度,为我们的成功提供了条件。追求完美,是人类自身在渐渐成长过程中的一种心理特点或者说是一种天性。如果人只满足于现状,而失去了这种追求,可能生活就没有那么多的精彩了。我们对事物总要求尽善尽美,愿意付出很大的精力去把它做到天衣无缝,成功就需要这种疯狂的精神。

乔布斯能够成功就是追求完美最好的例证。对于他来说:只有A计划。在进入一个新的领域时,只倾注全力打造一款产品或服务,没有备选方案,没有退路。这样才能将最好的创意、技术、设计倾注到一款产品上,iPod、iPhone莫不如此。

门捷列夫说:"追求完美是前进者最好的动力。"每个人来到世上所渴望的成功,就是为了追求完美人生。什么是成功?怎样才算完美?它们真正的定义又是什么?成功人士大多存在追求完美和理想主义的倾向,他们做事认真、严格,往往对自己要求过高,有强烈的责任感,特别讲究秩序。由于他们具有不断追求完美的欲望和激情,因此有时比一般人更容易获得成功。

在今天竞争激烈的社会中,是否完美往往决定了你的成败,乔布斯就深知这点。西方人相信上帝,圣经里面说:"上帝要求我们完美,所以我们应该是完美主义者!"我们虽然不知道乔布斯是不是基督徒,但他被人称为"残酷的完美主义者"。对完美的疯狂与忘我是乔布斯的信念,他那残酷的完美主义,给他的团队和合作伙伴树立了很高的标杆,在这种完美主义信念的推动下,总是担心自己做得不够理想。他说"苹果"的成功就是一个不断追求完美的过程。

每一个人的一生中至少应该有一次受到一个疯狂追求完美的人的影响。乔布斯的完美主义,尤其体现在"苹果"新产品的研制中。

人在世界上最大的敌人是自己,而人生中最难做到的事就是做到完美。可乔布斯之所以不同于其他人,就是因为他有着这种坚韧不拔,执著于追求完美的精神。我们或许不能做到完美，但我们可以追求完美，向完美更进一步。

完美是每个有志者共同的追求。球王贝利有句话常挂嘴边：追求完美。当年，他射入第一千个球时，有记者采访他问："你觉得你踢得最精彩的球是哪一个？"他的回答出人意料："下一个。"这也许就是人们对于完美的追求。

从事体操吊环项目多年，在人才济济的体操界，陈一冰是个大器晚成的运动员，21岁才获得世锦赛冠军。2008年，陈一冰夺得北京奥运会吊环项目金牌，有人用完美来形容他的表现。陈一冰却说："只是发挥出了自己的正常水平。""对我来讲，至今还没有特别完美的一套。""只有不断挑出自己的毛病，才会有进步。""自己也是自己的对手，希望自己都有一些进步。"完美，虽然几乎不可能做到。但是，追求完美就有了目标，有了目标，人生就不再迷茫，可以朝着自己的理想而奋斗，虽然很难做到完美，但是至少，离完美不远了。

"完美"是一种象征，一种境界。我们的人生就像海上颠簸的小船。"完美"如同远方的灯塔，指引着我们挂云帆，济沧海，乘风破浪，勇往直前。"完美"如同闪光的梦，使我们的心变得更加年轻，永远也不会停住脚步，追着梦，向更高的目标攀登。

追求完美是一种幸福，而你追求的越是执着，你的心就会越充实，它甚至比成功还要美好得多。比如，乔布斯的完美主义就创造出了一个个令人咋舌的革命性的"I"系列产品，iMac，iBook，iPod，iPhone，iPad……

一个人因为只热爱最完美的东西，所以才是"一般好"的仇敌。懂得这一点，就可能会远离一知半解、一技半能、三心二意。

阅读延伸：

创新是宝洁真正的“游戏改变者”

每个企业都有自己的核心组织原则，人们在做出决策、应对挑战和开创机会时都会遵照这个原则。在宝洁，这个原则就是创新。创新是宝洁真正的“游戏改变者”，是可持续竞争优势的实际来源以及可持续成长的最可靠的发动机。

管理者制定一项业务战略，例如先决定瞄准哪个市场，推出什么样的产品，然后才去想怎样通过创新来落实这一战略——这样的情况比比皆是。但这完全把顺序弄反了。他们要想正确地设定目标和构建业务战略，并且制定取胜的战术，就必须把创新放在业务的中心。

2000年时，宝洁在市场上节节败退，屡屡未能兑现对投资者的财务承诺，市场份额不断被竞争对手蚕食。它既不是客户最佳的供应商，也没有成为供应商的最佳客户。此时的宝洁显然必须改变自己玩游戏的方式了。

最核心的问题是顾客。被宝洁的产品和品牌吸引的新顾客太少，而能对宝洁的产品觉得欣喜，进而经常使用的老顾客也太少。按照它的业务模式，宝洁取得成功的根本在于提高产品和品牌的试用率，提高顾客和家庭的转化率。如果有更多的人试用并喜欢上它的产品，那么经常使用的人就会更多。

可是，无论是在第一个关键时刻还是在第二个关键时刻，当时的宝洁都不能给顾客带来欣喜。它必须把顾客当作老板，因为实际购买和使用宝洁产品的人，是创新的源泉——需要你用心倾听他们的声音，观察他们的日常生活，甚至与他们朝夕相处。

宝洁把消费者放在创新流程的中心。这个流程始于搜寻创意，止于产品被购买。要开展改变游戏的创新，最关键的是从理性和感性两个层面深刻理解消费者。这不是基本的人口学或心理学的统计分析可以做到的。它要求你深刻理解是什么因素决定着他们的情感和需要，还要弄清他们的梦想。你必须真正了解他们是谁，是怎样生活的，当然还包括你的产品怎样才能最好地帮助他们美化生活。

宝洁必须以更广阔的视野来观察消费者。过去只倾向于盯住消费者的某一个方面，如使用口腔护理产品的嘴巴、使用洗发水的头发、使用洗衣粉的脏衣服和洗衣机，等等。从根本上讲，宝洁把消费者从现实生活中提取出来，目光短浅地只关注那些对宝洁来说最重要的东西，即产品或技术。

但后来宝洁学会了理解消费者以及他们的生活——

他有多忙碌；

工作职责是什么；

在孩子和家人的生活里扮演什么角色；

个性以及家庭梦想是什么；

……

这让宝洁找到许多创新的机会，来满足家居生活和个人护理需要。

2000年之前，Downy织物柔顺剂在墨西哥市场上表现一直不佳，宝洁吃不准到底要怎样改善这一状况，因为当时的假设是不用洗衣机的人就不会用柔顺剂。但宝洁的员工在与消费者朝夕相处数日后惊讶地发现，水是一个很重要的问题：

(1)数以百万计的农妇要用桶去井里或者村里的泵房打水，很多城市的自来水每天只供几个小时；

(2)大多数家庭没有全自动洗衣机，烘干机就更少。

所有这些情况，让洗衣服成了一件非常劳神费力的事情。可是，低收入的墨西哥主妇对衣服的洗烫又非常非常认真。她们洗烫衣服的时间超过花在其他所有家务上的时间，超过90%的人会使用柔顺剂，就算是用手洗衣服的人也是如此。

通过体验她们的生活，宝洁公司了解到：

墨西哥主妇喜欢使用柔顺剂；

她们对于柔顺剂的性能有很高的标准；

洗烫衣服费力又费时，多次洗漂会耗费大量的水。

找到了需要解决的问题，剩下的事就是确定提供什么样的产品。

实验室在拿到性能参数和目标成本之后，很快就拿出了答案：使用Downy，能节省大量的时间、精力和水。新产品一上市就热销，还得到了墨西哥水务与环境署的推荐。

除非你清楚目标消费者是谁以及他们要的是什么，否则创新就不可能取得成功。弄清他是谁，他想要的是什么，然后把他要的东西提供给他。创新就这么简单，并没有什么深奥的秘密。

颠覆型创新与渐进型创新

宝洁把创新分为两类——颠覆型和渐进型。颠覆型创新通过创造全新的消费，淘汰或改造现有市场，使整个游戏得以改变。比如，“汰渍”是第一种人工合成洗衣粉，它让肥皂粉成为过去式。这样的颠覆型创新不会年年都发生，能给消费者增加价值的渐进型创新却是常有的。

自二战至今，宝洁一共推出过17种颠覆型创新。这些创新的价值至今依然可观，以它们为基础再建立的品牌至今仍占宝洁总营收的一半以上。

然而，倘若没有像涓涓细流一般的众多渐进型创新，宝洁今天的规模会小得多，它的成功就会失色很多。虽然宝洁始终在寻找下一个“杀手级”产品，但其可持续增长模式的动力却来自于渐进型创新。因此必须在颠覆型创新与渐进型创新之间保持平衡。

以“汰渍”为例。它很好地说明了宝洁是怎样平衡地运用颠覆型与渐进型创新获胜。六十余年中，“汰渍”仅有过三项颠覆型创新：

1946年推出的高效人工合成洗衣粉；

1984年推出的洗衣液；

1988年推出的带漂白功能的洗衣粉。

但为了确保“汰渍”是美国最好的洗衣粉，给消费者创造最大的价值，宝洁的渐进型创新几乎是每年一项。

为“汰渍”引入创新可不是一件容易的事，因为它已经非常成功，规模非常庞大，这种热销品牌和产品线过于频繁地变动，显然是有风险的。可到了2001年，创新势在必行。因为增长停止了，原因之一是它与竞争对手的价差在拉大。消费者会说：“没错，‘汰渍’是要好一些，但真的好那么多吗？”他们深入到消费者的生活中才发现有很多人是把“汰渍”作为一种高档产品使用，偶尔买一包放在那里，只有在衣服特别多的时候才用。

宝洁希望能让他们变得更加忠诚，更多地使用这种产品。答案就是创新。

“汰渍”从不同部门抽调人员，成立了一个“创新领导小组”。该小组的职责是每个季度至少筛选10个有关“汰渍”的创意，判断哪些最有潜力。他们的工作很紧迫，不过有大量的沉浸式消费者研究结果供他们参考。

通过一系列的渐进型创新，如提高织物软化能力、除臭/清新能力，以及冷水清洁能力，分别加有Downy和“纺必适”柔顺剂的“汰渍”以及“汰渍冷水”这三种产品应运而生。

其中，让宝洁特别自豪的是“汰渍冷水”。它的技术非常先进，用冷水就能获得很好的洗涤效果，不再需要热水洗涤。如今美国有700多万个家庭使用这种产品，节约了很大一笔电费。

这样一来，宝洁找回了既能让“汰渍”保持一定溢价，又能吸引更多新用户的良性循环。顾客一经试用，就会喜欢它的货真价实，才会再次购买。同时宝洁也开始与消费者建立良好的关系。

上世纪80年代，“汰渍”的市场份额才略高于20%，目前则稳居40%以上。要在洗衣粉市场取得增长非常困难，但仅在北美市场，“汰渍”的销售额就增长了近10亿美元，不少洗衣粉行业的老对手也决定撤出美国市场。这种日积月累、持之以恒的创新，改变了“汰渍”的竞争游戏，推动了可持续增长。坚持不懈的创新才是游戏的改变者。

“汰渍”的故事说明了持续开展渐进型创新的价值。稳定的产品创新不仅能给消费者创造价值，点亮品牌前景，也能促进该品牌的业务。当创新真正发挥作用，就既会带来财务业绩上的回报，也会带来组织能力上的回报。

创新是一个完整的管理流程

要想让创新带来回报，推动销售额和利润实现可持续的内生性增长，企业要管理好相辅相成的八个因素。它们要彼此啮合，与企业的日常运营融合在一起。

(1)催人奋进的使命和价值观。在以创新为中心的企业里，人们会因为肩负着企业追求的崇高使命而备感振奋，工作充满了意义，组织也具有了强大的凝聚力。

(2)拉伸型目标。目标能影响其他所有的关键选择。确定几个关键的目标能让大家明白重点应该在哪里，从而让大家的努力协调一致。

同时，为了开展足以改变游戏的创新，还必须树立正确的增长目标，然而若是没有持续的创新流程和把创新看作改变游戏的唯一方式的领导者来推动这个流程，就不可能实现目标。

(3)有所取舍的战略。以创新为中心来思考，能让我们以不同的角度看待战略选择。曾经的“成熟”业务和品牌，也可能蕴含着增长的机会。

创新让宝洁始终专注于四项核心业务以及销售额至少达到10亿美元的10个领先品牌的培育，也让他们决定不做什么事情。例如，他们决定放弃大部分食品和饮料业务，这些虽仍有盈利，但既没有通过创新实现成长的潜力，也不具备长期的竞争优势。创新还给他们带来了新机会，那就是超过10亿人的发展中国家的消费者。

(4)独特的核心强项。核心强项与公司实际做得最好或者能够做得最好的事情是一致的，它们能让你在行业内脱颖而出，为你创造并维持竞争优势，并能以多种方式整合起来满足全新的、尚未预见的需求。

宝洁的核心强项包括：以消费者为决策中心；创建和维护历久弥新的品牌；与消费者和供应商共同创造价值；有效地把全球规模转化为竞争优势。

(5)适合开展创新的组织结构。宝洁处在一个开放型公司的时代，管理者的行为和心理必须与此合拍，他们必须学会设计善于从公司外面引入创意并实现商业化的组织结构和业务流程,宝洁称其为“联系与开发”。正是由于这种结构和流程,宝洁超过50%的创新来自公司外部,它们给宝洁带来了数十亿美元的营业收入。

(6)统一而且可靠的工作系统。创新过程有精心设定的成功标准、阶段性目标和衡量指标。它与主要管理决策,特别是与业务范围、具体时段的目标以及关键业绩指标是紧密结合在一起的。创新还与预算中的营收增长和成本目标、资源分配及其调整、人员培养和晋升,以及绩效评估和激励等管理事务相关。

(7)勇敢而沟通顺畅的文化。以创新为中心的公司中的管理者和员工不会惧怕创新,因为他们已经掌握了管理相关风险的方法;具有前瞻性的创新文化能让公司洞察外部变化,并以同样的速度做出改变。

(8)善于激励的领导者。在整个创新的过程中,把创新的所有推动力联系起来、激励员工并把他们推向新高度的人就是领导者。

第 5 章

从“苹果电脑公司”到“苹果公司”

——论乔布斯的“企业转型创新”

2007年美国当地时间1月9日，当IT精英挤在拉斯韦加斯CES大展上摩拳擦掌时，乔布斯在旧金山召开“2007Macworld大会”，推出传闻已久的iPhone手机，吸引了世界的目光。《时代》把世界媒体最关注的科技报道从CES展转移到苹果的Mac世界。当天，乔布斯还宣布：为消除公司只生产电脑的形象，“苹果电脑公司”将改名为“苹果公司”！

自1976年成立以来，这家电脑公司的名称一直使用的是“苹果电脑”。乔布斯说：“之所以更改公司名称，是因为苹果电脑正由一家电脑制造商转变成消费电子产品供应商。”

这一天，乔布斯期待了两年半，这也是苹果最伟大的转型。

史无前例
——“苹果”转型几起几落

有人说，历史上有三只苹果改变了世界，一只是夏娃的苹果，一只是牛顿的苹果，还有一只就是乔布斯的苹果。

乔布斯的这只“苹果”，在计算机行业中几起几落，如今又杀进了通讯领域。自从2010年市值超过微软以后，2011年第一季度iPhone的销售额达到了123亿美元，大大超过了长期领先手机行业的诺基亚(94亿美元)，跃身为全球最大的手机厂商。最近又爆出，苹果的现金储备超过700亿美元，超过了诺基亚、RIM、宏达电子和摩托罗拉移动这四家竞争对手市值的总和。除三星外，苹果可以用现金收购其他任何一家手机厂商。

过去一直小众和封闭的苹果不仅完成了大众化的转身，而且仍然自成一体，牢牢掌控核心资源和核心能力，对内开放，对外封闭，有点像一个席卷全球的龙卷风。

就一家企业来说，这是非常惊人的，也是史无前例的。

1. 从产品制造商到内容制造商——他是如何做到这一点的？

2000年股市泡沫，公司出现亏损高达10亿美元，然而乔布斯却带领着苹果完成三次转型，使这家处于危难中的企业，化险为夷，成功地成为全球市值第一的科技公司。他是如何做到这一点的呢？

第一步：

推出iPod，进入电子消费品市场

2000年股市泡沫，公司出现亏损高达10亿美元，乔布斯回归，但并不是说，乔布斯重出江湖就很成功，第一季度，他虽然回来了，但是公司仍然亏损，当他刚刚出来时，主推的一款平板电脑遭遇销售滑铁卢。

当时全球的大电脑公司的个人电脑业务都在追求标准化、大工业生产、规模效应，但是苹果走的是与全球背道而驰的个性设计之路。

“我们不要去问消费者需要什么，我们要去创造消费者需要但表达不出来的需求。即生产消费者明天需要的产品。”乔布斯说。

MP3播放器并非苹果首创，当时市场上已经有了，但是销量极低。因为sony公司的walkman随身听非常流行，人们认为没有比随身听更方便的了，但是，乔布斯并不这么认为，他认为MP3播放器将是未来的潮流。

也许是乔布斯的后起使他更成功，因为这样就不用为开发市场做过多的工作了，甚至可以认为市场已经处于成熟的饥饿状态。

第二步：

从产品制造商到内容制造商

2003年4月苹果推出了iTunes在线音乐商店，每首音乐99美分。

买音乐版权的时机非常好，当时网络盗版下载极其盛行，给传统唱片公司带来致命冲击，正在寻求出路，而乔布斯的出现给他们解了燃眉之急，可以说他们是无本万利。

那么乔布斯是如何解决盗版盛行的问题的呢——毕竟盗版是免费的，在这方面苹果是毫无竞争力的。

体验，近乎完美的体验。动动鼠标即可解决，即可找到你想要的任何喜欢的音乐。结果，短短八周时间，就有超过500万次的下载量，一年之后卖出了难以置信的8500万首歌曲，占据正版市场的70%。

此外，想逛iTunes音乐商店，就必须拥有iPod，这就是捆绑销售的绝佳案例。2004年iPod全球销量45亿美元。

第三步：

涉足手机通讯领域

转型之时，手机市场已经是一片红海，有著名品牌三星、诺基亚、索尼、索爱、摩托罗拉，等等，新的老的财大气粗的都在这搅浑水。

iPhone软件平台Appstore软件商店，不过仅仅是一个平台，软件全部由个人提供，苹果与软件发布者利益分成。iPhone只装几款必备软件，其他由用户个人自己下载。想从平台下载软件，必须是iPhone手机。

结果iPhone6天卖出100万部。

之后乔布斯又推出平板电脑iPad，一天卖了30万台。苹果电脑改名为苹果之后，就摆脱了电脑的局限性，拥有了更加广阔的空间可以进军。

第四步：

苹果的“大片”玩法

在一切都风生水起之时，正是好莱坞“大片”式的玩法成就了苹果。

如今的苹果，显然走的不是一条路。在iPhone4还未横空出世时，“档期”就公布出来了。未来每年的6月，还将是iPhone5或是iPhone6“大片”上映的时间。无论是“果粉”(苹果公司数码产品的狂热爱好者)还是普通消费者，长期的等待和长长的队伍之下所隐藏的购买冲动，似乎比偶尔一次的消费冲动大得多。iPhone4上市前后，广告铺设的焦点只有iPhone4，大中小城市店面里卖也是iPhone4。那么，老版的iPhone在哪里？停产了，断货了。1代iPhone早在2008年6月就已经全面停产，2代iPhone3G也已经停产退市，iPhone的机器库存期一般不会超过2个月。并不是将1代iPhone贱卖为1000元，将2代iPhone折价为2000。就像好莱坞大片一样，电影发行之前玩命打广告，电影发行也就两个月，电影档期一过，你很难再看到这个片子。

2010财年苹果销售收入652亿美元，猛增52%；全年净利猛增70%，达到了140亿美元。该利润规模比苹果iPhone发布前公司近四十年历史(1968年创立)的所有利润总和还多。苹果创造的总收入绝大多数归功于硬件销售的成功。再由此延伸，手机、平板电脑、操作系统乃至APPStore自成一体，开放和盈利都更容易实现，也确保了一定的稳定性，苹果的AppStore在2010年占据了行业总销售额的82.7%，收入接近20亿美元。

2. 惊艳转身——到底是“封闭为王”还是“敞开怀抱”？

在传统计算机领域，苹果的台式机和笔记本，至今仍是一些发烧友和专业图形工作者的宠儿，充其量也还是一个“小众产品”，而其在手机市场的表现，就大不相同。

早在2007年，苹果就把自己的名字从“苹果电脑公司”改为“苹果公司”，表明了进军手机领域的信心。虽然苹果手机的总市场份额还不及诺基亚，但它已经稳稳地占据了市场的高端。

当今手机的竞争领域，主要在四个方面。

首先，是硬件。所有的厂商都希望以最优成本提供最好的硬件，元器件制造商如芯片厂商英特尔、高通等的竞争也非常激烈。这种竞争会使手机硬件性能快速提升，价格快速降低。在这一方面，苹果的优势并不明显。

其二，是操作系统。当今的对阵形势是，苹果的iOS系统VS三星、摩托罗拉等大多数厂商使用的谷歌Android系统。虽然诺基亚加入了微软的WindowsPhone7阵营，但结果还不明朗。未来，苹果能否领先，还要看iOS系统的后续研发能力如何。

其三，是应用程序商店。丰富的应用程序是赢得手机用户青睐的法宝。现在众多的第三方开发者更愿意为苹果的iOS和谷歌的Android开发程序，支持其余操作系统的开发者实在是门可罗雀。相比之下，由于iOS系统的稳定性和可靠性，更多开发者还是会首选在iPhone上进行开发，获得成功后再移植到Android的平台，在这里，苹果手机比Android手机有着更大优势。

其四，是设计。苹果已经证明，好的设计能让消费者为之疯狂。苹果把手机当作一种时尚消费理念灌输给消费者，形成了一种“崇拜”。这一点目前无人可及。

当然，苹果称霸的原因，绝不仅仅在于为人称道的时尚设计，也不仅仅在明星产品创新，更关键的是，苹果创造了一个崭新的商业模式。正是商业模式的改变让苹果改变了过去传统电脑厂商的暮气，成为3G时代的领航者。

商业模式创新比产品创新和服务创新更为重要，有时并不亚于伟大的技术发明。苹果的产品并没有什么特别前沿的技术，也往往不是业界第一个吃螃蟹的人，但是能够在合适的时机将合适的技术以最适合消费者体验的方式设计出来，从而为用户带来不可替代的价值。这就是苹果与其竞争对手有所不同的地方。

苹果的赢利主要在两个渠道：

一是卖硬件获得的一次性高额利润，这是目前苹果绝大部分利润的来源；

二是卖音乐和应用程序获得的重复性持续利润，以及运营平台的相关报酬。

这两种赢利方式不断互相加强，形成良性循环。优秀的设计、数十万计的音乐和应用程序的支持，使得iPod、iPhone、iPad等都要比同类产品利润高很多。

苹果积极通过降低门槛费用、提供快捷的软件检测服务等多种手段吸引开发者，保证丰富、充足的应用供应，从而吸引大量的用户；而且，也只有存在大批乐于购买应用软件和内容的用户，才能够确保开发者的赢利。

相应的，由于有高销量的支持，那些应用程序也更有价值，也就更能促进新程序和软件的开发，拉动更多更好的内容进入苹果的供应链。在分销方面，传统的手机软件销售主要通过终端厂商的内置，存在较高的商务成本，而苹果的AppStore使手机软件销售“戴尔化”，通过电子化的方式实现交易成本的下降。此外，封闭的产业链模式也保障了快速销售。

苹果控制了产业中最核心的，也是利润最高的设计、渠道和销售环节，而且苹果的硬件、操作系统，以及iTunes、AppStore等渠道平台只适用于苹果产品自身，对外界的厂商实行技术封闭。由此，过去一直小众和封闭的苹果不仅完成了大众化的转身，而且仍然自成一体，牢牢掌控核心资源和核心能力，对内开放，对外封闭，有点像一个席卷全球的龙卷风。

封闭为王背后的悄然转身

苹果软件系统的开发、应用和销售都是封闭的，也正是基于这种封闭，乔布斯正在营造一个独立的苹果王国。2010年，苹果的划时代产品iPad问世，其实它是一个对用户来说更加封闭的产品，就连芯片都刻上了苹果自己的烙印。获取iPad应用程序的唯一途径是向苹果购买；电影、音乐、书籍等娱乐也不例外，就连iPad本身也只在苹果实体店里销售才有保障。这是一个完全由苹果掌控的、从头到尾的封闭模式，有人说这是苹果封闭王国中的最后一块砖。

最新发布的iPad2，最大的卖点是加上了前后两个摄像头，重量轻了15%，薄了33%，处理器的速度提升了一倍，加了盖。摄像头已经成为移动电子产品的标配，当今市面上的电脑、上网本、智能手机，甚至好一点的播放器，都已经找不到一款没有摄像头的了。但是，iPad2上的摄像头却姗姗来迟，iPhone4白色版也不断延期，原因之一就是白色的面板由于透光度过高导致摄像头的成像效果达不到令人满意的程度，为此苹果延期了半年。看来要在一个更轻更薄的外壳中给一个设备新添加一个附件，并不简单。

iPad2的HDMI电视功能也是升级后的一个热点，它可以共享到其他App的显示，使用H.264实时编码，可以支持1080P，可以把4:3输出成无拉伸的16:9，在这里看电影、玩游戏都成了一种体验。这样苹果就奠定了自己在移动设备中的王者地位，彻底“断”了上网本和一些高清播放器的发展之路。

Adobe是鼎鼎大名的图像供应商，历史上也和苹果有过很好的合作。其开发的flash已经成为目前互联网上最常用的多媒体交互平台，在台式机和笔记本上应用广泛。但其安全性和可靠性不足，尤其在移动设备上，具有续航时间短（费电）和对触摸屏不够兼容的致命弱点。苹果明白无误地拒绝了在其所有设备上使用flash，这也是我们无法用苹果设备和Safari浏览许多视频网站的原因。

乔布斯在给Adobe的公开信中说，“过去沉痛的经历已经让我们意识到，让一个第三方软件插足于开发者和平台之间，只会带来不合标准的应用，阻碍平台的改善与发展。……我们不能被第三方的决定所左右……这样一来，开发者只能使用到所有平台共有的最低级的功能。苹果无法接受这种结果，使开发者仅仅因为我们的创新和增强工具没有出现在我们竞争对手的平台上，而无法使用这些工具。”

虽然目前双方都在淡化以前的争论，Adobe也表示欢迎苹果支持的HTML5进化并积极地推动，但是，苹果坚持不让第三方进入其底层开发的态度，已经昭然若揭。

作了许多改进的iPad2，它的价格却是出人意料的499美元，与前一代iPad完全相同，不仅比两大竞争对手——摩托罗拉的10英寸的Xoom与三星10英寸的GalaxyTab便宜300美元以上，与台湾各家厂商即将推出的平板电脑价格也相差无几。以前一贯擅长创新商业模式、独特美学设计和小众意识来打造苹果的乔布斯，其产品从Mac电脑、iPod到iPhone，无一不是走价格至上的贵族路线，从不打折杀价，如今却在平板电脑这个新领域推翻了以往的做法，不仅两代产品推出时间相隔极短，价格上也超级贴近平民。他的战略是让苹果走向大众化的道路，首先最大限度地占据市场，市场份额有了，利润也自然不在话下。

苹果这次采用的低价策略，不只成功筑起了价格壁垒，维持了利润与市场占有率，更重要的是，彻底瓦解了对手的反击能力。苹果利用在平板电脑领域一家独大的局势，控制了上下游产业链，只要掌握触控面板、闪存、CPU等关键零部件和组件，就足以左右其他厂商的供货量与成本。苹果的低价可以让其他厂商就算有产品也出不了货，而等这些厂商找到了替代品，想要追赶上来的时候，iPad3就出现了。

有人分析说，iPad2的出现，将让全球平板电脑市场面临泡沫化的风险。大约十年前，比尔·盖茨倡导平板电脑时，几乎无人喝彩；而今，众多厂商乃至“山寨”跟在乔布斯后面蜂拥而上。也许当他们真正进入平板电脑这个领域之后，才会尝到乔布斯给他们的那个苹果的味道。

iPad的出现和升级换代，受到冲击最大的还是使用e-ink屏幕的电子书阅读器。多数观点认为,电子书就像十几年前的"商务通"一样,是个过渡性的产品,"触摸屏"技术大行其道将会使电子书进一步回归"小众市场",甚至有观点认为,电子书将死。

其实,原本针对严肃阅读的e-ink电子书,被市场不断炒作,推上了不应有的地位,国内一些厂商由于高成本和内容不足不精,已经捉襟见肘。也许只有像亚马逊这样具有强大的内容提供能力,只把kindle作为一个载体,才能抵御一下苹果的冲击。

苹果最新申请的一份专利表明,他们正在研究新型的显示技术——把e-ink、LCD、触摸屏加在一起,形成一个"三明治"型的屏幕。它的优点不言而喻:对于iPhone、iPad、iPod等手持设备来说,既不牺牲全彩色图片的显示效果,又照顾了清晰锐利的单色文字。果真如此,结果不难预料。

过去的IT产品的规律是:一款伟大的产品诞生后不久,新的竞争者就会加入并搅乱市场,市场积累一定热度,各大巨头纷纷进入,一个成熟的市场就此诞生。但苹果却打破了这条铁律,iPad创造,iPad传播,iPad普及,最后iPad垄断。

学乔布斯到底是封闭,还是开放?

不管是在批评者的"冷眼"里,还是在"果粉"的"热目"中,苹果,最成功的地方是封闭,最为人诟病的地方也是封闭。

其实,苹果从软件开发、硬件设计,到平台应用、代工生产、销售模式都是封闭的。也正是这种封闭,造成了操作系统的稳定(如果不越狱),保证了生产过程中的高度标准化和高质量, 当然也最大限度地排斥了其他竞争者,使得苹果独领风骚。

这种封闭也给消费者带来了至少到现在还是独一无二的体验。作为一款移动设备,iPad让人们体验到从未有过的乐趣——非常简单明了的操作,想进行一个操作,无需输入命令,无需更多的步骤,往往用手指在电容屏上一划,或者摇一摇手机就能完成。

几十万种网络商店的软件产品,确实使"果粉"兴奋不已。为什么平板电脑已经被消费者淘汰了许多年，而又能迅速地东山再起，这恐怕是主要的原因。当然，还有一个至关重要的背景就是移动互联网的广泛需求和迅猛发展，乔布斯正是依靠了这两点，用iPod、iTunes、iPad、iPhone等终端的卓越体验牢牢抓住了消费者的心，试图在移动终端领域称霸。

苹果最有力的竞争对手是谷歌。相对于苹果“封闭”的iOS操作系统，谷歌推出的操作系统Android的主要特点是“开放”。Android平台的开放性，就是允许任何移动终端厂商加入到安卓系统联盟中来，给第三方开发商提供一个十分宽泛、自由的环境，没有来自谷歌的各种条条框框的限制和阻挠，可想而知，这会有多少新颖别致的软件诞生。

这样，Android平台就有了丰富的软件选择，而且这些产品在功能上的差异和特色，并不影响数据同步和软件的兼容。高度的开放性，使Android拥有更多的开发者，也充分吸引了消费者并推动众多的厂商推出丰富的移动终端。随着用户和应用程序的日益丰富，Android很快走向成熟。如今，Android的性能已经被市场接受，Android阵营正在不断扩大。

就智能手机整体市场占有率而言，苹果还没有绝对称霸，它只提供一种产品iPhone，还不能和种类繁多的Android手机媲美。而在苹果开创的平板电脑市场里，iPad也被Android阵营左右夹击。实际上，iOS相比Android阵营并没有大的优势。

谷歌经常更新Android系统，尽量保持平台统一性，以解决兼容性问题。但如果智能手机真的被Android系统一统天下，像三星、摩托罗拉这些终端厂商将不可避免地回归到硬件制造的竞争。二十多年来，PC的操作系统由微软垄断后，硬件厂商大打价格战，不断同质化，逐渐被吸干利润，消费者也只能在windows当中挣扎。这段历史，殷鉴不远。“开放”果真就一定是市场或消费者的福音吗？

其实，苹果和谷歌都是由于把用户体验放在了第一位，才得到了广大用户的青睐和选择。

无论是哪种系统，无论是封闭还是开放，都不是最终的决定因素，归根

结底，用户体验的优劣，是决定移动互联网设备和服务成功与否的关键，用户体验才是“硬道理”。

下一节我们就来说一下，如何体验消费者的心愿，懂得他们的梦想。

3. 谁在意你的产品？——像乔布斯一样，懂得消费者的心愿与梦想

1997年8月7日的波士顿苹果世界大会，当时被不少人认为是苹果的谢幕演出。乔布斯离开这家他亲自创办的公司，已有11年时间。在此期间，苹果开发了一件件毫无起色的产品，也更换了一拨拨的首席执行官。如约翰·斯卡里、迈克尔·斯平德勒和吉尔·阿梅里奥，他们无一不在商业、工程学或物理学等领域拥有很高的造诣。

他们都是绝顶聪明之人，但也都有一个致命的缺陷：无一例外地在理解苹果的核心用户上做得很失败。公司丧失了盈利，也丢掉了人心。苹果的许多元老都感到前途渺茫，从公司辞职。还有些人被迫离开——1996年，阿梅里奥一下裁掉了几千人。这家曾经掀起了计算机革命的公司，当时真的命悬一线了。

天才与疯子

在波士顿苹果世界大会上，乔布斯宣布“暂时”接手苹果掌门人的工作，大家为他重新出现在舞台上，报以雷鸣般的掌声。这次大会没有发布任何新产品，因此各大媒体自然而然地将目光聚焦在回归的乔布斯身上。

乔布斯比公司里任何人都了解消费者，理解他们的需求、愿望和梦想。在波士顿演讲前的几周，他曾经向100位苹果员工提出一个问题：“谁是世界上最大的教育公司？”只有两个人给出了正确答案：苹果。

毫无疑问，苹果是教育行业内最大的产品供应商。教师使用的电脑中，有65%是苹果电脑。按照乔布斯的说法，如果公司员工都不清楚或不重视

他们的核心消费者,就不可能制造出迎合他们需求的新产品。

除了教育类市场,苹果电脑在出版和设计领域,也成为那些从事创新工作的专业人士的首选。乔布斯引用了几个数字:尽管苹果电脑只占整个计算机市场7%的份额,但在广告、图形设计、出片和印刷行业所使用的电脑中,却占据了80%的比例,64%的网站用Mac电脑制作。

"创意群体"显然是苹果电脑的重要客户,也是公司在恢复元气的日子里,可以充分利用的基础客户群。乔布斯坚信,这部分核心客户群被苹果忽视了。

就在乔布斯为苹果定下基调前,《连线》杂志用一张正在长出尖刺的苹果公司标识作为封面,大标题写着:"祈祷"。另一本杂志宣称:"苹果已经变得可有可无了。"

在别人都认为苹果将溃烂的时候,乔布斯眼中所见,却是一家对大众至关紧要的公司。因为,他了解消费者,也清楚苹果在他们生命中所占的位置。他坚称苹果的运转还是很好的,只是工夫用错了地方,没有用在满足那2500万核心消费者的需求上。

"我想谈一谈苹果这个品牌,以及它对我们的意义——我觉得,一定是那些有不同的想法的人,才会买一台苹果电脑。那些花钱买苹果电脑的人,思考方式与别人是不同的。他们代表了这个世界上的创新精神,而不是一群庸庸碌碌,只为完成工作的人,他们心中所想的是改变世界,会用一切可能的工具来实现它。我们要为这样一群人制造这个工具。但愿你们今天的所见所闻,意味着一个新的开始,它让我们有信心,我们同样要学会用不同的方式思考,给那些从一开始就支持我们产品的用户,提供最好的服务。因为,经常有人说他们是疯子,但在我们眼中他们却是天才,我们就是要为这些天才提供工具。"乔布斯以这番评论,结束了他的波士顿演讲,也敲响了苹果踏上复兴之路的战鼓。

向狂人们致敬

这次世界大会之后一个月,苹果就发动了名为"非同凡想"的广告宣传攻势。这则广告获得了广泛的好评,使苹果的形象在经历了惨痛失败后,再一次树立起来。

在乔布斯离开舵手位置的十一年里,苹果已经失去了拓荒者的地位。但乔布斯只花了三十秒的时间,就让全世界知道,那个曾经的苹果已经回来了。电视广告最终能够成功,是因为它提醒了苹果的员工,谁才是目标客户,同时也给这些消费者强化了一个意识:与他们打交道的,是一个懂得他们心愿与梦想的品牌。

"非同凡想"广告宣传中的电视广告部分,取名叫"狂人们",它称得上有史以来最具创意的广告之一了。在这则插播广告中,一系列英雄、思想者、发明家和反叛者的黑白影像充满了画面:爱因斯坦抽着烟斗,鲍勃·迪伦吹着口琴,马丁·路德金正在发表"我有一个梦想"的演说,理查德·布兰森猛摇香槟,玛莎·格雷厄姆翩翩起舞,毕加索凝神作画。随着这些励志的画面不断闪现在屏幕上,演员理查德·德雷弗斯缓缓朗诵了一首自由诗。

虽然这不是出自乔布斯之手,但这些旁白,却体现了他对探索精神的信仰:谨献给那些"狂人们"。他们特立独行,桀骜不驯;他们是一群格格不入的人,看待这个世界的方式与众不同;他们讨厌循规蹈矩,绝不安于现状。你可以支持他们、质疑他们、颂扬或诋毁他们,但你唯独无法忽视他们的存在。因为他们改变了许多事物,推动人类前进。正是那些疯狂到以为自己可以改变世界的人,才能真正改变世界。

乔布斯说,这则广告意在提醒苹果的员工,谁才是他们的英雄。它也鼓励消费者去相信自己,相信自己的希望和梦想。广告结尾的画面,是一个小女孩睁开了双眼,仿佛看到了一片新天地。这暗示着使用苹果电脑的人,都能够看到别人看不到的未知天地。他们代表了这个世界的"创新精神",那群与旧世界格格不入的人。苹果在向他们直接传达着这些思想。

这次广告攻势和乔布斯之前的那次演讲一道向我们揭示了,彻底的创新家和平庸的模仿者之间的本质区别:前者相信消费者的梦想和他们改变世界的能力,后者只把消费者看作摇钱树。

明白自己想要什么

乔布斯太了解他的消费者了,他可以在放弃焦点小组的情况下,制造出伟大的产品。乔布斯认为,焦点小组没有太大必要,也很少做大量的市场调研或聘请咨询公司。

“我这十年中只请过一次咨询公司来帮我分析Gateway的零售战略,避免我们重蹈覆辙(当开设苹果自己的零售店时)。但从自身来讲,我们从来没花钱聘请过咨询师。我们想要做的就是造出好的产品。”乔布斯这样说。

但这并不意味着苹果拒绝倾听消费者的心声。苹果产品在颜色、特性,以及功能上的不断更新,恰恰是听取消费者意见的结果。苹果那些划时代产品的问世过程中,都少不了乔布斯大声问自己:“如果是我,想要的是什么呢?”其实,乔布斯和苹果自己的人,就充当了最好的焦点小组。在被问到苹果为什么不采用焦点小组的方式时,乔布斯的回答是:“我们并不是在引领什么流行文化,没想过牵着人们的鼻子走,也不是蛊惑大家去买他们并不想要的东西。我们首先得搞清楚自己想要的是什么。我们有一套很好的方法和标准,来判断人们是否真的想要这个东西。

消费者是乔布斯和他的团队思量最深的,如果一件东西能够抓住乔布斯和他团队的心,基本上肯定能吸引公司之外的大众。

后乔布斯时代,
苹果能否依旧“芳华绝代”

当乔布斯因胰腺癌病故时,距离苹果超越埃克森美孚成为全球市值最高公司不过五十多天;距离乔布斯因个人健康原因辞去公司首席执行官不过四十多天——好一棵茁壮茂盛的苹果树,在短时间内彻底断了“根”。

乔布斯从未到访中国,但iPod、iPhone、iPad已在这片土地上广播种子。帅才离去,对智能移动终端时代影响几何?在中国“苹果”会否被人摘下,甚至开出另一树"梨花"?

1. 乔氏基因植入苹果——"后乔时代"竞争更烈

苹果先后以多媒体播放器、智能手机、平板电脑等流行产品,引领世界步入一个移动终端时代。可以说,乔布斯用他的大半生,将创新技术、时尚设计、娱乐精神等三大要素,很好地结合在苹果系列产品中。苹果的i系列已不仅是IT产品,更是成为一种文化。上海交大人文艺术研究院副院长谢耘耕教授评价说,乔布斯在暂别苹果公司期间成为皮克斯动画工作室的掌门人,工作室后被迪士尼收购,这段经历对他重回苹果再创成功作品不无关系。"从音乐到视频,苹果产品成为海量内容的传播渠道,成为科技与文化的嫁接平台。"

乔氏基因植入苹果

从此意义上说,乔布斯为苹果创造的最大财富,就是向"苹果家族"植入了极富特色的DNA。因此,在他去世短期内,第五代iPhone、第三代iPad必定也会遗传他的基因。但观察家们预计,苹果的后代产品终将更新和改变风格,至于这种"基因变异"能否让"果粉"们适应,或同时改变他们的消费观,存在各种可能性。

也许正因乔布斯是天才,在他的绝对领导下,苹果公司是一个独立王国,同样苹果产品也是一个独立王国。

苹果从硬件到软件都实现自给自足、自我包办。如iPad,作为平板电脑却从来不带USB接口,与其它品牌的外围设备无法相互连线;又如iPhone,作为智能手机却不适用通行的SIM卡,只能插入小一圈的微型卡。

乔布斯在为智能移动终端开创特有模式的同时,其实也催生出"后乔时代"的竞争对手。这些竞争者则更愿开放,更爱抱团,更具通用性。如谷歌公司主导的安卓(Android)操作系统,拥有三星、摩托罗拉等众多合作商。易观国际分析师孙培麟认为,苹果是单兵作战、相对封闭,从长远看,"安卓系"其他厂商有机会"弯道超车"。

另一方面,在乔布斯大旗号召下,包括中国人在内的全球程序开发者追随多年,竞相基于苹果平台开发各种应用程序。

模式创新最为可贵

乔布斯留给世界的遗产远不止一台台iPhone、iPad、iPod，他最可宝贵的遗产恐怕是模式创新,它超越了一般意义上的技术创新。

联想集团董事局主席柳传志曾表示，幸好乔布斯不关注中国市场,如果苹果像我们一样关注中国消费者,我们就有麻烦了。如今,苹果正越来越关注中国市场和国内消费者,那么"我们"有没有麻烦呢?联想集团也是创新型的民族企业,但不可否认,不论是联想、中兴还是华为,尚未在模式创新的层面取得重大突破。

孙培麟援引数据分析说,至今苹果iPad在国内平板电脑市场上的销量份额近75%,居一定垄断地位。这种市场地位,恐怕就是因为乔布斯在台式电脑、笔记本电脑之外开发出一种新的电脑模式,使iPad成为这类产品的代名词。

眼下,Windows推出第7代版本,iPhone出了4S,iPad出了2，于是不少国内厂商换汤不换药地发布aPhone、bPhone、xPhone,更有甚者只是紧随其后刻模子、搞山寨。事实上,目前苹果产品大量零部件供应与组装在国内完成,相关企业只能徘徊在创新价值链的低端。

乔布斯不生于中国,但中国人也可学习他的模式创新之道,不再一味跟风别人的"代名词",而是原创自己的"代名词",创造革命性产品,摘取全新苹果或结出更甜的梨子。

2. iPad到底带来了怎样的局面?

iPad从还未出生到一路的成长过程中,可谓备受瞩目。而且其快速占领甚至主导市场的能力让人惊叹。去年你有一台iPad,可能还会接受众多艳羡的目光，但是时值今日，你的周围到处都是iPad了，人家用的还是iPad2,轮到你艳羡别人了。这就是iPad,其无限的风光无人能敌。iPad到底带来了怎样的局面？

iPad赶超Mac

iPad诞生仅一年多时间,其季度收入却已经超过诞生二十七年之久的Mac。

苹果当年第二季度的iPad销量为920万台，收入为60亿美元；同期的Mac销量为390万台,收入为51亿美元。

苹果甚至承认iPad的成功是以牺牲Mac销量为代价的。时任该公司COO蒂姆·库克(TimCook)说:"我们的确认为本季度有一些原本可能购买新Mac的用户转而购买iPad。但我们相信，更多的用户原本是准备购买WindowsPC的。"

iPhone和iPad目前在苹果总收入中的占比已经超过三分之二，一年前约为二分之一。是谁对iPad如此青睐？现在越来越多的公司开会开始使用iPad,越来越多的商务人士开始使用iPad完成平日的办公需求。没错,就是企业办公领域！iPad风光得不行。

iPad称霸办公领域

据国外媒体报道，移动设备服务公司GoodTechnology日前公布的数据显示,平板电脑正成为企业越来越常用的办公用品,并且其中苹果iPad占了绝对的比例。

GoodTechnology主要提供移动设备管理服务，其客户包括49家《财富》100强企业和182家《财富》500强企业。该公司的企业客户在当年第二季度激活的移动设备中,27%是平板电脑,并且大部分是iPad,其比例超过了95%。

在平板电脑市场,iPad较其他Android产品更加成熟，因而更多成为企业办公用品具有其合理性。值得一提的是,在GoodTechnology的客户中,当年第二季度Android平板电脑的激活量减少3.1%，尽管该季度正值摩托罗拉Xoom和三星Galaxy上市。事实上,GoodTechnology指出,第二季度iPad激活量要超出Android平板电脑和智能手机激活量的总和。

对于差距扩大的原因,业内人士分析认为主要原因在于IT行业的消费化和企业领域“自备设备”的员工数量增加。iPad和Android平板电脑激活量之所以差距这么大,主要与“自备设备”用户的偏好有关,另外在金融服务和健康护理等垂直行业,企业会大量安排使用iPad。

iPad还将不断进化

苹果将会在未来的iPad设计一个水平底座接口,尽管纸上谈兵的事时有发生,但至少我们对这一设计有了更大的信心。

苹果的这项专利发明目的是“允许便携式电子设备以一种以上的方向固定在第二个电子设备上”。苹果还举例说明了这项发明,如可以让一台便携式计算机设备以水平或垂直的方向固定在底座上。

苹果还给我们带来另外的惊喜,他们甚至有意增加额外的连接口。苹果在专利中还提到其他的例子,那就是在一台便携式设备自带两个以上的连接口。例如,在设备的三个边甚至四个边安装连接口,其他连接口也可以安装在设备的前面或后面。这样,除了水平和垂直方向,设备还能以其他方向固定在底座上。

更有业内消息称iPad3将采用高清屏幕，苹果正与三星和LG合作开发下一代iPad所使用的高清显示屏。该屏幕的分辨率可达到2048＊1536,尽管仍低于当前iPhone4所使用的Retina屏幕的分辨率,但明显高于iPad2屏幕的分辨率。该消息称,新的高清屏幕将用于苹果下一代平板电脑iPad3中。

虽然竞争对手仍然不懈地努力着，但已经无法阻挡iPad所形成的优势,并且在功能上已经远远落后于iPad,实际上,iPad唯一要冒险的地方只是针对目前供应短缺的局面,而不需要担心市场需求的问题。苹果在平板领域无法撼动的统治地位似乎已成定局。

iPad无论是风光一时,还是旖旎无限,其在平板电脑乃至整个IT科技领域绝对是芳华绝代的。

3. 苹果iPhone何以席卷世界——重新认识品牌

如今，在全球营销中风头正健的当属iPhone，在所有企业都为“买卖”而发愁的时代里，乔布斯采用一系列让营销者不可思议的“有效营销策略”，令“无所不能的iPhone”这样的口号传遍全球。

世界顶级品牌调研机构华通明略去年5月份发布了BrandZ全球最具价值品牌100强排行榜，苹果公司挤掉谷歌，成为全球最具价值品牌。继市值超越微软，成为全球科技界“一哥”之后，苹果又超越了谷歌，成为全球最具价值品牌。

全球最贵“苹果”价值多少？BrandZ排行榜显示，苹果品牌去年价值1530亿美元，较前年飙升84%，其品牌价值接近该公司市值的一半。

苹果iPhone席卷世界，让我们重新认识了品牌的力量

其实，在推出iPhone之前，苹果公司的品牌价值，已经在世界上名列前十，具有非常大的影响力，其成熟的产品除了MAC电脑之外，还有颠覆MP4世界的40G大容量的iPod播放器，它因成功地在免费音乐交换和收费的音乐订购服务之间架起一座桥梁的iTunes网上音乐商店，而获选为《时代》2003年度最酷发明，截至2010年，已经售出超过一亿多部，这个惊人的数字几乎让整个原来被视为近乎饱和的MP3市场支离破碎，苹果成功地在这个红海中开创了新的蓝海。

苹果iPhone何以席卷世界，令中国为之疯狂？为什么iPhone会在市场取得如此神奇的业绩？品牌是有力量的，这个力量就是影响力，不管是iPhone，还是其母品牌apple都具有这种强大的品牌影响力；如在2007年6月29日凌晨3时30分，在一家商店门口排了15个小时的队，费城市市长斯特里特终于买到了iPhone手机。斯特里特是苹果的众多粉丝之一。在29日这一天，众多苹果粉丝为iPhone手机而疯狂，全球的目光也被吸引到这款小小的手机上。iPhone并没有大张旗鼓地做广告，但是，所有的媒体都在报道iPhone。

2007年的苹果iPhone问世，让我们知道了品牌的创造力

2007年成就了苹果，1984年成立的美国戴尔计算机公司，1985的星巴克，1998年9月成立的谷歌，都说明了一点，这些商标离我们并不遥远，商标需要创新，品牌需要创造。时代需要新的符合时代象征的品牌文化。人类，需要在历史的发展进程中不断地认识自我、提升自我和实现自我；品牌，也要在变化的市场竞争环境中不断地重新寻找自己的位置，不断地升位，不断地实现价值。

改革三十年，市场环境不断发展，处于创业期的民营企业面临着第二代管理断层，实业家的创业精神在沦失，转向投资家，抱团以攫取资源利润为唯一快感。当前，市场上正面临着品牌的老化，商标几十年，除了每年的广告，还能让消费者想起什么？有的企业更是对赖以起家的营销手段念念不忘，产品策略使用至今。提起这个牌子人人都知道，即知名度已经相当高，但在买东西时就不记得了，或者是记得起，但无购买冲动。商标识别和品牌文化的内涵缺少时代的气息和产品的个性的闪光点。众多的企业不断在为市场竞争中知名度和美誉度下降、销量萎缩、市场占有率降低而苦恼，饮鸩止渴的寻求“营销外脑”，却不知解决问题的关键因素在哪里。

从苹果iPhone，看品牌的推广力

品牌力就像娱乐圈里的绯闻，必须要时时引起关注。苹果iPhone从一开始就是媒体眼中的宠儿，饥饿营销，限时购买，个性化的功能界面，都吸引众多热切的关注目光，就像一堆不断添柴的火，越燃越旺，推动品牌的诱惑力不断升温。

中国市场太大了，任何一个产品都需要不断地推广和宣销，产品的供需永远满足不了消费者的消费需求欲望，消费群体决定着市场的消费导向。可口可乐已经连续十一年位列美国最有价值的品牌第一名了，但是在中国，它仅处于二三级市场，可口可乐在一、二、三级市场的知名度都只有78%，娃哈哈可以低价去占领；他们也根本不知道娃哈哈在农村的知名度远远高于可口可乐，在农村的营销网络比可口可乐完善多了。可口可乐在城市走的是从厂家到零售店的路线。

同样，没有哪一个品牌可以绝对“饱和市场”，截至2006年年底，中国农村彩电的普及率也只有68%。这就是我们的国情和面临的市场环境。市场环境时时在发生改变，可口可乐在国内市场早已把百事甩在后面，可乐在国内最大的竞争对手反而是康师傅和娃哈哈。在市场占有率、品牌忠诚度、影响力和市场促销上，可口可乐都不占据优势，唯一的优势是品牌，但是，可口可乐在茶饮料上，品牌的影响力并不占优。

值得指出的是品牌推广的另一面，这几年来，抱怨营销越来越难做的声音渐渐多了起来，为啥？以前拍个广告上中央台产品就能火，这两年广告已经没有“广而告之”的效果了，人民群众纷纷抗议：“不许在电视剧内插播广告！

品牌是一把双刃剑，用不好既割别人，更割自己。

阅读延伸：

转型，使企业延年益寿

现在，全球商业环境已经发生了质的变化，在瞬息万变的世界里，企业要么转型，要么破产。信息便捷、竞争激烈、价格下滑、利润被压缩已经成了这个时代的主要特征，新的游戏规则悄然产生，过去的做法和熟悉的管理办法已经不再灵验，需要重新审视，要求我们的企业大幅度调转过去的航向。遗憾的是许多企业的领导者仍然陶醉或沉溺于以往的思维方式之中，还没有意识到危机的来临。

人类的衰老主要与肌体内的修复因子有关。一个企业要想摆脱生存的危机，健康发展，必须以壮士断腕的勇气，不断地进行转型，因为转型就是企业健康长寿的“修复因子”，转型，使企业延年益寿。剩者为王，世相万千，风水轮流转，以变应变者往往能够取得最后的胜利。

生存之道在于不断变革

企业进行变革的根本动因就在于无法适应经营环境的变化。要适应变化,企业必须不断转型。世界汽车业的巨头福特汽车公司与通用汽车公司也因为选择了不同的股权和管理模式,最终导致两家公司在世界汽车业的地位发生了逆转。

最初,福特公司在汽车制造领域的地位远高于通用公司。福特公司在老福特的领导下,通过纵向并购使得从矿山挖掘到汽车生产中间的生产过程全部由自己公司来完成,使外部交易费用全部内部化变成内部管理费用,并采用了适合于大规模批量生产的流水线生产方式,使福特汽车公司成为世界上第一大汽车公司。

通用公司的创始人杜兰特,通过融资收购大量汽车和汽车配件企业做成了通用汽车公司。20世纪20年代末,通用汽车陷入了空前的危机,其第一大债权人和第二大股东杜邦公司出面接管了通用汽车的经营。杜邦入主通用公司剥夺了杜兰特的绝对权力,杜邦家族在以后的年代里陆续减持通用汽车的股份,通用汽车建立起一个没有大股东、高度分散的股权结构。同时,通用汽车建立起了以职业经理为主的管理层级,朝着现代企业制度方向发展。而福特公司是靠自身的资本滚动发展的,没有外部债权人的压力,因此没有及时做出这样的改革,其资本社会化的进程比通用公司晚了三四十年,导致在以后的发展中一直没能赶上通用公司。

随着全球经济一体化的势不可挡,企业之间竞争日益加剧,对国内的企业构成了巨大的挑战,企业决策者们正在以独特而前瞻的视角审视着经济发展的大趋势,企业要么适应它而获得可持续发展,要么抗拒它而走向衰败。因此,很多企业面临着企业转型的问题。达尔文说过:“那些能够生存下来的并不是最聪明和最有智慧的,而是那些最善于应变的”。放眼全球,企业转型已到了决定生存的时刻,转型是一种重力、一种压力、一种动力,犹如泰山压顶不可拒,就如一位营销大师所言:“没有一家公司足够成功,而不可能失败”、“没有一个市场是安全到没有可以跟进的敌人”。

目前，就是新兴行业的计算机、网络公司也面临裁员、转让、并购或关门的命运。因此，各行各业若不随时思考升级、发展，都将会被市场所淘汰。没有一个行业是100%的成熟，而没有可以再渗透的市场，没有一个公司能够大到没有成长的空间，企业之所以停滞成长，往往都是由于自我暗示性的自我限制，限于传统的生命周期理论而不能够找到新生的机会。其实，公司是否可以长久不衰，实际上决定于经营者的心态，决定于外在的环境，并且还取决于经营者如何去组织与创造新的成长机会。

甲壳虫汽车逆向思维，作为第一个以“小”为定位的汽车进入美国，在素来以“大”为尊的美国市场取得了空前成功。糟糕的是大众汽车公司并未珍惜这一“原创”概念，转而推出了一系列大型车，致使市场份额迅速流失。倒是日本汽车公司发现了这一机会，接过了“小”的定位，成功打入美国市场，至今仍占有市场三分之一以上的高份额。大众汽车在20世纪90年代似乎才大梦方醒，重新强化自己在汽车领域中“小”的原创地位，虽然南柯一梦几十年，仍不失为好的策略，市场份额上升得很快。

以硬件起家的IBM在发展中遭遇到了激烈的竞争，选择了逐渐由硬件转向服务和软件的策略，到2001年第一季度，IBM的硬件、服务和软件三块业务占总收入的比重分别是40%、40%和13.8%；一向被认为是全球性家电生产商的东芝已经完成了向IT业的转变，其2000年的营业总额中，IT相关领域已占到70%；韩国三星原先的身份是一家半导体厂商，而现在的业务范围从移动电话到数字电视、MP3、DVD播放机。

索尼公司原先也是一家传统企业，在“春江水暖鸭先知”的市场实践中感知到全球化、信息化带来的变化，所以，从20世纪90年代起就开始战略调整。特别是近两年，索尼加大改革力度，并在组织上构筑出网络时代新集团公司。以此为指导，索尼一是将原来的10个分公司整合为4个，即家庭网络产品、个人信息技术网络产品、计算机娱乐有限公司、关键技术及网络产品分公司。以网络为主线串结全部产品，如视听产品、游戏机、电脑等，使之与网络结合。

这些成功的案例都是把企业的位子重新放在一个新的市场“大池子”里，开扩了企业的新发展愿景。每个企业都可以是不断成长的公司，全看企业经营者如何去界定自己的空间和经营结构。

想要保命必须转型

“与竞争对手做同样的事，只不过比别人做得更好”，这是在上个世纪七八十年代的时候，日本的企业就已经获得的成功的秘诀。在这样一种观念的驱使下，就逐渐形成了日本企业的整体质量不断完善，产品等方面具有一定竞争风格的趋势。

然而，进入90年代以来，日本企业所拥有竞争优势的内在缺陷日益凸现出来：这种方式导致同一行业的竞争者在同一水平上竞争。而西方企业通过吸收日本的经验缩小彼此之间的差距，这种缩小差距的速度因经济全球化的进程使仿效者变得更为迅速地掌握了日本的竞争惯例。同一水平层次的相互模仿意味着企业们在得失所系的竞争中其差异缩小，从而导致价格降低和利润受损，这充分说明了企业不进行及时转型就难以应对激烈竞争的局面。

而现今社会的基本特点是经济全球化、网络革命，企业的竞争日益演变为速度对速度的竞争，企业战略思考的立足点只有善于变易方能满足时代的要求。企业战略管理界流行这样一句话：在这个变化的世界里唯一不变的是变化自身。可见，在以网络科技和知识管理为特征的新经济时代，转型已成为企业管理的首要内容。因此，企业应该采取措施预测未来，影响变化，而不仅是被动地作出变化反应。企业只有在变化中不断调整发展战略，保持健康的发展活力，并将这种活力转变成惯性，通过有效的战略不断表达出来，才能获得并持续强化竞争优势，构筑企业的成功。

美国的阿法来公司是一家传统产业，多年从事石油生意，前几年，他们率先转而投资当今热门的网络经济，阿法来转型到网络领域上的获利，增加了70%，从旧产业转型到新经济，阿法来何以能不为成功所累，始终保持竞争优势呢？其最主要的秘诀在于强调速度的重要性，并将速度的竞争固化为企业文化，他们不仅鼓励创新，更标榜速度，在创新、组织、决策上都强调快速迅捷。

企业要想让自己的大船在经济全球化的强烈冲击和错综复杂的外部竞争环境下乘风破浪、快速前行，把握航向是最重要的。我们看那些跨国企业都在适时地调整全球战略，甚至在中国的战略。像索尼这样的日本优秀企业，也面临着战略的考验。作为全球消费类电子、家电业翘楚的索尼在产品层面上做出了向娱乐、媒体和网络供应商的转型，而业内专家认为其面临的转型压力不仅仅是产品层面的，而是已到了业务战略调整的临界点了。应该把自己从制造商中解脱出来，逐步过渡到服务供应商的角色。其他企业如IBM、诺基亚、CA等也都没有懈怠，调整战略领先行业是它们的目标。

再看国内企业，尤其是竞争更血腥、更惨烈的行业，如家电行业、手机行业等，以及一些新兴的电子行业，也不得不考虑战略转型。其实，不光在家电业，就是在其他行业也如此，都面临着转型的挑战。国外国内企业都一样没有别的选择，必须适时调整发展战略，以打造核心能力为主线，全面推进企业转型，是目前中国企业成长和发展的当务之急。

对企业来说，变革才能生存，转型就是发展——老企业需要通过改变获得新生，新企业需要通过改变而出人头地。任何企业都要为了生存和发展而实行转型，尤其是在这个飞速发展的时代里，政治、经济、技术、社会和其他方面的转型日益迅速、复杂而深刻。当今的组织都是在一个急剧变化的环境中运转，适应环境变化的能力已经成为在事业中成功和生存的根本条件。企业最大的问题不在于外部环境发生变化，而在于企业自身能否根据这种变化采取转型行动。

企业的成长蜕变是一个复杂的过程，涉及很多因素，如愿景、领导力、创造力，等等。组织层面与员工层面的诸多因素都增加了转型的复杂程度。每个企业都要经历不同的发展阶段，这是一个不断重复的过程，但很多企业往往在成长的某个阶段折戟沉沙。企业转型不可能一步到位，它是通过一次次的尝试而逐渐实现的。风险并不是来自于转型本身，而在于企业及员工往往试图维持原状。

3.组织构架不断优化

我们知道,公司战略的变化一般总是先行于并且导致了组织结构的变化。战略一经确立就具有相对的稳定性,以此来明确目标、配置资源、统一步调和凝聚人心。但外界的各种环境却是在不断变化中的,因此,随着顾客需求、市场条件、竞争方式、社会环境等的改变,战略调整的时候,企业的组织构架也必须随之进行相应的调整和优化,使之具有一定的适应性。

企业无论在什么时候,都必须注意企业组织构架的不断优化。企业面临的生态环境随时都发生着变化,制定新战略在所难免,此时创建与新战略相匹配的组织结构是战略顺利实施的重要保障。企业选择组织结构关键在于与企业战略、企业发展实际和企业的生命周期相匹配,不相匹配的企业,早晚得被市场所淘汰。

一个企业最可怕就是不懂得变化,无法因应市场和环境的改变。进入21世纪之后,组织架构的概念就是两个。一个是扁平化,中间层次越短越好。比如一个企业里面,过去从客户开始到零售商、批发商,到营业员,到分公司经理,一直到总经理总共13个程序,效率怎么能提高,怎么能适应现在的个性化时代呢?所以组织架构的平面化是大势所趋。再者是关于业务流程再造,这是一个新的整合,里面是企业,外边是包括了从原材料、零部件的供应,一直到内部的管理,再到批发商、零售商,一直到客户,是整个系统的整合。目前,像这样大的业务流程供应链的整合,跨国公司基本上都在做,只是叫法不一样而已。

IBM:大象的优美舞蹈

我们看IBM公司的组织结构就一直比较合理,原因就是他们一直在不断进行着组织构架的调整。有人说,IBM简直就是一头大象,但它又绝对是一家善于不断优化组织机构的公司。在1980年以前,由于组织极其臃肿复杂,高层领导总是无法掌握业务层面的真实面目,于是赶紧砍掉了许多官僚机构,建立了直接向主席报告的任务小组,之后才研究PC机,随后占有了80%的市场份额。

但是1985年以后，IBM公司又原地踏步，该年经历了50亿美元的巨额亏损，它又像一个垄断者一样臃肿和官僚(一个执行副总裁与主席之间至少有7个管理层)，大象又开始笨重起来。这倒是给了郭士纳大动干戈的机会，他自1993年以后就致力于通过“精简塔腰”让大象跳舞。郭士纳的精简方法很简单，就是加法和减法，先把IBM公司不具有竞争力的和亏损的业务全部采用减法卖掉(硬盘、管理软件、一些大楼等)，然后把IBM具有竞争优势的资源全部加在一起，整合成四大业务集团，分别是硬件集团、软件集团、全球服务集团和技术集团。

谁都知道，IBM公司从此一路好转，成为全球最具潜力的技术公司。仅仅是IBM全球服务部，自1996年组建以来，到2001年时，年收入就达到了惊人的250亿美元。郭士纳为IBM公司“精简塔腰”的惊人成果：五年创造了一个三星电子(年收入也是250亿美元规模)。大象开始跳起了欢快的舞蹈。

杜邦的“三头马车”

美国杜邦公司是世界上最大的化工公司，二百多年来它不断调整公司的组织形式，以更好地适应市场变化，其中就包括对塔尖管理层的调整。初期，杜邦公司的塔尖管理层，行使了太多其他管理层次的权力，高层管理人员总是陷入日常经营之中，而不是预测需求和决定如何适应市场变化。第一次世界大战以后，该公司积极展开多元化经营，但是倾斜的塔尖使得组织机构遭遇严重问题，公司严重亏损。

这种困境除了由于战后通货紧缩之外，主要是由于公司倾斜的塔尖造成的。随后，杜邦公司创造了一个多分部组织机构。重新规定执行委员会的范围，设立财力总部、咨询总部、产品总部等等塔腰组织层，在塔底则建立许多独立核算的分部，分部还拥有内部决策权。组织变革以后，杜邦公司同样扶正了倾斜的塔尖。在20世纪30年代至60年代(其间实施了“三头马车”组织层次)，由于塔尖的创造远见、革新意识、迅速决策，杜邦公司迅速长大，并且保持锐意领先。

但是,对于组织构架的调整,又必须谨慎行事,绝对不能一蹴而就。

实达计算机失败的案例,就是因为他们组织结构不善所致。早一些时候,实达计算机由于摊子铺得太大,销售业绩开始滑坡,管理层感到产品行销管理力不从心。一个偶然的机会,时任实达总裁的叶龙认识了成立于1923年、在全世界拥有75家分支机构、被美国《财富》杂志誉为最著名、最有名望、最富有成效、最值得信赖的企业咨询公司麦肯锡的专家,叶龙决心在中国IT界吃一次螃蟹。

于是实达以300万元的价码请来世界著名的管理咨询公司麦肯锡,并采用了麦肯锡提出的两套整改方案中的一套,即:打散所有的子公司体制,建立新的组织结构。这一更符合国际性企业管理体制潮流的方案却在实达遭到了很大的失败。令人瞩目的"千人大换岗"只进行了五个星期,就被迫终止,实达又回到了过去的"旧体制"。这个项目的半途而废同时伴随着实达长达半年的经营大滑坡。

其实,对中国企业来讲,关键不是要照搬500强企业的管理方法和组织构架,而是要创造适合自己的企业战略、管理流程。套用一句话:选最适合的,不选最新的。要强化企业的"市场化导向"职能。要改变过去脱离市场需求的结构运作模式,以市场导向为原则,强化项目管理运作中的整体性、协调性和效率性,力求避免工作中的各自单一职能分划明显,信息的沟通、反馈、控制的不畅通,导致工作中相互脱节的弊端。因此,应加强综合协调,团结作战的能力,并努力创造一种"创造性团体,学习性组织"的工作氛围。

中国企业在优化组织构架时,应该把握的重点是:积极寻求传统产业与新兴产业(网络、信息等)之间的结合点,用巧力实现原有业务的升级;适当考虑前、后向一体化做强的可能;大胆采用新的手段,加大资本运作力度,利用上市、并购、战略联盟等形成新的产业组织构架。在管理结构上,许多企业长期采用的是臃肿的宝塔型组织,随着发展变化,企业应向扁平组织转变。其他诸如事业部制、矩阵制以及新型的虚拟组织等都应根据实际情况合理移植。

第 6 章

从商业智慧到管理方法

——论乔布斯的"人才创新"

苹果一直是人类欲望的代表，伊甸园的苹果诱惑了夏娃，从而有了人类。现在，改为乔布斯的苹果让人癫狂。

自乔布斯辞世以来，各大媒体报道铺天盖地，一致缅怀这个不亚于爱迪生的天才。

乔布斯是个传奇。他的苹果和他一样惊艳了这个世界。他的商业智慧和科技天才让所有竞争对手在他面前俯首称臣。他先后征服了IBM和微软，把竞争对手变成了他的重要合作伙伴，生动地诠释了什么叫现代企业的"竞合"。

但乔布斯留给众人的财富，远不止他的苹果产品和苹果公司这么简单，他的商业智慧和管理方法，也是后人说不完的话题。

他为什么总是能挖到自己想要的人才？

他为什么能把所有的员工都变成海盗？

他为什么总是挑衅员工？

乔布斯选人、用人、留人、激励人，都有一套与众不同的新颖方式。

1. 为什么苹果员工对于乔布斯的支持率高达97%？

领导魅力

在苹果公司，员工们对于乔布斯有着绝对疯狂的认同。有调查称，苹果员工对于乔布斯的支持率高达97%，这样的支持力度在世界公司史上都十分罕见。

而乔布斯个人与苹果股价的涨跌有着至关重要的关系。由此可以看出，苹果的成功与作为苹果精神支柱和灵魂人物的乔布斯密不可分，更与他的个人魅力密不可分。乔布斯是当之无愧的魅力型企业家，苹果每一次新产品的发布都像是他个人的演讲，他巨大的个人魅力让苹果的员工甚至消费者都对他建立了极高的崇拜和忠诚。

这是一个管理者和领导者最伟大的成功，完美地将自己的理念融合到整个公司的企业文化中，而这正是人力资源管理的最高境界。乔布斯很好地打造出了一个技术至上的企业文化：在苹果内部，绝对看不到官僚主义和严苛的管理条例，他们强调工程师主导、强调激情与开放，这种文化便是苹果作为一个创新型企业能获得巨大成功的关键环节。

而这也应该被其他公司所重视。近年来，许多大型公司在员工招募中，都会考虑一个关键的因素，那就是应聘者会不会对公司进行认同，不仅仅是对公司产品，而是对公司整体风格和文化使命的认同。因为专业技能和业务能力这样可以培训的东西到哪里都能学到，只有真正认同公司文化的人才会在公司里待得久远。因此，公司文化理念的塑造应该被管理者所重视。

尊重人才

乔布斯很凶，与人交往向来不会掩饰自己的脾气，但仍有一批忠心耿耿的部下追随。为什么呢？最大的原因是尊重和激励。

乔布斯曾当众表示，他花了半辈子时间才充分意识到人才的价值。

尤其值得钦佩的一点是，当苹果公司受到微软、IBM强烈冲击后，乔布斯并没有因为公司的不景气而裁掉员工，而是更加注重员工的价值，通过大力度地激励将员工利益与公司利益捆绑到一起，凝聚了人心，从而使苹果研发趋于稳定并保持快速发展。苹果有很棒的医疗保险计划，有慷慨的假期安排。员工们工作都很卖命，但是完事后，可以毫无压力地享受自己的生活——这是苹果一直宣示的理念。

除了注重激励之外，乔布斯很看重与员工之间的沟通。他的“朋友式管理”一直被人津津乐道。在苹果，从来都不是为了管理而管理，也从来没什么等级观念。因为乔布斯注重与员工间保持密切的合作，他认为大家在一起沟通才会使思维开阔，这也会最大限度减少内耗，乔布斯一直致力于在苹果内部消除沟通障碍。这使得苹果的团队凝聚力大大增强，整体效率也大为提高。

而在目前，真正的竞争是人才竞争。许多企业都在为员工的频繁跳槽头疼，即使加薪升职也无法挽留员工们的去意。倒不如像乔布斯一样，打造一个竞争者无法取代的环境，这样的环境不仅关乎待遇、具体工作，更关乎管理者的魅力以及对员工的尊重，如果企业达到这样的高度，那么凝聚力必然会趋于完美。

不过，没有一种管理制度是真正完美的，苹果也不例外。乔布斯的逝世引发了苹果股价大跌，这也让我们从另一方面进行反思：没有乔布斯的苹果，还会成为世人追捧的对象吗？

从人力资源管理来看，企业的发展中领袖的地位至关重要，但却不能仅仅依赖领袖。从苹果来看，大到企业战略定位，中到产品创新和竞争手段，小到产品的研发和市场推广以及人才招聘乔布斯都要亲身参与。而如果一个企业家无论是战略层面还是执行层面，甚至到了操作层面都要亲自参与的话，无疑会削弱下级的管理能力。那么一旦领袖出现状况，这个企业将很难应对危机。

因此，每个企业都应当建立自己的人力资源风险控制体系，培养起优秀的管理团队。把精英们从繁杂的企业高速运转的日常事务中解救出来，让制度管理取代人的管理，当然，还要让优秀管理人才不仅能够管理好企业，还能够管理好自己的健康。

TIPS：乔布斯告诉你人才的十个标准

乔布斯一直在努力寻找不同领域的优秀人才。只有不断发现人才，才能打造一个强大的A级团队。乔布斯一生面试过5000多人，然而真正被他看中的人并不多。

乔布斯挑选人才的一个重要法则就是，看应聘者的特质与价值观是否与公司的“基因”吻合。为此，乔布斯动了很多心思。

比如，他有一个必问的问题：“你为什么来这里？”

乔布斯要的不是一个标准答案，而是看这个人如何回答，并从中判断此人是否具有激情以及他应对压力的能力。1982年，乔布斯在为麦金塔电脑小组招聘员工时，问了一个让所有应聘者措手不及的问题：“你在何时丧失童贞的？”其实，乔布斯并不在乎答案，而是看应聘者被问到这类隐私问题时的反应，以及他们给出的答案是否具有创意。因为，他要为麦金塔电脑小组选出百里挑一的精英。他需要的是能完全胜任麦金塔电脑计划，真正具有创新思维的员工。

乔布斯深知，选人就像是在赌博，选错人就会满盘皆输。

综观他的招聘、用人，再结合中国的国情，我们可以归结出人才的10个标准：

(1)不忘初衷而虚心学习的人

所谓初衷，即创造优质廉价的产品以满足社会、造福社会。只有抱着这种初衷，才可能谦虚，也只有谦虚才能实现这种使命。日本的松下幸之助先生在任何时候都很强调这种初衷，松下指出：处于管理岗位的人，尤其不可没有谦虚之心。不忘初衷，又能谦虚学习的人，是企业所需人才的第一条件。

(2)不墨守成规而经常出新的人

要允许每一个人在基本方针的基础上，充分发挥自己的聪明才智，使每一个人都能展现其五光十色的灿烂才能。

(3)爱护公司、和公司成为一体的人

在欧美人那里，当人们问及从事什么工作时，他的回答总是先说职业，后说公司；日本人则与此相反，先说公司，后说职业。一位合格的员工要有公司意识，和公司甘苦与共。

(4)不自私而能为团体着想的人

公司不仅培养个人的实力，而且要求把这种实力充分地运用到团队上，形成合力。这样，才能带来蓬勃的朝气和良好的效果。

(5)能作正确价值判断的人

所谓价值判断，是包括多方面的。大而言之，有对人类的看法、对人生的看法，小到对公司经营理念的看法，对日常工作的看法。不能作出正确价值判断的人，实际上是一群乌合之众。

(6)有自主经营能力的人

一个员工只照上面交代的去做事，以换取一月薪水，是不行的。每一个人都必须以预备成为社会精英的心态去做事。如果这样做了，在工作上一定会有种种新发现,也会逐渐成长起来。

(7)随时随地都有热忱的人

人的热忱是成就一切的前提,事情的成功与否,往往是由做这件事情的决心和热忱的强弱而决定的。碰到问题,如果拥有非做成功不可的决心和热忱,困难就会迎刃而解。

(8)能得体支使上司的人

所谓支使上司,也就是提出自己对所负责工作的建议,并促使上司同意;或者对上司的指令等提出自己的看法,促使上司同意或者修正。如果公司里连一个这样支使管理者做事的人也没有,公司的发展就成问题;如果有10个能真正支使管理者的人,那么公司就有光明的发展前途;如果有100个人能支使领导,那公司的发展更加辉煌。

(9)有责任意识的人

这就是说,处在某一职位、某一岗位的干部或员工,能自觉地意识到自己所担负的责任。有了自觉的责任意识之后,就会产生积极、圆满的工作效果。

(10)有气概担当公司经营重任的人

在自我担当的豪气之中,我们可以看到一个人的肝胆,可以看到一个人的血性,可以看到一个人的真情实意。

2. 在中国如何"应用"乔布斯的"个人驱动"?

什么是乔布斯的个人驱动?

我们都知道,现在看来也很简单——他是一个想要改变世界的人。

改变世界——大处着眼,小处着手。我们每个人的工作都是建立在使别人更加幸福的基础上。为了激发潜能,你的职业目标应该跟你的人生目标结合起来。它不应该是父母强加给你的,也不应该是基于金钱或地位等外在因素的考虑。

如果后来者都能做到这一点，那么我们可以期望一个后乔布斯的时代即将到来了：公司具备多元协调的能力、人文精神与公司作风能达到平衡、理性与感性能完美结合。

首先，在每次启动人才搜索前，我们都要勾画一个符合该职位的理想人才的轮廓。把它分成三个部分：

第一部分：基本素质。包括他/她的工作经验、教育背景、知识储备以及专业技能。换句话说，简历上的所有内容。

第二部分：领导潜力。他/她在工作上的实际表现。我们会考察他/她在实际工作中的表现和领导力，看看是否符合该职位的需求。

第三部分：为人个性。他/她本质上是个怎样的人。他/她的个人价值观和工作驱动是什么。要与客户讨论，直到确定他/她们对这三个部分的期望。大部分公司招人的时候，往往只注重第一部分——也就是基本素质和简历这一块，但是在决定升职或解雇一个员工的时候，却是根据第二部分和第三部分的内容——这个员工在实际工作中的表现和个性。这种在招人和考核人才中的不一致标准，往往给公司和个人都带来很大的成本和机会损失。

其次，乔布斯的特别之处正是他简历上没有提到的东西。

乔布斯的故事告诉我们，过于注重简历上的教育背景和工作经历将导致谬误。在创立苹果之前，乔布斯只是个二流大学的辍学生。他还透露，他在利兹大学学到的最重要的课程，竟然是——书法课。

你最终是否能成功不是取决于你的简历，而是你的其他素质：领导潜力、个性以及你的人生目标。

没有谁比乔布斯更能说明这个道理了。

第三，T形思考带来创新。

乔布斯就是一个典型的T形思考者，他将技术和人文结合得天衣无缝。正如他自己所说：“光有技术本身是不够的。只有把技术跟文艺、人文精神结合起来，才能创造出震撼心灵的东西。在后PC时代，让PC更简单、更易于操作、凭着直觉就能使用;让软件、硬件以及各种应用系统都能无缝结合、胜过PC,成为最大的需求,没有什么比这重要的了”。

其结果就是苹果电脑的问世;正如技术分析师Horace Dediu所言:“苹果的成功告诉世界:公司需要多维度的视角:需要核心业务与颠覆性创新的结合、需要智能与艺术的统一、需要理性与疯狂的平衡。苹果的奇迹应该成为创新者的指路明灯。与其模仿它的产品,不如模仿它的过程——它的创新思维,模仿它将创新程序与技术程序结合起来的过程。”

当然,有了理念上的强化,还需要实际的应用,这才是真正地学习乔布斯精神,中国和美国的国情不同,需要我们结合实际情况,灵活应用,招来“乔式人才”。

应用一:企业所需和岗位适合相结合的原则

人才的招聘不是做给人看的,而是公司需要的。他没准是一个本行业公认的优秀人才,但你公司不需要这方面才能,来了就是巨大的浪费,最后公司难受,人才也难受,闹得个分道扬镳,沸沸扬扬。

人才招聘要招适合本岗位的。招负责现场技术管理的,就要看踏实能干,实际经验丰富,会处理人际关系;思想活跃、开发能力强、不爱接触人的就不一定合适。

总之,不一定招最好的,应该招最合适的。

应用二:外部招聘和内部选拔相结合的原则

企业发展需要引进外部人才,需要下降“空降兵”。一是因为企业也和万物一样,需要“杂交”,一味“近亲繁殖”会出现管理退化、老化,固化,缺乏活力,需要鲶鱼效应。

但是企业的主要人才选拔方式应侧重于内部选拔、竞争上岗,自己培养人才。一是让内部人员看到成长有路,有奔头,拼搏向上。二是减少内外“磨合期”,有利于公司的稳定。

在换公司主要领导、如招聘职业经理人做总经理时,准备工作一定要充分。因经营理念、管理方式、主要管理人员都可能出现变化,相当于一次

“地震”。公司领导层必须全力以赴,全方位制定好相应的对策,做得有备无患。

应用三:企业发展和当前使用相结合的原则

企业发展代表公司的未来,招聘开发能力强、熟悉市场行情的外部人来“掺砂子”,可以内外结合,加大适销对路的产品开发力度。

招聘当前使用的人主要是要招“能人”、“熟人”(经验丰富),来了就能干的人,有的岗位比自己培养要合算。

当前利益和长远利益相结合,保证企业持续稳定发展。

应用四:领导招聘和后续服务相结合的原则

现在许多企业就像乔布斯那样,一把手去现场招聘。由公司最大、最明白的人现场招聘,可以直接回答应聘者提出的一些问题,双方满意当时就可拍板,既提高效率,又会招到所需的好人才,的确是个好办法。

但是人才进来后,后续服务一定要跟上。不能“招聘会上常见老总,进了公司难见老总”,其“师傅领进门,修行在个人”的旧理念也要改改了。

留住人才是一个“系统工程”,需要愿景留人、待遇留人、情感留人、福利留人、事业留人,“一把手”必须重点做好的一项重要工作。

应用五:长处突出和允许缺点相结合的原则

因被召人员的长处、优点突出,又是公司现在或将来发展的需要,实现了公司的优势更突出,劣势变优势,所以会留以重用。

但是,必须认识到,金无足赤,人无完人,往往优点突出的人,其缺点也很突出。在用人中要发挥他的长处,放大他的优点,规避他的缺点,容忍他的短处。

切记,用人之长方可胜,求全责备害死人。

应用六:外不避仇和内不避亲相结合的原则

外举不避仇,哪怕是他在对手时曾差点将本公司至于死地,只要他有公司需要的本事,有职业经理人应有的素质,就应毫不犹豫地聘用他。一是体现我们宽广的胸怀,二是相信我们自己的本事,三是更好地激励他发挥

作用。一举三得,何乐不为?

内举不避亲,只要对公司有利,或利大于弊,无论什么样的人、亲属都可以重用。但要建立防范机制,要事先做好员工工作。

乔布斯给中国CEO的三堂人力课

围绕乔布斯有N多标签、关键词,那么对中国CEO而言,什么才是乔布斯最重要的东西?什么是乔布斯的原点?

1. 人本竞争力课——深度理解“人性”后的殊途同归

在乔布斯的哲学里,设计很重要,设计是手段,但不是本质。

苹果的超越,的确有着革命性的意义,它不仅是一个公司的胜利,也是一种路径的胜利。相对于微软、惠普这种技术大拿型公司,苹果市值的狂飙,一个至关重要的大形势是移动互联网,依靠iPod、iTunes、iPad、iPhone等终端,乔布斯已经建立了一个庞大的移动帝国。

很有意思的是,近十年来,PC业发生了天翻地覆的变化,并不是技术派先驱的苹果基本都踩对了点,从PC到消费电子,到互联网,再到移动互联网。乔布斯靠的不是一种技术导向,说我要称霸移动互联网什么的,而是基于深度理解“人性”后的殊途同归,换句话说,这是一种基于“人”的竞争力。

乔布斯的人本竞争力有两个关键词:

乔布斯的哲学是“做正确的事”

这个正确,不是技术,不是设计,不是美学,而是“人性”。事实上,在当时，乔布斯眼中的“正确的事”，都很反传统、非主流。

举个例子，1998年，乔布斯推出iMac的时候，机器没有软驱，现在看来没有什么，当时却引起了媒体和顾客的强烈抗议。一些权威人士也分析说，缺少软驱是一个致命的错误，这一错误注定iMac会失败。

乔布斯发表了一个言辞激烈的批驳，他说，“看吧！你应该要做正确的事。就拿软驱来说，人们就是脑袋不清楚。谁要把4GB的硬盘资料备份到1MB的磁盘上？”乔布斯相信，软驱将逐渐被淘汰。抛弃软驱、使用USB接口的决策为iMac注入了超前一步的亮点。

乔布斯靠着这种对消费者心理的“深潜”，不断制造颠覆，比如iPhone。iPhone的多点电感触屏，它采用的并非笔触屏（电阻式触摸屏），而是更为先进的指触屏（电容式触摸屏）。用手指点就可以，而那种笔尖才能点的屏，就会很容易误点或漏点。

iPhone有红外感应功能，打电话时自动关闭屏幕。当你将iPhone贴着脸部打电话时，iPhone会自动关闭屏幕省电。

这并不是多高明的技术，为什么不少标榜以人为本的公司没有发现？

打造A级人才的“海盗团队”

1名出色员工=50名平庸员工。网络一流人才，或者说组建由一流的设计师、程序员和管理人员组成的“A级小组”，一直是乔布斯最核心的工作。乔布斯一生大约参与过5000多人的招聘，估计能入他法眼的人并不多。

乔布斯发现人才的一个法则就是拷问这个人才的基本面，激情、创新以及应对压力的能力。不少人被问倒。

这是因为：乔布斯要求，面对一个问题，关键是要找到一流的解决方案，而不是找到短时间奏效的解决方案。创新工场董事长李开复就对苹果的这段经历印象深刻，李开复加入苹果时才28岁，当时是在语音识别项目组，大部分都是年轻人，有一些人比李开复还小。但他们是全美软件业的精英，他们热爱并传承着苹果的海盗文化。

在苹果，“感情用事”可是个重要词语，苹果的设计师称呼自己产品为

"这个伙计"。

正是这种海盗精神，这种独特气场，才是苹果能够做到"深潜"的核心。

乔布斯1994年在麦金塔诞生10年时有一段真情告白，可以作为他理解"人性"的终极法则："唯有深入问题的核心，才能明白其复杂性，也才能找出其根本的解决方案。大部分的人做到这一步，通常就会停下来。可是真正了不起的人却会继续探索，最后终能找出隐身于问题背后的症结之所在，进而提供一套漂亮而优雅的解决之道。这就是我们在设计麦金塔时的野心。"

2."产品挑选人"课——持续狂奔，不断升级

"产品挑选人"是一个硅谷术语，根据惯例，新成立公司的第一个产品必须成功，或者说，第一个产品必须是"杀手级"的，如果第一个产品没有成功的话，这家公司必定失败。

但是，很多新创公司只是一群拥有才华与想法的工程师，却没有想出要开发什么产品，这时候，就必须要有一位知道该开发何种产品的"产品挑选人"来指导，他们所拥有的核心技能就是从众多想法中挑选出最关键的。

乔布斯是一个强悍的产品挑选人，最厉害的是，他的持续狂奔，不断升级，把很多公司抛在身后。相反，不少公司陷入绝境，一个重要原因就是产品挑选人缺位，要么是创始人离开，要么是创始人不能持续升级，要么是后继乏力。

做一个持续狂奔的"产品挑选人"，乔布斯也有三个关键词：

让产品人成为公司的核心

乔布斯曾经说过，当产品人不再是推动公司前进的人，而是由营销人推动公司前进，这种情况是最危险的。

乔布斯的一个重要工作就是聚焦于产品，他称之为苹果的地心引力。"市场需要一种以产品为导向的文化，在技术公司也是如此。很多公司有非

常杰出的工程师和聪明的员工；但是从根本上而言，这些公司需要将所有一切集合在一起的‘地心引力’。否则，你得到的可能就是漂浮在宇宙中的一个又一个了不起的技术片段。这些技术片段无法组合在一起产生伟大的作品。”

反观很多中国公司，度过创业期之后，产品人缺位开始严重，利润中心化开始上升，官僚化开始泛滥，大公司病成为顽疾。

苹果式商业变现的秘密

乔布斯不仅是个用户体验高手，也是一个商业变现高手。

乔布斯的商业模式，大概有三个阶段。第一阶段是优质优价模式，乔布斯在创业初期，重返苹果的早期，都是这种模式。乔布斯甚至底气十足地说：“我们的目标并不在于制造出市场上最廉价的产品，而是制造出最优良的产品。如果这意味着麦金塔系列产品有时必须比别人贵上10%~15%，就让它们比别人贵吧。”

第二阶段是硬件、软件的吸金组合拳。先是优质优价吸引苹果粉丝，2001年iPod刚推出时高达399美元。随后，容量更大的iPod推出，定价499美元。再随后，吹响向大众市场进攻的号角，iPodmini定价299美元，iPodshuffle才99美元。然后，推出延伸周边产品，类似于iPod Hi-Fi。

更狠的吸金手段是软件，比如苹果的iTunes、App商店。这个吸金组合拳是逐步完善的，在他接下来推出的iPhone、iPad等明星产品上，都看到这种类似的吸金线路。

第三阶段是升级为平台，下面展开了说。

升级为不怕“企鹅难题”的平台

乔布斯对苹果的最大贡献可能是把苹果从一个消费电子公司升级为一个平台公司，以硬件来带动平台的销量，再以平台来扩大新的硬件需求。

乔布斯利用平台的网络价值来克服另一个平台的企鹅难题。

所谓企鹅难题，就是没有人愿意负担高风险，并在这个平台仍然低价值时先开始采用，因为没人愿意开始使用，于是没有人使用。当没人愿意用时，一个平台可能就因不堪亏损而消失。

说得直白点，就是先用iPod来卖iTunes，再以iTunes来卖iPhone，用iPhone来卖AppStore，然后继续卖iPad。

只要是产品得力，这个平台会越滚越大。换句话说，这可能是乔布斯给苹果的最大遗产，因为再明星的产品也有生命周期，而平台则有着更强大的内生力。

国内互联网公司被称为平台级公司的，像腾讯、百度、阿里巴巴，差不多都是类似的思路。

3. 品牌秘方课——做不好品牌，就不是好CEO

这堂课也许是难度最低的，因为中国CEO大多都是品牌好手。但是，乔布斯最强悍的地方在于，他把苹果品牌做成了一个近似于宗教的存在。

乔布斯认为，品牌仅次于技术。他有一个品牌秘方：革命性技术与营销的结合才是苹果成功的关键。乔布斯的品牌秘方也有三个关键词：

布道者乔布斯的明星效应

乔布斯其实是苹果的第一大品牌，乔布斯拥有非常强大的煽动力，他有着传奇故事，跌荡人生，以及让人爱恨交织的狠招。想想乔布斯1983年如何说服百事可乐总裁约翰·斯卡利加盟苹果：你想卖一辈子糖水，还是改变世界？

乔布斯在品牌上的确有一手，他就是擅长与众不同地搞事情。1997年，乔布斯重返苹果时的一大拯救战略就是发力品牌。他说："苹果公司每年花费1亿美元做广告，但并没有取得很好的效果。我们将继续用每年1亿美元来做广告，但这一次要取得好的效果。"

这就是他的厉害之处，他靠改变打法来赢。

苹果的品牌基因很强大

这种基因不是一朝一夕炼成的，它可以追溯到1978年，当时，负责公关与市场的专家麦金纳为苹果制定了三条品牌黄金法则，它写在一份字迹模糊不清的备忘录上，这份文件也是多年来苹果每位新进员工必读的金科玉律：

理念——如能将心比心地对待客户的话，我们将比别的公司更了解客户需要；

重点——优先做好已决定的事，次要的事情予以剔除；

做法——人们常以封面判断书本，以业务核心来判断公司，以品质来判断产品的良莠。

与用户共建品牌

苹果是极少的能把顾客纳入到品牌传播体系中的公司，乔布斯从一开始，就亲自打理电脑迷的各种组织，这是他"分享财富"计划的根本。苹果公司乐意帮助他们分享软件或专业知识，因而产生了一批死忠的苹果粉丝，他们把苹果电脑的观念推销出去，影响至深，同时，这也成为苹果吸纳新员工的重要来源。

乔布斯试图与顾客共建品牌。这其中的关键是，苹果负责引爆点，而广大的顾客则免费参与传播。

苹果的产品也体现着用户的投票权，赋予消费者更高的"权力"。比如，社会学家曾做过研究，iPod有着鲜明的社会学意义，它让消费者拥有更庞大的音乐控制权。

另外一个例子是苹果的品牌体验店，很奢侈，很梦幻。它们不只是"简单"的商店，而是苹果顾客交流意见的场所，体验新产品的梦幻之地。

这就是乔布斯之道，"以微小方式改变世界"——光有雄心和豪情远远不够，一定要有切实可行的战术和手段来实现它。对中国CEO而言，这其实比盖茨之道更容易复制。

TIPS：李开复诠释世界500强公司需要的七种人才

创新实践者——修4米长游泳池的建筑师

加州土地寸土寸金，而在Google总部修建一个游泳池又是他们的梦想。在遇到一次科研难题时，老板为激励员工终于咬着牙答应。当员工如期完成任务时，他们发现停车场内出现了两个只有4米长的游泳池：一种类似跑步机、逆流而上且永远游不到对岸的游泳池。

李开复说，创新其实不重要，重要的是必须有用，“我们需要解决实践问题的创新”。

跨领域合成者——计算机心理学家

在李开复眼中，如果世界上存在着1000种知识，每次挑2种出来的组合方案将无穷(2的千次方)。“假设计算机专业学生，又懂心理学，那么他有可能研究出计算机心理学，同时如果又懂得语言学，他还有可能开发新的计算机语言学。而跨国企业喜欢跨领域的合成者”。

三商兼高者——人品摆在第一位

李开复强调的第三种人才是三商兼高者，也就是同时具备IQ(智商)、EQ(情商)、SQ(正面价值观)的人才，“在21世纪，每一个人都要和很多团队合作，这是创新实践的基础。而在合作过程中，除智力和能力，人品和诚信则应该摆在第一位”。

高效沟通者——会讲故事的医生

在微软总部有一种职务名称叫企业架构师。当李开复刚到微软工作时，他对该职务名称不得其解。直到后来，他才发现所谓的企业架构师就是指能说会道的工程师，他们可以与工程师及客户老板沟通自如。同理，他还发现在哥伦比亚医学院设置着一门学习讲故事的必修课，不会讲故事的准医生是不能毕业的。“团队协助中，尤其是跨国合作中，沟通能力起着决定性作用”。

热爱工作者——比博士后还好的博士

在美国斯坦福大学的研究工作中，研究者曾发现博士比博士后的研究能力要强。通过了解，他们发现因为博士生选题可以自主实现，而博士后的选题则由校方统一指定。李开复提醒在校学生，只有准确地找到自己所爱的工作，并且随时保持好奇心才更有利于自身的发展。

积极主动者——沉默不是金

关于李开复为什么从微软跳槽到Google，网上一直有很多猎头公司与天价转会的传言。“在这件事情上完全是我自己主动争取的。”李开复笑着说，因为想回中国工作，他一直比较关心Google设立中国分支机构的情况。直到他确信这件事情，并借助Google搜索到Google全球总裁的邮件地址后，一封自荐信为他换来了Google中国区总裁的职务。

乐观向上者——遇到困难多想一二

借用台基电公司“多想一二”的名言，李开复指出第七种人才是乐观向上者。“总结我的成长历程，我从成功中学到的相当少，而从失败中学到非常多。”李开复告诫学子们，人生不如意的事情时常发生，能够在面对困难时多想想曾经顺利的一两件事情非常有用。

为什么中国走不出乔布斯？

目光从乔布斯转至中国。中国目前已经成为世界最大的制造国，品质一流的iPhone4也全部由中国企业代工生产。上到精密电子下到袜子、打火机，中国制造业的发展日新月异，但是为什么中国就走不出乔布斯？

报载，当大家都在热议“谁是下一个乔布斯”时，中国某市新近出台了一份关于创新型领军、拔尖人才培养的《意见》，规划在一个五年周期当中，花5000万元培养上千名“乔布斯式”的领军人物。

随后有评论认为，中国缺的不是乔布斯式的领军人物，而是缺乏创新氛围、鼓励创新的机制、将创新转化为生产力的制度。

在中国，商人史玉柱曾一度被认为是最接近乔布斯的人物。马云曾打趣说："我认为全世界只有两个人跌倒了爬起来，美国是史蒂夫·乔布斯，中国是史玉柱。而且两个人都姓史。"

事实上，两人的相同点还有很多。都是本国商界里的佼佼者，都惯于蔑视俗规、特立独行，都具有跨领域的商业敏感，甚至两人都是执著的完美主义者。所以当当年的巨人集团飞速成长为一个利润数千万的高科技集团公司时，人们都以为他将要成为中国的"乔布斯"。

但和乔布斯所追求的科技梦想不同，史玉柱从事高科技只是权宜之计，获取更高的社会名声，但当他发现卖楼花、保健品等更加暴利的行业时，就果断中断了技术创新，转投吸金领域。

乔布斯则在他的演讲中一再向年轻人强调："不要被其他人喧嚣的观点掩盖你真正的内心的声音。更重要的是，你要有勇气去追随你的直觉和心灵的指标。"

这也是为什么乔布斯在斯坦福的演讲《求知若饥，虚心若愚》可以传遍全世界，而中国某些商人语录却走不太远的部分原因。

1. 企业家说：成王败寇文化决定中国出不了乔布斯？

奇虎公司董事长周鸿祎在接受《南方人物周刊》采访的时候，说了"如果中国不花点时间重新去改变这个文化，那我们教育出来的人，大部分都没有创新能力，不是没有这个智力，是没有颠覆的胆量，也没有这个环境和制度"。

下面是他的口述全文(有删节)，这位"乔粉"——也是知名CEO的观点——值得每个中国的CEO反思一下，要论聪明，中国有很多人不会逊色于乔布斯；论市场的规模，中国的互联网和IT市场绝对是全球第一大市场，但为什么中国出不了乔布斯？

成王败寇的文化没法创新？

“我觉得乔布斯的核心首先是创新，这是中国文化很难接受的。创新意味着失败的概率比较高，而中国人的文化里非常害怕失败。我们崇拜成功，鄙视失败，害怕失败。结果就是大家都去抄袭别人，让别人先走，然后再跟上，这样最保险。大家都愿意随大流，一块去做事，一块去做团购。但创新就要做别人想不到的事情，一定是少数派，要忍受寂寞和别人的嘲笑。”

“我认为，乔布斯今天能够得到很多中国人认可，还是因为苹果市值最高。这就跟政府只以GDP为标准一样。不改变这种文化，不可能追求创新。我们很多企业家只想着挣钱，挣很多钱，没有像乔布斯一样，想着去创造一个前所未有的东西，去改变世界。乔布斯的出发点和我们是非常不同的。”

“中国企业本身没什么创新，更多的是通过抄袭、垄断，然后打压新生的力量，所以我一点都不怀疑以后中国互联网里出现一些市政、高速公路公司。”

“即使苹果市值没有今天这么高，我依然认为苹果是伟大的。像乔布斯这么创新的一个人，有所长必有所短，性格中有这方面的优点，一定就有那方面的缺点，问题是我们只看着乔布斯优点那一面。我们的文化里面能容忍有这种明显缺点的人吗？能容忍他这种直来直去的说话方式？”

“中国企业家发展起来以后，就把自己的棱角藏起来，把自己包装起来。但乔布斯获得巨大成功之后，并不掩饰自己，他并不为别人活着，不是刻意去怎么样。他跟癌症较劲，跟自己原来的成功较劲，也跟原来的失败较劲。他就是直来直去，所以很多人受不了，但我认为这是一个真实的人，虽然他有时候脾气不好、独裁、像个暴君。这是一个缺点，也可以说是一个特点。如果他不计较，把什么都放得很松，可能对产品就不会这么精益求精，但要做出世界上最棒的产品，就得鸡蛋里挑骨头。”

你能特立独行吗？

“我们的文化还反对特立独行，反对与众不同，觉得创新的人是二百五，因为你不是在做大家一窝蜂去做的事。我们太在意别人的提议，我们每个人都活在别人的评价之中。但创新意味着你要比别人看得远，洞察力比别人强，大多数人理解不了，这时候评价可能是完全负面的，或者说完全不理解你的意思，这时候你能承受这种压力吗？你能特立独行吗？一般人做不到。”

“中国目前的价值观是一种实用主义的价值观，或者叫一元化的价值观，就是管你坑蒙拐骗，只要销售高、收入好，就像很多地方政府只要GDP发展了就什么都好。”

“一个国家跟一个公司是一样的，不能搞一元化的标准。污染环境、浪费能源、破坏不可再生资源，这种GDP没有意义。一个公司如果只用数字衡量，那所有人都会去抄袭，因为抄袭、山寨、拷贝最省事。”

“对于那些创新但不成功的企业，应该一样承认他们的价值。美国非常崇拜这种白手起家的英雄。我们这个价值观不改不行。今天一个企业做得很大，我们往往会对他锦上添花，但其实创新往往来源于小企业。”

“我们总是不喜欢挑战和颠覆，实际上，创新在美国就是意味着小公司去颠覆大公司。苹果始终扮演挑战者的角色，但是挑战在我们的文化里往往显得咄咄逼人，显得没事找事。搅局者和破坏者，在我们的文化里全是贬义。”

“如果中国不花点时间重新去改变这个文化，那我们教育出来的人，大部分都会没有创新能力，不是没有这个智力，是没有颠覆的胆量，也没有这个环境。少数漏网之鱼可能也在成长过程中被扼杀掉了。中国缺乏创业环境和创业文化，如果有了这种文化，再加上中国这么大的市场，这么多的聪明人，我相信一定会出现乔布斯。”

制度上该如何保证创新？

“中国人办创新型高科技公司，基本上都是从美国拿的钱。创业者团队规模很小，只有一帮人，在国内物化的环境里就不被重视。在硅谷，想法创意很多，只要被认可就有人愿意投资。”

“我们企业上市时,实际上盈利状况并不是很好,但到美国上市,人家需要的是未来的成长。中国上市是审批制,不是市场来决定你的好坏,是由少数人来决定。美国上市很容易,只要能找到承销商愿意帮你卖股票,投资基金愿意买，财务经过四大会计师事务所的审计就行。这对创新是鼓励的。”

“在美国上市,还有一个好处是与国际接轨,获得一个世界级资本市场的认可,有助于国际化业务拓展,包括在国际上的竞争和合作。虽然说我们创业板弄了很多公司包装上市,但并没有真正解决这些创业者需要解决的问题。我们更喜欢干的是锦上添花,而创业者需要的是雪中送炭。”

“美国的银行也不会贷款给创新企业,因为没有任何可抵押的东西,所以这种企业发展一定是靠风投来支持。美国的风投已经非常成熟,他们对创业团队认可和尊重,比如投了很多钱只愿意当一个小股东。中国今天很多有钱的老板听说投资很热,拿点钱来投,投了就觉得这个企业是他的了,要控制这个企业。这种事情很多,背后实际就是社会的价值观和文化的问题。”

2. 经济学家说:中国人喜欢赚安稳钱?

中国著名品牌专家，经济学家们也提出了“中国为什么出不了乔布斯”，并发表了自己的看法，我们是时候反省一下了——中国与美国从文化、历史到体制和社会结构等都有着差异,其中的一些差异阻碍了我国企业的发展,导致中国“创造”不够,少有“颠覆性”产品出现。

中国企业家创新精神不够,或者说缺乏冒险精神?

美国一直都是冒险家的乐园,从“西部淘金热”到今天的互联网,美国一直在不断地制造着冒险宠儿。而苹果作为一家IT公司也是从冒险走向成功。iPhone的问世引起了全世界的瞩目,它标志着电话不再是电话,而是被赋予了时尚的功能,一切焕然一新。iPhone几乎可以告诉人们,“这才是手机，人们都要向我看齐。”

中国企业家缺乏冒险精神，不敢创新，更不敢创造，一直尾随着国外企业的创新路径扮演着追随者角色。拿中国电视机行业来说，从背投电视到现在的液晶、等离子电视等一直在追随着国外品牌的创新步伐发展，不仅不能快速拿到市场，同类产品也缺乏话语权。

中国对于知识产权保护不够？

不用创新就能赚钱，那么谁还创新？假如甲偷了乙家的东西，但是却被法官免于惩罚，那么保不齐哪天乙也就开始偷丙家的东西了。

美国唐人街曾有这样一个事情：一个从事华人丧葬业务的商店里有一些纸扎的模型，其中有些标有奔驰、保时捷LOGO的纸车模型。中国人肯定都明白，这些东西主要是在华人葬礼的时候焚烧用的，图一个心理慰藉，形式大于内容。但就是这些纸车给丧葬店老板带来了牢狱之灾。美国警方以侵犯商标权等罪名逮捕了丧葬店的老板。

中国人肯定认为这是小题大做，认为美国人很滑稽，但是这个事情充分说明了国外对于知识产权保护的重视。我国正是因为缺乏严密的知识产权保护机制，导致现在中国盗版和剽窃现象比比皆是，想查处都很难。祖护，更不利于企业的成长和发展，放到外面竞争才是企业变坚强的根本。

中国企业投机性强

据2011胡润财富榜报告数据，全国亿万富豪中三分之一的人参与房地产投资，这一比例在过去三年呈逐年增长趋势。

中国人喜欢赚安稳钱，当积累一定资本后希望避开实业的不确定危机，将财富投机到较稳健的房地产投资上，甚至很多国企都在旗下设置了地产开发公司。可以说近年来火爆的房地产行业绑架了中国的制造业，也从侧面桎梏了中国企业的发展。

中国房价逐年猛涨，很多制造企业纷纷投身房地产事业，房地产的暴利让微利的工业制造企业无心恋战，这样一来，中国的制造业优势渐失，这就是房地产暴利对制造业的挤出效应。

若想杜绝中国的房地产投机性应该向德国学习。在德国，房地产不是暴利行业，制造业才是王道。德国人虽然收入颇高，但是德国首都柏林房价却远远不及中国的北、上、广、深。

数据表明，在过去十几年，德国房价每年平均上涨1%，而物价水平每年平均上涨2%，相比之下，德国房价实际上在以每年1%的速度缩水。自1977年以来，德国平均房价上涨60%，而个人收入增长已超过了3倍。德国土地实行私有制，各级政府对土地的使用都有明确限制。

商业区和住宅区划分明确，而房地产价格也取决于市场，而不是房地产商说了算。同时，德国的每笔房屋售卖交易和房屋租赁交易都会记录在案，以便统计出该区域租售房屋的平均价格，超过这一价格的将得到重罚。

如此遏制房地产商投机取巧，拒绝商家暴利，使得在德国炒房根本无利可图，也使得德国企业深知制造业才是王道，从此安心从事研发制造，杜绝了一夜暴富的念头。

中国出不了乔布斯，跟众多“中国特色”有着直接的关系，若要改善这种现状还需要政府和企业多方面的努力，提高认识，建立适合孵化出乔布斯的环境和机制。

首先，需要“去山寨化”，政府扶持和鼓励企业创新，并建立一套行之有效的奖励制度，培养企业的创新积极性；

其次，要遏制房地产等投机性经济的利润空间，防止企业抱有仅仅依靠资本即可获利的投机性心理，中国企业太多的“不劳而获”已经导致很多企业“非良性多元化”发展，形成本末倒置的结果；

最后要建立严密的知识产权保护制度，打击抄袭、剽窃的企业行为，树立良好的竞争环境。

当然，将企业打造成为“富可敌国”的苹果并非只是依靠外部环境就能成功的，最主要还要取决于企业对行业的前瞻性和对产品创新的积极性。苹果的成功根本是将创新升华到创造，中国若想改变现状，打造出乔布斯式企业就要将“中国制造”变成“中国智造”！

阅读延伸：

乔布斯管理哲学浓缩精华版

A 逼迫术：每个人都潜能无限

在苹果公司服务支持部门的一次会议上，乔布斯径直走了进来，将在场的所有人批评了一番："服务业务在我们公司糟糕透顶。这群业务人员全都没长大脑。"

会议室内的人员都被乔布斯这番话吓呆了。负责服务部门的副总裁杰夫向乔布斯讲述了自己为期三个月的改革计划。

乔布斯冷冷地回应说："杰夫，那可能是你在惠普的工作方法，但是我不要三个月，我希望一夜之间就能改变。"

这是发生在评估杰夫和他的团队的第一次会议上的一幕。杰夫·库克是乔布斯从惠普公司挖过来的。起初，他见识到了乔布斯天使的一面，他彬彬有礼，富有理智，向杰夫述说他的梦想，他希望个人电脑能像烤面包机一样易于使用，并得到全社会认可。但是，不到一周，杰夫就见识到了乔布斯魔鬼的一面。在惠普公司，一般是杰夫自主行事，但在苹果公司，一切都由乔布斯说了算。在这个岗位上干了四个月后，杰夫辞职了。因为他无法忍受乔布斯这种专制的领导方式，但是他仍然相信乔布斯是一位了不起的领导者。

在苹果公司，时常会听到乔布斯说出这样的话："这款笔记本的大小不能超过一个记事本的大小！""我希望有一天这个电脑能够被装进牛皮纸袋里。""外观应该更加漂亮一些！"尽管设计师对乔布斯的要求满心抱怨，甚至抛出狠话："这对我们来说，太难了，根本就是幻想！"但乔布斯的回应更狠："这个世界上一定有能够完成它的人，如果你不想成为那个人，那么，我们也可以找到其他想完成并且有能力完成它的人。"最终的赢家还是乔布斯，2008年世界上最薄的笔记本电脑在苹果诞生了，它小巧到可以直接装进牛皮纸里被带走。

心理学研究指出,如果你对一个人的期望值越高,那么,这个人的表现就越好。一个出色的领导者,知道如何为员工设定一个高标准,并激励他们知难而上。乔布斯常常将种种不合理以及不可能完成的任务强加在员工身上,以此挑战他们的潜力。他的这种做法会产生两种后果,要么是员工因无法完成任务而走人,要么就是他达到目的。

1983年8月1日,乔布斯和他的团队正在开电话会议,为了一次路演而讨论麦金塔电脑最后阶段的整合问题。在这次路演中,苹果将正式推出最新款的电脑。乔布斯坚决要求,展示电脑时,随机软件绝不能是测试版,否则,会影响新款电脑的形象。路演的时间就要到了,团队的所有成员都认为不可能在最后一刻完成正式版的所有工作。他们纷纷向乔布斯求饶,希望这次先使用测试版。然而,乔布斯对此充耳不闻,也没有像大家担心的那样暴跳如雷。他反而鼓励大家,说他对大家寄予了很高的期望,相信他们能在最后期限前完成工作。接着,不容大家分辩,他就挂断了电话。所有的人都呆住了,为了这次路演,他们已经筋疲力尽。但,乔布斯再一次成功了,大家及时完成了工作。

与乔布斯亲密工作了六年的托德·鲁伦·米勒十分熟悉乔布斯的这种管理风格:“乔布斯怒骂你、恐吓你、挑战你的能力,然后将你吓到。他用这种方法逼你创造奇迹。他会问你:‘你认为你做得对吗?’,如果你不够自信,或者缺乏胆量,或者束手无策,那你就失败了。对我而言,这是锻炼自己性格的最好机会。”

在乔布斯的强压之下,谁会被吓到呢?那些缺乏自信、缺乏勇气的人肯定会被吓到,而那些具有高超智慧和坚韧毅力的人,就能在乔布斯的刁难之中生存,并获得成长。正是这种高标准,让他逼出了员工的潜力,并带领苹果公司一步步走向伟大。

故事链接:三份乐谱

一位音乐系的学生走进练习室。在钢琴上,摆着一份全新的乐谱。

"超高难度……"他翻着乐谱,喃喃自语,感觉自己对弹奏钢琴的信心似乎跌到谷底,消靡殆尽。已经三个月了！自从跟了这位新的教导教授之后,不知道为什么教授要以这种方式整人。勉强打起精神,他开始用自己的十指奋战、奋战、奋战……琴音盖住了教室外面教授走来的脚步声。

指导教授是个极其有名的音乐大师。授课的第一天,他给自己的新学生一份乐谱。"试试看吧！"他说。乐谱的难度颇高,学生弹得生涩僵滞、错误百出。"还不成熟,回去好好练习！"教授在下课时,如此叮嘱学生。

学生练习了一个星期,第二周上课时正准备让教授验收,没想到教授又给他一份难度更高的乐谱,"试试看吧！"上星期的课教授也没提。学生再次挣扎于更高难度的技巧挑战。

第三周。更难的乐谱又出现了。两样的情形持续着,学生每次在课堂上都被一份新的乐谱所困扰,然后把它带回去练习,接着再回到课堂上,重新面临两倍难度的乐谱,却怎么样都追不上进度,一点也没有因为上周练习而有驾轻就熟的感觉,学生感到越来越不安、沮丧和气馁。

当教授走进练习室时,学生再也忍不住了。他向钢琴大师提出这三个月来何以不断折磨自己的质疑。教授没开口,他抽出最早的那份乐谱,交给了学生。"弹奏吧！"他以坚定的目光望着学生。

不可思议的事情发生了,连学生自己都惊讶万分,他居然可以将这首曲子弹奏得如此美妙、如此精湛！教授又让学生试了第二堂课的乐谱,学生依然呈现出超高水准的表现……演奏结束后,学生怔怔地望着老师,说不出话来。

"如果,我任由你表现最擅长的部分,可能你还在练习最早的那分乐谱,就不会有现在这样的程度……"钢琴大师缓缓地说。

人,往往习惯于表现自己所熟悉、所擅长的领域。但如果我们愿意回首,细细检视,将会恍然大悟:看似紧锣密鼓的工作挑战,永无歇止难度渐升的环境压力,不也就在不知不觉间养成了今日的诸般能力吗？因为,人,确实有无限的潜力！

B 拷问术:以更极端对付极端

乔布斯谈他的用人之道——“我的工作不是去取悦别人。我的工作就是把我手下这些出色的人才召集起来,鞭策他们,让他们做得好上加好。对付这些自命不凡的人,有什么招数呢?我会采取更为极端的手段。”

许多领导人习惯于用自己的权威震慑手下,让他们踏踏实实办事,永远忠诚地为自己服务。但越出色的人才,越不会轻易向领导屈服,因为优秀的人都很聪明,他们总是千方百计地想要证明自己并不比领导弱。那么,如何对付这些不知天高地厚的人呢?乔布斯采取了一个极端的做法,就是拷问细节。乔布斯是一个非常善于抓住细节的人,他知道哪些细节是最重要的,然后他会全神贯注地把这些细节做到最好。此外,乔布斯非常精明,不会轻易上当,哪怕极小的瑕疵,都难逃乔布斯的法眼。在任何情形下,乔布斯抓住细节的速度比任何人都快。他深知,只有将细节抓好了,事情才不会偏离轨道。

1980年,乔布斯带领团队研发麦金塔电脑,因为不懂技术,他在软件的设计上并没有太多发言权。这让他把更多的注意力放在了细节上。在一次研发会议上,乔布斯要求工程师将机箱设计得更高、更宽一点。乔布斯提出这个建议后,设计人员每隔几个月都会制造出新的模型,供大家参考。事实上,在制造出第四个模型后,人们已经很难说出第四个模型与第三个模型的差别了。就像一位参与设计的人员所说:“到第四个模型完成后,我已经无法看出它与第三个模型有何不同了。但乔布斯却有着非凡的眼力,他总能指出那些细微的差别,而我几乎看不出这些小细节。”直到第六个模型完成后,乔布斯才表示赞同。

顶尖人才的想法经常会让人摸不着头脑,但作为一个领导者,你必须知道他究竟在想什么,他需要什么,他的工作进展如何,哪怕是简单的程序设计也不能放任不管。如果哪一天你不能清楚地了解并拷问他们细节,那么你就远远地落在他们后面了。那时,再想驾驭他们可就很难了。

真正出色的人都喜欢挑战，因此，想要征服他们就不能总是迎合他们的意见，而要运用适合你自己风格的极端手段。

故事链接：业绩是比出来的

在硅谷内流行着这样一种工作意识“业绩是比出来的”，没有竞争就永远出不了一流的成果。那里的企业管理者注重持久性地延续员工的“竞争”观念，培育员工的竞争意识和竞争能力，增强员工对于“竞争”的认可度。他们努力让所有员工都意识到：已有的辉煌只是暂时的，稍有懈怠，个人和企业的竞争实力就会一泻千里。通过竞争管理机制，使员工强烈意识到竞争的存在和无情，最大可能地发挥主动性和潜力，不断进取、创新、拼搏，使企业拥有强劲的、比较均衡的竞争力，为企业逐鹿未来市场奠定胜局。一次，威斯汀豪斯对一个一向很努力的熟练工人说：“米勒，为什么我叫你做的一件工作这么慢才做出来呢？你为什么不能像赫尔那么快呢？”

过了不久，米勒因为公事出外旅行刚回来，卫斯亭豪斯便留下一张纸条叫他做好一个铸件，马上送到铁道开关及信号制造厂去。

这张纸条是星期六写的，星期日早晨卫斯亭豪斯在制造厂里看见了米勒，便问：

“米勒，你看见我留下的纸条了吗？”

“看见了。”

“你何时去铸呢？”

“已经铸好了。”

“真的吗？现在在哪里呢？”

“已经送到制造厂里去了。”

一个人跑步也许跑不出好成绩。但如果给他定一个目标，他不由自主地就会加快速度。如果将这种方法用在管理上，一定能激起员工的好胜心，满足他们获胜、拔尖、成为优秀者的愿望，进而让他们成为“工作尖兵”，工作又快乐又有成效。

C 煽动术:挑衅是增强战斗力的高招

斯卡利在苹果公司的就职演讲中说:“如果你们想知道我来苹果公司的原因,那我可以告诉你们,因为我想和史蒂夫一起工作。我把他看成是我们国家在这个世纪里一位真正伟大的人物。现在,我十分幸运得到这个能够帮助他的机会,这件事本身就让我兴奋不已。”

斯卡利担任苹果公司总裁的年薪为100万美元;如果斯卡利完成了对公司的业绩承诺,那么,可以另外得到奖金100万美元;如果业绩完成较好,那么,还可以得到股票期权100万美元;此外,他还可以低息贷款购买一套价值200万美元的房子。当然,斯卡利来到苹果公司的重要原因在于它对乔布斯非常崇拜。在加盟苹果公司之前,斯卡利担任百事可乐公司的总裁。乔布斯为了说服他担任苹果公司总裁,说出了一句现代商业史上最具煽动力的话:“你想卖一辈子糖水,还是改变世界?”这句富有挑衅意味的话切中了斯卡利的要害,让他为此烦恼了好几天。斯卡利最终没有抵抗住乔布斯的煽动,接受了乔布斯的邀请。

“如果不接受的话,那么,我会在下半生不断思考我是否真的作出了错误的决定。”对领导者而言,侮辱、挑衅对方也可以成为一种强大的煽动力,当然,这要运用得当。

乔布斯喜欢挑战员工的智慧,他时常向员工提出一些难于回答,富有挑战性的问题。例如,“如果必须削减一半的产品,你会怎么做?”通过这些问题,他了解了数百名苹果公司的员工。一旦了解了这些员工,他就会打破层级关系,直接同这些员工交流。乔布斯有着出色的记忆力,他可以记住几百个人曾经做过的事,也可以记住他同300个员工中任何一人所进行的最近一次谈话与最后一封电子邮件的内容。从中我们可以发现,做一个富有煽动力的领导并不容易。乔布斯的强大煽动力不是凭空而来的,而是建立在他对员工的充分了解,他对每个人性格的准确判断之上的。

故事链接:激将法

诸葛亮奉刘备之命到达江东劝说孙权共同抗曹,鲁肃带他前去会见孙权。诸葛亮见孙权碧眼紫髯，一表人材，自知难以用言语说动，便打定主意要用言语激他。寒暄之后，孙权问道："曹兵共有多少？"诸葛亮答："马步水军，共100余万。"孙权不信。诸葛亮说："曹操在兖州时，就有青州军20万；平定河北，又得五六十万；在中原招新兵三四十万，现在又得荆州兵二三十万：如此算来，曹兵不下150万。我只说100万，原因是怕惊吓了江东之士。"

鲁肃听后大惊失色，一个劲向诸葛亮使眼色，诸葛亮却装看不见。

孙权又问："曹操部下战将，能有多少？"诸葛亮说："足智多谋之士，能征惯战之将，不下一二千人！"孙权道："曹操有吞并江东的意图，战与不战，请先生为我下决心。"诸葛亮说："曹操取得了官渡之战的胜利，又新破荆州，威震天下，现在即使有英雄豪杰要与他抗衡，也没有用武之地，所以刘豫州才逃到这里。希望将军您量力而行：如果能以吴、越之众与他抗衡，就不如早一点与其绝交；如果不能，为什么不依众谋士的主张，向他投降呢？"

孙权道："就如您所说的，那么刘豫州为什么不投降曹操呢？"诸葛亮说："当年的田横，不过是齐国的一名壮士罢了，尚能笃守节义，不受侮辱，更何况身为王室之胄、英才盖世、众士仰慕的刘豫州。事业不成，这是天意，又岂能屈处人下？"孙权听了，不禁勃然大怒，退入后堂。众人都笑诸葛亮不会说话，一哄而散。鲁肃则一个劲埋怨诸葛亮，批评他藐视孙权。诸葛亮笑道："我自有破曹良策，你不问我，我岂能说？"鲁肃听罢，赶紧跑到后堂告诉孙权。孙权回嗔作喜，又出来与诸葛亮相见，并设酒宴款待。经请葛亮一番实事求是地分析，孙权果然进一步坚定了抗曹决心。

周瑜是江东主战派的核心。但是，他在与诸葛亮相见时，却故意反说宜降不宜战。鲁肃不知是诈，与周瑜当面争辩起来。诸葛亮装作主张投降的样子，然后说："我有一计，既不必牵羊担酒，纳土献印，也不必亲自渡江；只要派一名使者，送两个人到江北给曹操，百万大军就会卷旗卸甲而退。"

周瑜问道："用哪两个人？"诸葛亮说："我在隆中时，就听说曹操在漳河新建了一座十分壮丽的楼台，称之为'铜雀台'，并且广选天下美女置于其中。曹操原本就是个好色之徒，他很早就听说江东乔公有两个女儿，长曰大乔,次曰小乔,都有沉鱼落雁之容,闭月羞花之貌。曹操曾经发誓说:‘我一愿扫平四海,以成帝业;一愿得江东二乔,置之于铜雀台,以乐晚年。如此,虽死也没有什么可恨的了。’可见,他率百万雄兵,虎视江南,其实不过是为得到这两个女子。将军何不去找那乔公,用千金买下这两个女子,派人送给曹操。曹操得到她们之后,心满意足,必然班师回朝。”

周瑜道:“曹操想得到二乔,有什么证验没有?”

诸葛亮说:“曹操的小儿子曹植,下笔成文。曹操曾经命他写了一篇《铜雀台赋》。赋中的意思,单道他家合为天子,誓娶二乔。”周瑜道:“先生还能记得这篇赋吗?”诸葛亮说:“我爱其文采华美,曾经把它背了下来。”说完,当即将《铜雀台赋》背诵了一遍。其中“揽‘二乔’于东南兮,乐朝夕与之共”一语,果然是想要得到江东二乔的意思。

周瑜听罢大怒,站起来指着北方大骂道:“老贼欺人太甚!”诸葛亮连忙劝阻说:“当年汉朝皇帝曾以公主和亲,今天为了退敌,这民间的两个女子有什么可惜的呢?”周瑜道:“先生有所不知,大乔是孙伯符(即孙策,孙权之兄,其时已死)之妇,小乔乃周瑜之妻。”诸葛亮佯装惶恐道:“我确实是不知此事,失口乱说,死罪死罪!”

周瑜道:“我与老贼誓不两立,希望先生助我一臂之力。”

于是,二人遂订下联合抗击曹军的大计。

激将法也就是古代兵书上所说的“激气”、“励气”之法和“怒而挠之”的战法。激将法用于己的时候,目的在于调动己方将士的激情。乔布斯在企业管理中运用的其实就是激将法。

D 强迫术:帮助员工快速行动

乔布斯问赫茨菲尔德:“你究竟参不参加麦金塔电脑小组?”

赫茨菲尔德说:“可以,我有这个想法,不过现在我感觉待在苹果公司了无趣味。史蒂夫,我可能要离开公司,瑞克的解雇让我心里不痛快,这种做法是不对的!”

乔布斯快刀斩乱麻道:“那很好,来啊！你马上就能着手工作了！”

“什么？”

乔布斯说:“我是说,你搬过来,从今天起就可以为麦金塔电脑小组工作了！”

“好吧，再等一下，我还必须处理点事情，大概需要几个星期才能完事！”

“不行！我需要你立刻行动！”乔布斯干脆将赫茨菲尔德桌上的AppleⅡ电脑关掉,拿出碟片,拔掉插头,然后抱着整台电脑,嘴里说,“来,现在我就送你过去,如果还需要什么东西,晚些再回来拿！”

这是乔布斯1981年启动麦金塔计划时与一位苹果公司员工的谈话。

苹果公司准备启动麦金塔计划,需要自内部员工中调配精兵强将组成工作小组,其中赫茨菲尔德是名很优秀的程序工程师,原来一直在AppleⅡ小组,乔布斯需要将他吸纳到计划小组里,但赫茨菲尔德却对苹果公司于1981年准备实施的一项解雇计划不满,故而提出了自己的疑问,并表达了离去之意。但他的话里也表达了他乐意为乔布斯的计划工作的意愿,因此他是内心矛盾、迟疑不决的,在这个时候,乔布斯的果断作风发挥了效力,他不容赫茨菲尔德再有犹豫的机会，直接拔掉电脑插头帮助他作了决定。如果任由赫茨菲尔德再花上几个星期考虑,那可能情形就大不相同了。

只要你是出于好意,帮助员工快速作出决定,就能打破僵局,最终取得双赢的效果。

故事链接:鸿门宴

破秦入关之前,项羽屯兵新丰鸿门,刘邦屯兵灞上,双方相距不远。谋士范增劝说项羽抓住这个机会,尽快攻打刘邦,而项羽却踌躇不决。这个时候刘邦手下曹无伤背叛刘邦,向项羽告密说刘邦想在关中称王,让子婴为相,并且掠夺了全部财富。项羽闻言大怒,当即发誓次日便要消灭刘邦,然而项羽刚立下誓言，一转身又听信了刘邦收买的项伯的一番花言巧语,遂打消了进攻刘邦的念头,还同意刘邦前来谢罪。

项羽同意刘邦前来谢罪，摆下了鸿门宴。在鸿门宴上，范增屡次示意项羽杀掉刘邦，可是项羽却总是下不了决心，默默不应。后来范增见项羽拿不定主意，就自己招来刺客项庄，让他以舞剑为名，找机会刺死刘邦，不料项伯却也拔剑起舞，暗中保护刘邦，项庄屡屡不能得手；面对项伯如此明目张胆的行为，项羽却视而不见，让范增的计划再度落空。

项庄舞剑意图未果，宴会上的气氛依旧十分紧张，刘邦欲走不能走，想留不敢留。就在这个时候，闯进了骖乘樊哙，将项羽大骂了一通，项羽非但没有发怒，反而称樊哙为壮士，赐酒赐肉，对他很是敬重，可是这正在双方斗争的节骨眼上，并不是好汉惜好汉的时候。项羽做事的拖拖拉拉，使刘邦在项庄的保护下金蝉脱壳、逃之夭夭。

而刘邦根本不像项羽一样，他是该出手时就出手，绝对不拖拉犹豫，雷厉风行就把咸阳给占了，成了开国元勋。在企业管理中也是如此，该出手时就出手，在适当的时候帮助员工做出决定，甚至出于好意地强迫，不仅不会让员工错失良机，也会让自己有所收获。

E“忽悠”术：我们一起做海盗

一星期工作90小时，并乐在其中！

这是乔布斯写在干“海盗”口号下面的另一句口号。你会发现，乔布斯很擅长搞一些小花样。为了制造更震撼的效果，紧接着，乔布斯用夸张及作秀的姿势，打开一个盒子，拿出一件绣有口号的T恤衫，并套在自己身上。参加活动的成员每人都有一件，他就是要再次强化“海盗”主题。

随即，乔布斯又耍了个小花样——小组成员之间并不平等，在少数几件T恤衫的左胸下面还有一行小字，用以凸显少数核心人员的精英心态，字样是“麦金塔骨干”。显而易见，乔布斯就是按海盗的方法来刺激他们，他们是一群快乐的“海盗”，但仍存在差别待遇，有的人是甲板上做苦力的普通海盗，有的人则是在船长室里享用豪华大餐的高层海盗。

乔布斯之所以这么压榨大家的时间，是因为他的“海盗船”有一个令人难以想象的目标：他想在1983年5月16日全美计算机大会开幕的那一天推出麦金塔电脑，让世人大大惊讶一番。

当时，虽然不少核心工作已经完成，但是仍存在无数的小的疑难问题有待解决，他需要大家奋力冲刺。值得欣慰的是，乔布斯成功制造了一个士气高涨的氛围。

故事链接："望梅止渴"

三国时曹操征张绣，行军时很长一段时间都找不到水喝，在大军军心动摇，疲惫不堪之时，曹操告诉他的军队，在前方不远处有一片梅林，到那就可以吃梅子止渴。大家一听，士气为之一振，结果既找到了水源，又完成了行军任务！这就是激励的效果！

美国哈佛大学教授威廉·詹姆斯通过研究发现，在缺乏激励的组织环境中，员工的潜力只发挥出20%~30%，而在良好的激励环境中，同样的员工可以发挥出其潜力的80%~90%。可见，在企业管理中，每一位员工都需要被激励。

第 7 章

从乔布斯到“你被乔布斯了吗”

——中式“乔粉”论创新

远在大洋的彼岸，乔布斯被奉若“神”，在IT界的殿堂硅谷呼风唤雨；乔布斯的公司是全世界市值最高的公司，在商业社会他就是一个奇迹。

横渡一个太平洋，他的“神迹”在中国这个东方国度仍然有效。N多人为了能当一回“爱疯”彻夜排队，N多人为能融入“羊群”而“爱疯”，N多人要将他视为偶像——学他的强悍与刁钻，学他的创新与唯美，学他的一举手一投足，哪怕他从来没有踏上中国土地。

从所有公开的资料记录中，乔布斯真的从未踏足中国大地(他是否曾经易容改装微服探访过，不得而知)，这与很多全球知名企业的掌门人们时不时就要来访一下中国这个“全球最大的市场”截然不同。然而这并不妨碍很多中国人为他而疯狂，也不妨碍诸多中国企业要学习他，被他改造着，这就是乔布斯在中国的影响力。

中国CEO是如何“被乔布斯”的？

从我们身边看起，看看我们都怎么“被乔布斯”的。

手握iPhone才有神——iPhone未必是人人适用的手机，但却是人人希望拥有的手机。无他，左邻右里亲朋好友都用的时候，你不用，就没神了，没话题。乔布斯的iPhone是一个符号。

苹果才是潮——苹果的产品真的不是最强的，尤其是Mac，性能比它强的电脑多了去了，但有钱人就喜欢它，没了它就不能摆款显潮流。所有苹果产品都是符号。

水货有理——四家苹果专卖店，过千家苹果官方授权店，但谁都可以确定，卖水货苹果的店更多。乔布斯隔洋创造了中国的水货市场。

黄牛当道——与水货共生的就是黄牛。在苹果店门口蹲点，甚至越洋杀入美国本土抢货，都是小儿科了。没有苹果，就没有黄牛。

贵就是好——古云一分钱一分货，乔布斯把这条古老的中式定律升级为“贵就是好”。君不见苹果店里面所有东西都很贵吗？要苹果吗？努力赚钱吧。

……

尽管绝大部分把乔布斯当作偶像的中国人无缘见“乔神”一面，但他们都自诩最了解“乔神”，能读懂他的“神迹”，且看这帮中式“乔粉”的朝拜心路。

1. 周鸿祎：学乔布斯的拿来主义

1997年乔布斯重返苹果之后，苹果在核心技术上全面采用了拿来主义的策略，也就是说苹果产品上的很多东西，核是别家的，或者是收购的，然后再在外面加了一个壳。比如说,iOS操作系统和Safari浏览器都是在别人的核心上加了一个苹果自己的壳。

你看人家苹果既没有试图去占领技术制高点,也没有非要建立一套通信标准,但人家只凭把用户体验做到极致,就能把手机市场搞了个天翻地覆,打败天下无敌手,甚至整合出iTunes、Appstore出来。这种对既有技术的整合难道不就是一种创新吗?

拿来主义告诉我们,并不是什么都是自己做,才叫做高科技。不管是不是自己原创的,只要你有能力给用户带来比别人好的、一流的体验,那么你就是在创新,这种创新与做出核心技术相比,同样重要。

改造结果:中式互联网一大抄

基于拿来主义的思想,中式互联网贯彻了“乔神”的精神,喜欢把海外成功、新锐的模式复制到中国,并按照中国市场的特点加以本地化。通常抄不限于中国抄外国,中国人自己抄自己也很流行,并常常用“微创新”来形容。可惜,大多数贯彻拿来主义的人,都只拿了“乔神”的形,而无“乔神”的神。

2. 李开复:乔布斯无法复制

年轻时曾在苹果工作两年,却与乔布斯擦肩而过(其时乔布斯刚好离开苹果),“创新达人”李开复说起乔布斯总是有说不完的话。虽然他总是推荐周围的人去学习乔布斯,但他自己却认为乔布斯是无法复制的。

正如,你不可能像他那样单靠自己一个人把握未来的能力就足以保持苹果这个世界最大科技公司的领先优势;也不可能像他那样一边动辄对员工咆哮,一边又用超强的感染力激发员工的工作热情;更不可能像他那样一边拥有着嬉皮士和禅宗修士的双重性格,一边又像个摇滚明星一样引得无数粉丝顶礼膜拜。

改造结果:个性CEO无个性

人人都学乔布斯，人人都学不像，后果就是人人都以为自己很有个性，但其实人人都没有个性。聚焦到中国的科技业，几乎每一个CEO嘴上都能说上几样乔布斯的成功之道，诸如注重消费者体验，注意产品细节，建立完整的产业生态圈……但可惜从来没有一个人能成功。

3. 柳传志："苹果正错过中国商机"

联想创始人兼董事长柳传志对英国《金融时报》表示："我们很幸运，因为史蒂夫·乔布斯的脾气很坏，没把中国市场当回事。如果苹果花在中国消费者身上的工夫与我们一样，那我们将会有麻烦。"

柳传志发表此言之际，联想正快速摆脱金融危机，走向复苏，这主要是得到其在中国实力的提振。该公司拥有本土市场大约30%的份额，而中国是全球增长最快的市场之一，而且预计在一年内将成为全球最大市场。

与海外消费者一样，中国消费者也展现出对苹果产品的钟爱，但这些产品的正式销售渠道极其有限。苹果只是在中国最大的几个城市拥有少量旗舰店和授权分销商。

iPhone智能手机只能通过中国第二大移动通信运营商——中国联通(ChinaUnicom)合法买到。该渠道的销售一直低迷，因为其价码比通过未授权渠道销售的iPhone高得多。

苹果不愿对柳传志的言论直接置评，但它表示，他们把中国市场视为一个重大增长机遇。

柳传志表示，联想在进军移动设备方面的首款标志性产品LePhone，在中国市场与iPhone竞争时将处于有利地位，因为今年早些时候亮相的这款产品，是面向中国用户精心设计的。

"这是一件很现实的事。iPhone有逾10万家内容提供商，而我们只有不超过1000家。"

"但我们的中国顾客觉得，我们的应用使用起来非常便利。"

这位联想创始人表示，他预期中国最终将取代美国，引领全球科技领域的潮流，因为中国国内消费的腾飞，将迫使全球科技企业调整各自的研发路线图，以追随中国消费者的品味。

其它跨国个人电脑企业，如惠普(HP)、戴尔(Dell)和宏基(Acer)，均认同中国市场的威力。它们正将更多资源投入中国。

不过，柳传志暗示，苹果却无视这一逻辑。

“史蒂夫·乔布斯是一个天才。以我的标准来衡量，他可算一个另类，”他说，“我的理论是，经理人需要是一根线，来串起一颗又一颗珍珠。但乔布斯自己就是一颗大珍珠。”

“乔神”与中国的恩怨——“双十记”

2011年9月22日，苹果的世界Macworld终于要降临中国北京，但“乔神”99.99%不会来——辞去了苹果CEO一职，且在与病魔作战的关键时刻，谁都不能奢望这位退下火线的风云人物到访中国，进行他的首次东方之旅——这个要求太高了。但乔布斯为什么在他生龙活虎的时候也没来中国一趟，非得让大家落得一个终身遗憾呢？这就不得不说“乔神”与中国的恩怨情仇了。

传说，“乔神”对中国市场很不爽：苹果都很贵，买得起的中国人不算多，所以中国市场虽然巨大，但对苹果的贡献甚微；中式山寨都很强，苹果iPhone一出，跟着冒出橘子、橙子、果子等一大堆“水果手机”，“乔神”说中国很没创意；中国消费者也很自讨苦吃，好端端的有苹果专卖店(偌大的中华大地，就那么四家)不去，非得帮衬“黄牛”，惹得“黄牛”东渡太平洋踏上美国抢货去了；中国用户还喜欢破坏“乔神”的规矩，玩iPhone不花钱买软件，喜欢破解再盗版，让“乔神”的发财大计破灭！

无法证实“乔神”是不是就那么不爽中国的消费者，但中国用户实在拥有太多iPhone了。

抛开恩怨，就事论事，乔布斯是无可争议的风云人物，他不仅给苹果公司带来了风光，也给人们带来了改变生活方式的科技产品——或者，他更愿意人们说他是用美学主义征服了冷冰冰的科技，用带有温度的科技产品改变了全世界。要理解乔布斯怎么改造中国人，首先就要理解他怎么成功的，来看看他的“双十记”。

1. 乔氏成功十法则——“这就是你想要的！”

照着做，你或能成为“乔布斯二世”。

与敌人合作

苹果与微软这两个老冤家在1997年却建立了合作关系，尽管苹果的Mac电脑不用微软的Windows——在苹果经历了十二年的经营亏损后，乔布斯需要为苹果注入新的资金，因此他开始向比尔·盖茨寻求合作，盖茨最终向苹果投资了1.5亿美元。还有苹果与三星的关系，哪怕今天苹果在全世界多个地方与三星进行专利诉讼，打得不可开交，但至今三星还是苹果最重要的液晶屏和半导体存储器供应商。应了商场那句老话：没有永远的朋友，也没有永远的敌人。跟敌人合作，不仅需要勇气，还要有很高的EQ。

产品要性感

作为一名伟大的推销员，乔布斯深知产品外观美感的重要性，不性感就不是好产品。他总是强调产品设计要有感情，哪怕是当时卖得火热的苹果产品，他都能用“糟糕”来形容其设计——不然就不会有更性感的下一代产品。

砸烂旧规矩

苹果最初只是一家生产电脑的公司，乔布斯如果是一个守旧的人，就不会有以后的iPod、iPhone、iPad。就因为他不守规矩，不安分守已地卖电脑,所以他砸烂了旧规矩,按照自己的思维去发展事业,终于在2007年将公司的名字从AppleComputerInc.改为Ap-pleInc.。

不向垄断低头

过去很长一段时间,很多销售商都没有足够重视苹果产品。乔布斯是如何解决这个问题的呢?他开创了苹果网上应用商店。现在苹果应用商店已经遍布全球,成为该领域的佼佼者。

主动告诉消费者他们需要什么

很多公司都把满足消费者需求挂在嘴边,但乔布斯说,如果消费者也不知道自己需要什么,他们怎么能告诉我他们需要什么呢?所以,他的做法是做出一样产品,直截了当地告诉消费者:"这就是你想要的!"

连点成面

苹果推出的产品不仅极具创新性,而且不同的产品之间还能够有机融合。iPod和iTunes是完美组合,iPad和iPhone在应用店中也是彼此呼应。乔布斯曾经说过:"创新就是将不同的事物有机连接起来,连点成面,形成合力。"

员工雇佣标准不能千篇一律

乔布斯曾经这样形容苹果公司的员工:Mac电脑之所以能取得巨大的成功,是因为计算机开发人员的多样性,有音乐家、诗人,也有艺术家、历史学家,他们最终成为了世界上最出色的电脑专家。这一点正如很多人认为乔布斯本身也不是技术专家,而是一个艺术家一样。

鼓励别人以不同的方式思考

苹果在20世纪90年代末发起过一个以"Think Different"为主题的广告设计大赛,并取得了巨大成功,它激起了人们的创新发明意识,也正是这些造就了今天的苹果。

产品要简单

简单的用户体验才是王道。当人们看到第一台iPhone手机时,无不诧异:"它怎么能简单得连按键都只剩下一个?"但事实证明这种简单是正确的。

卖的是梦想

乔布斯总能给人这样一种感觉，用户购买的不是苹果产品本身，而是产品的象征意义。要记住，人们最关心的还是他们自己，所以要让产品与用户产品连接，这样产品对用户就有不一样的意义。

2. 乔氏成功十变革——这是被乔布斯改造的科技世界

让设计成为一种需求

乔布斯非常关心产品设计。他很早就意识到消费者会被优秀的产品外观吸引。无论是汽车还是电脑，人们都愿意购买一些比同类产品更为美观的东西。他向所有竞争对手证明：要想追赶苹果，就必须要推出外观精美且具有创意的产品。可惜，至今无人能超越他。

引入保密文化

环顾整个科技领域，有很多公司都放任信息泄密，一些内部信息被频繁公之于众。但在苹果，泄密就是犯罪，员工会因此被炒鱿鱼。苹果严格推行着保密政策，这项政策是由乔布斯建立并推行起来的。

让用户融入企业文化

科技行业的一个重大错误是，很多企业的文化都只有他们自己的员工才知道。而在苹果，乔布斯却将消费用户和企业用户都引入了这种文化，让他们都坚信苹果是一家能够提供优质产品的优秀企业。

利用粉丝的力量

当乔布斯第二度执掌苹果之际，他迫切地希望利用人数不多但却十分忠诚的苹果粉丝。他意识到，这是公司未来发展的核心，他需要这些不拿薪水的发言人来宣传苹果的产品。自那以后，苹果的粉丝群体开始迅速壮大。如今，全球有数千万人不计报酬地维护着苹果的品牌。他们确保了苹果的主导地位，阻挡了竞争对手，并且为第三方配件制造商和应用开发商带来了巨大的创收空间。不用看了,你就是那千万粉丝中的一员。

好东西不怕贵

当今有很多企业简单地认为,要吸引消费者,就必须要在价格上胜过对手。但乔布斯却为我们展示了另外一种不同的方式。他的产品比竞争对手卖得贵,但销量却更高。苹果之所以能够做到这一点是因为它的质量有口皆碑。

改变娱乐行业的面貌

当乔布斯再次出任苹果CEO时,音乐行业还在自娱自乐。物理媒体是获得音乐的最佳方式,消费者被迫购买一次只能播放几首歌曲的播放器。但之后,他推出的iPod却改变了这一切。

历史证明,这是苹果有史以来最优秀的产品之一。这款产品改变了人们收听音乐的方式,不仅对零售行业产生了影响,而且改变了音乐行业的发展方向。这就是乔布斯的魅力:用一款产品颠覆多个行业。

平板电脑兴起

在iPad发布之前,平板电脑就已经诞生,但没有一款产品能真正引发主流用户的关注。但当iPad上市后,一切都改变了。如今,平板电脑随处可见,很多人认为它将继续蚕食上网本和轻薄笔记本的市场份额。多亏了乔布斯,才出现了这样一个全新的市场。

触摸屏随处可见

如果没有iPhone,也就不会有iPad。这款2007年发布的、配备3.5英寸触摸屏的产品彻底改变了人们对手机的期许。在iPhone发布前,用户已经满足于配备小屏幕和物理键盘的手机。而如今,这一切都已经成为过去,消费者都会购买配备大触摸屏的手机。

让科技变得更酷

多年以来,科技一直都没有被人们视为最酷的东西。但在乔布斯带领苹果复兴并推出了一系列优秀产品后,这种情况已经发生了变化。要想当“潮人”,一款优雅的电子产品是必不可少的。但对多数企业而言,却是一个不幸的消息，因为多数潮人的选择只限于Mac、iPhone和iPad。

放弃陈旧的技术

众所周知，乔布斯经常会放弃旧技术，并启用最新最好的技术。例如停止在电脑中使用DVD光驱，通过MacAppStore提供MacOSXLion操作系统，免去了光驱安装的繁琐程序。乔布斯经常会毫不犹豫地放弃过时的技术，并融入最新的标准。

3. “门徒”PK——山寨心态与苹果精神

当全球IT业巨星乔布斯因病不再担任苹果公司CEO的消息传出时，在大洋此岸的互联网江湖激起了巨大的波澜。国内两位自视为乔布斯的“中国门徒”的互联网牛人迅速兴风作浪，相互掐上了。

搞创投、做手机的雷军，将他的事业前景和乔布斯的身体健康结合起来大发感慨：“乔布斯有一天也会死，所以我们还有机会。我们生存的意义就是等待着他挂掉。”另一位靠网络插件起家，如今则靠整治网络技术吃饭的周鸿祎马上站出来反击，指斥雷军拿乔布斯健康调侃，实属大不敬，还直言雷军与乔布斯基因不同，“山寨货永远成不了乔布斯”。

考虑到两人背后的产品之间的宿怨，这番言语扭打可谓老套无聊。再考虑到也可能是有新品将上市前进行的炒作，在创意上可谓乏善可陈。但是如果暂且撇开这两点不论，通过雷军的言论，或许可以管窥中国IT和互联网江湖另类风景之一二。

中国IT业与世界先进水平的差距，不可以道里计，这是明白人公认的事实。具体比喻一下，如果说乔布斯以及苹果公司，犹如一只遨游在大海中的鲨鱼，我们熟知的某些中文互联网公司和名流，充其量只是横行在浅水江湖里的虾蟹而已。置身这一江湖之人，如果说“生存的意义就是等待乔布斯挂掉”，我觉得是一句大实话，理性地看待，这话体现了一种黑得无边无际的绝望，比显示器上满屏幕的乱码更为纠结无序。而感性待之，在生活情景中，这话缺乏了对一个癌症患者起码的尊重。而以IT业或者创意产业为背景看待这句话，则太像出自精神奴隶之口，言辞中透出的自轻自卑，可以惊叹，但不能指望他追求创意，拒绝山寨。难怪周鸿祎会感到“忍无可忍”。

或许诚如雷军稍后在致歉中所言，他其实是想向乔布斯致敬——但恰恰是这样自相矛盾的一番话，暴露了创意极其匮乏的中国互联网领域的某种真相：满目山寨中，真正的互联网创业精神和原创精神无迹可寻。

诸多江湖声势煊赫，靠风投上市赚得满盆满钵的弄潮儿，可能更像是一具具没有灵魂的躯壳而已。他们将乔布斯奉若不死的神明，又巴不得他早点挂掉，他们嘴上念叨着乔布斯用在创意上的格言“stay hungry，stay foolish”（求知若渴，虚心若愚），行动上却是将原创和创意放在眼前利益之下任意蹂躏，只是在追逐名利上创意迭出、如饥似渴。

从这个意义上看，周鸿祎说得不错：“成功商人的你和理想主义的乔布斯不是一类人。”虽然都是全须全尾的人，生物基因差别细微，但在精神、文化、传统方面，基因的确大不一样。显然，必须清醒地认识并正视这一点，并加以克服，山寨互联网才有未来。

“这回苹果真的缺了一块”
——乔布斯的“空洞”，谁来补上？

“这回苹果真的缺了一块。”在纽约第五大道苹果专卖店门口接受中新社记者采访时，亚当如此表示。他说他是在获悉乔布斯死讯的第一时间赶到这家苹果专卖店，看看会发生什么。

死亡确实是斯蒂夫·乔布斯生命中不断面对的东西。2003年，乔布斯患胰腺癌，2009年进行换肝手术。这期间，关于他健康恶化的流言不绝于耳。甚至所有人都将他的可能去世作为苹果股票的最大不确定性。

他无疑是全世界最受人关注的癌症患者。即便在抱病的情况下，乔布斯依旧出现在2005年斯坦福大学的毕业演讲上，他说，"在过去三十三年里，我每天早上都会照镜子，自问：如果今天是此生最后一日，我今天要干些什么？"

他说，"提醒自己快死了，是我在人生中下重大决定时，所用过最重要的工具。因为几乎每件事-所有外界期望、所有名誉、所有对困窘或失败的恐惧，在面对死亡时，都消失了，只有最重要的东西才会留下。提醒自己快死了，是我所知避免掉入患得患失的陷阱最好的方法。"

如今的乔布斯终于不用再去提醒自己什么了，但是那个被咬过一口的苹果却将永远提醒世人，关于乔布斯的一切，或者更多。

事实上，乔布斯的人生有太多像那个苹果缺口一样的不完满：出生被亲生父母遗弃、大学未读完辍学、被赶出自己创办的公司，等等，但他正是在这样的不完满中追寻着人生完美的极致。对乔布斯而言，有缺口的人生才是真正的人生，也正是有缺口，才让人生有了更多的追求。这或许就是苹果所谓的乔布斯精神的其中之一吧。

一个多月前，乔布斯正式卸任苹果首席执行官，或许这是他为苹果作的最后一个有预见性的决策，这让苹果有了一个缓冲期，让世人早早去适应这个苹果最大的不确定性。

对于乔布斯去世的消息，美国一下子遗忘了华尔街的占领，所有新闻的重头全部被乔布斯覆盖，推特、facebook上弥漫着对于乔布斯的怀念和哀悼之情，奥巴马总统、比尔·盖茨、Facebook的扎克伯格、谷歌、迪斯尼、推特等公司的CEO们，乃至纽约市长彭博都迅速为之发表哀悼之辞。

世界会以另一种方式记住乔布斯，正如盖茨所言，他将影响几代人。

1. 若无乔布斯，苹果电视岂能笑看春风吹？

乔布斯去世后，关于苹果的种种负面便纷沓而来：苹果股价在国外大跌、苹果能否继续辉煌被频频怀疑……无论如何，苹果与以往任何时候一样，吸引了太多的目光。

若说乔布斯的去世有可能引起IT界震动的话，对电视行业也许是个好消息：日前苹果传出要进军电视界并已经着手做一些相关工作。鉴于苹果之前在其所有的产品线所取得的成功，苹果电视被认为是全球电视企业的梦魇，有可能颠覆多年来已经稳定的电视格局。于是全球电视企业在一段时间内被认为是在坐等被苹果电视"收拾"却毫无建树。在这种背景下，乔布斯的去世虽然让业界大呼少了一个天才，全球的电视企业却不用担心乔布斯短期内携带苹果电视来吞噬他们的市场。

今天却有消息称，乔布斯在去世前几个月一直坚持工作并为苹果铺好了未来四年的路，其中包括千呼万唤始不出来的iphone5和传出绯闻不久的苹果电视。相关报道称，乔布斯在死前数月，仍致力研究iCloud项目，该技术让苹果用户可遥距储存音乐、影片及其他数据。在未来二至三年，苹果的产品仍会打上乔布斯的烙印。因为他在推出新产品前数年，会预先绘制好蓝图。

毫无疑问，在舆论随时两边倒的现在，上述消息还是很让众多对苹果电视抱有希望的人士安心的。然而苹果电视真的如消息所说已经被乔布斯打点好一切、只欠东风了吗？没有了乔布斯与乔布斯的理念，苹果电视还是不是我们想象中那个可以颠覆传统的创新产品？没有了乔布斯，又有多少人能捧苹果电视的场？

天才很多，却不都是乔布斯？

乔布斯的苹果电视是这样的：它可能是一台大屏幕、集成互联网和应用、基于iOS系统的智能电视。它可能只有两条线缆：电源线和电视线缆。用户打开这台电视之后，只要输入属于自己的苹果ID凭证后就可以进行观看。这台电视还有可能运行从游戏到FaceTime、Skype这样的应用，它还可以使用有线电视提供商的互联网服务作为Wi-Fi基站使用。据悉苹果电视也将会同iphone一样主打高端。乔布斯的苹果电视与我们目前看到的电视最大的不同点在于，其延续了苹果产品以往以简约为主旨的风格，让电视与手机、电脑一样成为一种别致的流行风景。乔布斯的规划无疑是美好的，凭借其令苹果起死回生的本事我们也有理由相信，在乔布斯的操作下，苹果电视极有可能成为我们想象中那样一台颠覆传统、引领时尚的新时代电视产品。它将会打败全球领先的电视企业、颠覆人们对电视的传统看法、让现有的智能电视变成小丑……可是无论怎样，乔布斯终究没能让我们顺利地看到苹果电视从他的手心飞出来。于是，没了乔布斯的苹果电视处在了尴尬的地位。即便继任者是乔布斯亲选、有可能与乔布斯的思路保持一致，依然会引起质疑：天才很多，但不都是乔布斯，即便无限接近却不能完全一样。在继任者的理念中，苹果电视或者又是另外一番景象了。

支撑倒塌了，苹果还具有颠覆的力量吗？

在电视领域，说得最多的就是履历，履历便代表了实力。从目前的家电市场中也能看到，随着黑白电市场的变化，大多电视企业都开始涉白、与传统的白电企业争夺白电市场；却没有哪个白电企业或者其他家电、IT企业妄自进入电视市场。

这其中除了市场容量的因素外，也是电视技术的限制使然。电视产品包含了屏幕、芯片等多种技术，在如今3D、智能迅猛发展的背景下，又加入了3D技术和智能运用技术的考核，因此电视行业的入行门槛相当高。苹果最初想进入电视行业的原因之一是市场前景，用苹果相关负责人的话说就是：电视机的领域创新空间巨大，研发电视是苹果当前必须要做的事情。也就是这句话，在家电行业引起了震动，苹果电视被看作是传统电视企业的坟墓，前面的诸多预言也由此得出。

现在的问题是，没有了乔布斯的天才想象力和执行力，苹果电视还会是传统电视的坟墓吗？

当初人们对苹果电视恐惧和期待并存的矛盾很大程度上源自于对乔布斯的恐惧和期待。乔布斯为我们的生活带来了太多的惊喜：无论是鼠标还是个人电脑、亦或是iPad和iPhone，这些都让人们无条件地相信乔布斯会打破电视行业的壁垒，成为后来居上的成功案例。也因此，苹果在对智能电视小试牛刀时的失败、苹果在电视技术基础上的极度匮乏都被自然忽略。乔布斯的苹果像当初夏娃的苹果一样引得人们无条件靠近并相信。但这一切都源自于人们对乔布斯的信任，没了乔布斯，一切重新说。

乔布斯刚刚离去，苹果股价就开始跌。苹果为乔布斯献上的大礼“iPhone4S”也没能引起想象中的轰动。也许可以想象，数月甚至一两年之后，苹果电视推出之后，还会像iPhone4和iPad一样势如破竹、笑看春风吹吗？答案很明显：没有了乔布斯的天才支撑、没有技术基础支持，苹果电视要么一鸣惊人、要么沦为笑谈，目前看来，后者的可能性更大。

2. 他们都是“苹果控”——乔布斯走了，体坛慌了？

乔布斯在电子工业界的成就和影响与迈克尔·乔丹在篮球界一样具有划时代的变革意义，而乔布斯与体育界的渊源也是很深厚的。乔布斯不是完人，他的独裁个性、暴烈脾气曾让同事深恶痛绝，这正像所有运动明星一样都有着某种意义的偏执狂性格。

从这个意义上来说，乔布斯和拳王阿里、飞人乔丹、闪电博尔特、飞鱼菲尔普斯、格布雷西拉西耶、曾将跳远纪录保持二十三年之久的比蒙等传奇人物来自“同一个国度”，他们都是人类的时代MVP。他们都是“苹果控”，请看他们的微博。

郑洁：到多哈第一顿晚餐，点菜居然是用iPad(能再奢侈点？)还配有图片，真方便。看看是哪个馋猫在忙着点菜？不过不能在这里定居，听说这里实行一夫四妻。

张玉宁：苹果的好处啊？治疗便秘啊！哈哈。说实话，暂时还没发现，因为我不是苹果控，佩服大冷天还在外面冻一宿就为了拿下iPhone4的人。看我，iPhone5都要出产了，还在用3代。对了，苹果里有个软件叫“会说话的汤姆猫”，我儿子喜欢玩，他调皮时我就用这个“镇压”他，好使。

冯喆：苹果让我重新认识了联通，上网确实挺快的。它确实丰富了我的业余生活，原本厚厚的一堆书，现在可以下载到iPad随身带着。接触的东西也更多了，代价就是我因此成微博控了。像我们买iPhone4就属于穷得瑟，说贵吧，我们这些穷人不吃不喝也能买上，买上了就跟有钱人一起用，哈哈。

乔布斯是“体育控”？

孩提时代，乔布斯是一名非常出色的游泳健将，在这方面非常有实力。但尽管他在游泳的项目上拥有一定的天赋，不过对于整个体育或其他团体活动的兴趣却真的不太高，一生都致力于电子工业当中。或许正是因为他兴趣的单一，这种对电子工业的钻研精神就更加执着，于是才会在这个领域上取得成功。

除了游泳，乔布斯还对高尔夫情有独钟。PGA教练菲尔·弗劳尔斯透露，尽管苹果创始人乔布斯并不是一个真正意义上的高尔夫球友，但他却尝试过。当1994年，乔布斯准备学习高尔夫的时候，菲尔·弗劳尔斯是加利福尼亚州锡赛德刺刀与黑马高尔夫俱乐部的一名教练。“乔布斯告诉我：‘这比软件难多了。’”菲尔·弗劳尔斯说，“我们俩连续两天在一起训练，每天的时间为3个小时，可是那之后再也没有下文。学习的天分上不是问题，时间才是。他工作的时间太多了。那也许是乔布斯最后一次决定学习高尔夫。多年之后，我再次见到乔布斯。几年之后，在圣地亚哥偶然遇见他。他告诉我他已经多年没有碰球杆了。”

不管你是不是苹果迷，你的生活都在被乔布斯深刻影响着，体育也不例外。

足球点球大战前，门将们不再看教练的字条，而是靠iPod或者更先进的iPad。网球场上、高尔夫绿地上，专业或非专业的运动员都因为iPad带来的各种训练应用程序，而不断改进着自己的技术动作。更衣室里，iPad取代了以往的随身听、MP3……成为明星们克服紧张、调整状态的工具。甚至还有球员把iPad带上替补席，以至于前一阵特维斯罢赛时还传出了段子：“我不愿上场，是因为巴洛特利已经答应待会就让我玩他的iPad。”体育记者也在受益，iPhone上有关的统计数据应用程序，让他们都可以更快更方便地拿到比赛资料。

穆里尼奥用iPad讲解战术——现在皇马主帅穆里尼奥只需启动iPad，然后轻松点击，就可以详细地得知一切数据。穆里尼奥特意请电脑专家为他量身定做了一套战术分析程序，这套名为“穆里尼奥盘战术板”的程序，能在电脑或者手机上汇集和分析自己球队以及对手的种种数据。

2011年7月17日，皇马前往美国与洛杉矶银河进行了一场热身赛，西班牙豪门4:1大胜，不知道这与穆里尼奥在教练席上用iPad分析战术是否有关。甚至穆里尼奥在欧冠禁赛时，都在看台上用iPad指挥比赛。北京时间9月15日凌晨，皇马远征萨格勒布迪纳摩，穆里尼奥无法在教练席上指挥赛事，但对方为他提供了一个包厢。由于欧足联规定穆里尼奥不能在比赛中用手机遥控指挥，聪明的皇马主帅选择用iPad与助理教练卡兰卡以及其他助手保持联系。

姚明邂逅PowerBookG4——姚明在Twitter中对乔布斯的离世表示了缅怀：“听到史蒂夫·乔布斯去世的消息，我非常地难过，他是位伟大的具有创造力的领导者。”

姚明不仅仅是苹果产品的忠实拥趸，还是苹果的形象代言人。在2004年的时候，姚明逐渐打出名气，数据有了稳定的提升，正巧得到了苹果高层的赏识，于是姚明就成为苹果笔记本电脑PowerBook G4的代言人，这也是姚明在进入NBA后的第一条商业广告。广告中，姚明与著名演员维恩·特洛耶联袂。飞机上，姚明拿出PowerBook G4来打发寂寞时光，不过没有想到坐在身边的身高只有1.20米的特洛耶同样拿出该款电脑产品，但却是17英寸的显示屏，而身高7尺5的姚明却只能用小一号的电脑，对比落差鲜明，创意不错。

皮特鲁斯排队买iPad2——苹果粉丝排队购买iPad2时偶遇NBA球星迈克尔·皮特鲁斯，当时皮特鲁斯比这名粉丝去的更早，排在队伍前面，为了买到一部iPad，皮特鲁斯与其他粉丝一样等了大概5个小时。

为玩iPad拒绝热身上场——在意大利对法罗群岛的比赛时，坐在替补席上的意大利妖童球星巴洛特利根本不关心比赛，而是专心玩着自己的iPad。意大利主帅普兰德利对他的比赛态度非常不满，巴洛特利为此险遭封杀。也不知是巴洛特利太不能自制，还是iPad太吸引人。

苹果闹钟为输球"买单"——湖人在主场以85:104惨败给灰熊，输掉新年首战。谁该为卫冕冠军的惨败埋单？主帅杰克逊说全队每个人都有责任，现在，这份责任者名单中可能还要加上一个：苹果手机。

"我的iPhone手机里的闹钟没有响，所以我起迟了，没赶上球队的投篮训练。"湖人先发大前锋保罗·加索尔说。而加索尔还不是唯一一个中了苹果手机招的湖人球员。ESPN称，湖人至少有三名球员当天上午因为iPhone的闹钟没响而训练迟到，除了加索尔，另一个是卢克·沃顿。

英女王成iPhone超级玩家——《足球经理》代言了众多人高中或大学时的寝室青春。它是目前世界上一款最为流行的足球经营战略模拟类游戏，曾被媒体评为"十大破坏男女关系的游戏"之一，因为一般沾上游戏就难以自拔。在游戏中，你要像真实生活中的主帅一样，接管一支球队，负责训练、转会、比赛和新闻发布会，并去赢得各项冠军。

难以想到的是，在为足球疯狂的英伦三岛，即将年满85岁、1952年即位的伊丽莎白女王二世，居然也是一个疯狂的FM玩家！这一新闻的最初线索，来自于一年一度的"女王新年封赠名单"中制作FM的游戏公司"体育互动"行政总监迈尔斯·雅各布森这次获得了OBE(英军官勋章，在爵士以下的爵位中列第二级)称号。

雅各布森幽默地说："我相信女王陛下不会作弊，除非有人帮她作弊！

阵型？我猜测她用的是英格兰传统的442带边锋阵型，不过这还需要当面问她。”在雅各布森的twitter中，他还透露了女王玩游戏的更多细节：“她首先接触到的FM版本是iPhone手机版。我不认为她需要我的任何指点，听说她带领拉什顿钻石队在游戏时间的2024年已经赢得了所有的冠军，包括冠军杯！”

而且据媒体打探到的消息，女王是通过在游戏中执教曼联、利物浦这样的传统强队燃起了对这款游戏的兴趣，而且一发不可收拾。后来在厌倦了执教传统强队后，女王陛下开始挑战自己，扮演起了低级别球队的救世主角色。拉什顿钻石队，在她的股掌之间显然已变身超级豪门。

谁可能是下一个“乔布斯”？

随着乔布斯私密、静默地落葬，支撑苹果公司巨大发展平台的一批幕后实力人物，也渐次浮出水面，从“潜水帝”转为“公共人”，为社会大众所关注。

业界都知道乔布斯在苹果汇集、统领着令同行对手垂涎的设计研发团队，后乔布斯时代苹果的技术实力不需要被特别地拷问。但没有乔布斯的苹果会是怎样的苹果，仍成为所有关注苹果公司未来前途的人们心中巨大的问号。这是因为，苹果实在太特殊。

我们看到，很少有产品像苹果产品，已经不是纯物用商品，它们充满了如此强烈的“生命体征”。而这种“体征”是苹果之父乔布斯赋予的。

乔布斯不是神，甚至都不是常规标准中的“好人”。他放浪过自己，迷过致幻药，恋爱恋出了孩子不愿接受，找出的理由囧得不能再囧，干脆说自己“无生育能力”。他至死人际关系都不太好，去世前一位友人想赠他一件纪念礼物，乔布斯觉得此举太“赘”，不但不收物，连人也拒之远远的，再不和这位友人有任何交接。

但乔布斯又是如此真实,如此忠实于自我。

“永远,永远,听从自己内心的声音……”——在当今世界,在环境压力如此迫人的现代社会,乔布斯的格言令人感觉如此奢侈,而又如此令人心向神往。这个地球的很多角落的很多人,都有神经被乔布斯触动之感。

更为特殊的是,乔布斯一直在死亡的边缘、在生命的一种极致境地思考、行进着他的人生和事业。在他知道自己离化为尘埃已不遥远的时候,他仍然不遗心力地塑造着苹果的优雅和完美。“我真想亲吻一下这个按钮……”乔布斯曾对他的苹果产品发出这样叹息般的赞美,而他的叹息在全世界获得了回应。

生命的印记,灵魂与心的温度,这是乔布斯赋予苹果的无与伦比的魅力,也是乔布斯的去世留给苹果的巨大空洞。苹果的后来者,能填补这个空洞吗?

1. 他给中国企业留下了哪些启示?

乔布斯从未来过中国, 这没有影响他成为这片土地上最有知名度,也最受崇拜的商界领袖。

“这一刻,没有一个人的离世能让全世界人同时感到如此痛心和惋惜,他是我的偶像,也是几乎所有认识的朋友心目中敬重的商业领袖。他完美地把科技和艺术结合,创造了世界上最优雅的产品,不仅留下了市值最高的公司,更留下了人们对他深深的怀念。我们还能再崇拜谁呢?”

腾讯CEO马化腾在微博写道。乔布斯虽然已经离去,他给中国企业留下了哪些启示?

“在过去的十年里,乔布斯像灯塔一样指引着科技行业的发展。作为一个竞争对手,他让我们所有人都备感压力,我相信他留下的苹果和其他遗产将在未来的若干年里继续推动整个行业的发展。”联想CEO杨元庆昨日对乔布斯的离世评论道。

“尽管有心理准备，但当这一刻真正到来时，还是让人触动很大。”互联网实验室董事长方兴东接受采访时表示，“他的一生最好地体现了IT行业创新的灵魂”。

创新工场董事长兼首席执行官李开复眼里，乔布斯在创新方面特别值得称道的一个地方在于，他总是能够看清楚行业发展的潮流。

李开复在微博中写道，乔布斯能够：

(1)预测业界趋势，

(2)大胆使用最先进的技术，

(3)打造崭新的商业模式，

(4)凝聚一流人才，

(5)憧憬用户尚不自觉的需求，

(6)永不停息的自我超越，

(7)设计每个细节都近乎完美的产品，

(8)口若悬河地说服用户情不自禁地爱他的产品。

一般能驾驭两三个上述点就可能很成功，但是乔布斯能做到8点。

除了在技术上的不断创新外，苹果推出的Appstore(即applicationstore，应用商店)所带来的经营模式的改变，更是给全球IT业带来了革命性的变革。对此，中国社会科学院信息化研究中心秘书长姜奇平表示，作为一个创新者，乔布斯和一般创新者不同的地方在于，别人只是从技术的角度来谈创新，强调核心竞争力，而他却是从商业模式的角度来谈创新，是一种“超越了一般技术创新”的质变型创新。

怎样才能达到这种境界？

一、不要受“坏”的教育。乔布斯一直津津乐道他幸亏在6个月后就从大学退学，因为现代教育很有可能把你的天分和优美的本能和天生的敏感打磨得精光。

二、发现人们的本能需求。

三、动物都会用的产品是智能产品，受过高科技教育的人都不会用的产品是垃圾。

2. 库克能否带领永失乔布斯的苹果继续造梦？

在乔布斯离世之后，苹果公司的高层决策者还有哪些人呢？美联社5日披露出其他5名核心团队成员，看来他们未来的日子任重道远。他们是：接任乔布斯任CEO的库克，他在乔布斯1997年第二次接管苹果后不久加入公司，是已经效力公司十三年的资深高管。乔布斯1月份休病假后，库克一直负责公司的日常运营。而在乔布斯过去七年的前两次休病假中，也是库克负责公司日常运作。

除了库克外，乔纳森·艾夫担任苹果高级副总裁，负责管理公司的工业设计团队。艾夫及其团队一直负责设计苹果产品的外观与质感，就是这些设计帮助苹果在竞争者中独树一帜。斯科特·佛斯特负责领导iPhone操作系统及其他软件的开发团队。艾迪·柯尔任苹果互联网服务副总裁，被视为全能操盘手。菲利普·席勒负责管理全球营销业务。

其接班人、苹果现任CEO蒂姆·库克在讣告中说，“乔布斯留给世人一个只有他能创造的公司”。乔布斯带领苹果公司为全世界创造并实现了一个又一个“梦想”，对苹果而言，他的去世无疑是巨大的打击。各方热议永别乔布斯的苹果将何去何从。

虽然有分析称任命库克为接班人是乔布斯作的最后一个有预见性的决定，库克是科班工业管理工程师出身，已经为苹果公司服务十三年，以善于作出明智决策著称。但分析也指出，库克并不是一位设计和产品大师，他是一位成功的高管，但不是明星式的。

(1)乔布斯被誉为“梦想家”和“改变世界的人”，受到“果粉”宗教式的狂热崇拜。有媒体统计，乔布斯曾先后为个人电脑、手机、音乐，甚至动画等

10个产业带来变革。

(2)似乎没有人怀疑“库克无法超越乔布斯”。就在乔布斯去世的前一天，库克首次代替他主持苹果新品发布会，“它真的很棒，不是吗？”库克反复重复的这句话甚至被认为是在模仿乔布斯。来自分析人士的意见是“库克无需成为乔布斯，他只需要表现出最好的自我即可”；“库克不适合延续乔布斯个人魅力式的领导，他需要一个团队的配合”。

那么，库克能否带领永失乔布斯的苹果继续造梦？

(1)《华尔街日报》评论认为，在库克的掌管下，苹果公司发展面临两种可能的途径：一是继续乔布斯不断发明新产品的模式，搅动市场并吸引顾客；或者失去乔布斯带个人魅力的领导，丧失创新优势，在数年内耗尽产品线。

(2)一旦丧失创新优势，苹果只能贩卖品牌忠诚度。“教主”乔布斯的去世，无疑为“果粉”对苹果的忠诚度打上问号。而维持“果粉”品牌忠诚度的最大问题在于其能否继续满足消费者的高期望。苹果新品Iphone4s令期待Iphone5的“果粉”大呼失望。Iphone4s上市当天，苹果股价不涨反跌0.19%。路透社随后评论称苹果已经不再具有领先优势，其云服务甚至落后于其主要竞争对手安卓。

(3)苹果员工的忠诚度也随乔布斯的去世打上问号，因为不少苹果员工追随的是乔布斯本人，而非苹果公司。不少人担心苹果会步微软后尘，比尔·盖茨从微软退位之后，近年来已有多位高管从微软离职。

(4)但也有分析指出，乔布斯把大权移交库克后，苹果已经向集体领导方式过渡，目前的执行团队可以令公司在两年内运作如常，不影响推出新产品的计划。但长期来看，苹果仍可能退化为“没有乔布斯的一般公司”。而由此迎来赶超机遇的将是三星、宏达等亚洲手机厂商，目前它们正与苹果深陷专利纠纷。

猜想一下，谁可能是下一个乔布斯？

Facebook联合创始人兼CEO扎克伯格——扎克伯格年轻、有野心且对科技充满激情，并用自己的想法打造了一家大型企业。问题在于：从长期来看，扎克伯格能否继续推出一系列新颖的产品和服务？

谷歌联合创始人兼CEO拉里·佩奇——谷歌已经主导了网络世界，Android操作系统也在对iPhone和iPad发起挑战。佩奇出任谷歌CEO的举动表明他希望制定重大决策，并成为一名出色的领导者。

Twitter联合创始人兼SquareCEO杰克·多西——他是Twitter联合创始人，同时成为Square创始人兼CEO。只需要使用这家公司的廉价读卡器，即可用手机接受银行卡付费，为那些做小本生意的人带来了便利。

亚马逊创始人兼CEO杰夫·贝佐斯——作为一名创办了全球最大在线零售商的超级富豪，贝佐斯还凭借Kindle开创了电子书行业，并给整个市场带来了变革。

探秘苹果中国
——“精疲力竭的人们看到了创新之路”

位于美国硅谷的苹果总部，有一间色彩明亮的办公室JoyCity，中文名“大悦城”，即苹果位于北京的第二家零售店所在地。命名是为表彰大悦城店的彪悍业绩——自从2010年9月26日开业以来，该店人流量和销售额均位居苹果全球零售店榜首。大悦城店开业当日正逢iPhone4在国内上市，据店员透露，第一天销售额即达到3.8亿人民币。“刷卡机被刷爆，瘫痪了两小时，后来银联不得不为我们单独开一条线。”

乔布斯未曾来得及重视的中国市场，如今正一跃成为其继任者口中的“业绩关键点”。

第三季财报显示，苹果实现营收285.7亿美元，同比增长82%，其中，中国区贡献了38亿美元。这个数字据说首次超过本土选手联想。“中国市场对我们的业绩非常关键。”在公布公司第三季度财报时，苹果新任CEO库克如此说道。

以销量计，2011年财年前三季度，苹果在中国大陆、香港和台湾的总销售额88亿美元，上个季度销售额是去年同期中国区的6倍，亚洲区的两倍。相对于20~40%的店面增长幅度，销售增长率高达数百倍。

然而，与上述内容形成鲜明反差的是，中国市场对苹果公司极度陌生。这个最具活力的新兴市场欢迎过几乎所有重要跨国公司的CEO，唯独没有乔布斯。

即使中国的四家零售店在iPad上市头一天创下1.2亿美元的惊人销售额，苹果公司也没有因此加快新品进入中国的速度，总是在满足美国、欧洲、日本、澳大利亚这些市场之后，才姗姗来迟，让中国粉丝等到心痒难耐。

这一切，皆因中国在苹果全球市场中的“次等”级别。至少到去年为止，中国对苹果而言仅仅是一个靠近日本的销售点，缺乏战略意义。苹果产品在中国的官方销售渠道极为有限，只在北京、上海分别开设了两家旗舰店，经销商想要销售苹果产品须得到官方授权，而每年授权数量极少。其产品供货处在最末端，在前两年，iPad、iPhone新品，往往美国上市半年至一年之后才在中国露面。

而苹果中国区甚至算不上一个完整的行政机构。其主要负责销售渠道开发和整合，苹果在华另外两大块业务——AppleRetail和AppleOnline（苹果在线商店），则直属美国总部。AppleRetail负责中国的四家直营店，AppleOnline则通过官网销售产品，以及提供定制服务。位于北京国贸大厦的AppleChina办公地，有人丁寥寥的PR、HR、WWDR和研发部门，但它们的实际直线领导仍在美国。

至于中国市场发生的重大事宜，谈判权及决策权远在他乡。

作为一家全球运营的跨国公司，苹果的决策阶层难得踏进中国，更勿提入乡随俗。

不过，这家明星公司也无法漠视销量天平的倾斜，从去年开始，中国在苹果全球体系中的位置悄然变化。

2010年10月，苹果对亚洲区进行重新划分，东南亚并给澳大利亚，韩国分给日本，香港、台湾、大陆合并为大中华区。之前，日本是一个独立区域，中国、韩国等其他国家则同属亚太区。这意味着，中国的市场级别正在提升。

调整的最直接结果，是苹果中国的结构发生根本性变化。之前苹果中国按地区划分，地区销售管理该区域范围内的所有渠道，现在则分为四大渠道：IT（中关村、海龙、百脑汇等电脑商城），LifeStyle（优质经销商），CES（国美、苏宁等大卖场），行业经销商和校园体验中心。原苹果亚洲区副总裁卢雷变为中国区总裁，原中国区总经理邱秋良则成为IT渠道负责人。据知情人士透露，此次调整或许会使苹果中国区拥有更重要的职能。

一如既往，苹果中国对于此次变动不予置评。在苹果公司，“缄默”二字被奉为圭臬。信奉禅宗的乔布斯坚信事以密成，公司自上而下对媒体三缄其口，擅自接受采访者会直接被开除。这种神秘感在新产品上市前愈发强化：所有知情者都被“软禁”在美国一个全封闭地下室，其中餐厅、卧室、健身房一应俱全，产品研发、设计、网站编辑……各种与新品信息相关者一直待在“密室”，不许与外界联系，直到产品上市。

这一切无疑助长了公众对苹果的想象力。

1. 零售店的秘密——如何优雅而急速地攫取中国市场？

十年前，当乔布斯满怀兴奋，带领媒体参观位于美国弗吉尼亚州Tysons Corner Center的第一家苹果零售实体店时，所获反响却令人沮丧。

评论家们认为这是一场“孤注一掷的赌博”。单一苹果的产品，纯木质的店内布置，以及耗费巨资的玻璃楼梯和地板，都成为被抨击的理由。如今，这些已凝固成苹果店的独特标记。而当初被视为绝望之战的零售店，已成为苹果公司成功的一大支柱。截至今年6月，苹果在全球开设了327家零售店，接待访客达到10亿人次，零售网络营收140亿美元，零售店每平方英尺销售额达到5600美元，比珠宝商蒂芙尼（Tiffany&Co.）和电子产品零售商百思买（BestBuyCo.）要高得多。

由于苹果公司一贯的神秘低调，曝光最多的零售店脾气秉性深藏不露，贵得离谱的装修成本，苛刻到变态的细节把控，被奉为零售圣经的秘密培训，在猜测中被放大。

而从苹果内部看来，外界的想象过于戏剧化了。

苹果全球所有的零售店都属于AppleRetail，由美国总部直接领导，也就是说，在中国，零售店和苹果中国区是平行关系，互不干涉。

苹果店的幕后人物是52岁的约翰逊（Ron Johnson），十年前苹果从Target公司挖来的零售奇才，今年11月将成为彭尼公司（J.C.PenneyCo）新任CEO。他率先提出零售店概念，推出提供专业技术支持的“天才吧”（GeniusBar）服务，并为零售店制定了详细的客户服务方式。在其治下，苹果零售凝聚了一系列第三方设计装修公司，包括Bohlin Cywinski Jackson，ISP Design,Inc，和Jonathan Ive领导的苹果设计师紧密配合，打造独一无二的苹果概念。

作为零售店标志性设计的玻璃旋转楼梯，由乔布斯带领团队亲自设计，每一块的造价为20万人民币。地砖来自意大利，墙面钢材则由一家日本公司提供。西单大悦城店的店面设计装修花费3亿人民币。大到地砖、墙面，小到摆放产品的桌子、亚克力、小凳子，几乎没有来自中国的质材。

在总共三层的大悦城苹果店，约有200多名店员，每天在店员工100名左右。店员之间有着异常复杂的职能划分。Red Zone（类似于卖场）和顾客建立初步联系；Setup区域帮助顾客个性化设置产品；Family Room则旨在巩固和加深顾客关系，拥有为顾客提供付费私人培训的Onetoone，以及提供专业技术支持的“天才吧”。楼上还有员工自己的运营区域，包括库存、休息室、经理室等，新员工的秘密培训即在三里屯店的此区域内进行。

成为苹果零售店员的经历称不上惊心动魄。先经过一轮电话面试，合格者参加集体面试。“苹果比较在乎应征者的个性是否与公司文化契合，另一个则是沟通能力。”去年被招募为苹果店员工的小关(化名)告诉记者。没有什么稀奇古怪的考题，唯一让他印象深刻的是，通知面试的HR特意嘱咐：“务必不要穿正装。”

面试时，小关见到了另外几位年轻应聘者。他们大多是应届大学毕业生，至少某款苹果产品的爱好者。6位考官和6位面试者轻松聊天，最后每个人作出对其他应试者的评价。一个女孩自我介绍时说“我喜欢帮助别人”，立刻博得某位面试官的青睐。

一旦被雇佣，员工会接受为期两周的培训，内容主要为苹果公司文化和沟通技巧。培训师由经验丰富的老店员担任，根据苹果公司机制，各职位有机会轮岗。每个员工都有一本机密培训手册，对顾客服务的控制甚至细微到对话的每一个字节：倾听，将你的反应限制在简单保证你正在照做。“嗯嗯”，“我理解”，等等。

但实际培训，并非按手册一板一眼执行，而更倾向于团队合作和场景训练。例如，小组策划并表演苹果的广告片；或要求20个人一组，不用手表和任何道具，精确计算出30秒时间。有时，培训师会设计一个困境，比如同事泄露了新产品机密，让新人做出沟通反应。“主要看一个团队如何互相配合，去解决一个问题。”

苹果将其“服务步骤”浓缩成“APPLE”，每个字母代表一个步骤：用个性化的热情欢迎词迎接客户”，“礼貌地询问以了解客户的一切需求”，“向客户提供一个可以今天带回家的解决方案”，“倾听并解决任何问题或担忧”，“以温和的再见结束，并请客户再次光临”。沟通方式则被称作“定位许可探询”：先明确谈话要达到的目标——使顾客接受你为他提供帮助——询问对方的需求并提供解决方案。“熟练之后，你会发现这种沟通方式真的是解决一切问题的方法，不管是工作还是生活。”某苹果店员说。

苹果直营店没有销售配额，员工也无销售提成。你永远不是在试图敲

定一笔销售交易，而是为客户找到解决方案，找到他们的痛点。店员大部分工作时间都用于和顾客愉快聊天，从分享产品到旅行见闻。即使没有卖出一件产品，顾客满意度也能使员工受到嘉奖。和零售行业相比，店员薪酬水平还算不错，新的specialist工资约在4000元左右，外加一笔不错的福利，包括保险、健身报销等。店员们喜欢用三句话概括自己的工作：努力工作、享受乐趣、热爱苹果（Workinghard，Havefun，LoveApple）。

不过，随着苹果零售网络的扩张，店员们享受到的乐趣正逐渐消退。苹果在中国的四家零售店，人流量位居苹果全球零售店的前四位，西单大悦城店每天客流量超过2万人，即使200名员工全上岗，每人每天大概要接待100人，最少也有50人。店员们感到疲劳，有时对细节无暇顾及，这种状态也出现在国外，“苹果零售员工的素质在下降。”

新员工的培训时间已明显减少。一位前苹果Online员工回忆，2006年苹果Online在国内建立电话销售中心时，所有人都经过至少一个月的培训，培训师来自美国总部。“至少有三四年的成熟市场才能培育出自己的培训师。”实体店需要的培训时间更长，每开一个新店之前，店员有三个月的培训时间。“但现在门店扩张太快，人员不足，只能尽快上岗。”

应接不暇的客流迫使苹果零售店改变了排班制度。苹果员工平均工作时间为9小时，开店时间则为12小时。以前员工分早（9:00）、中（12:00）、晚（13:30）三班，但由于客流量太大，中午时段青黄不接。现在则是流动走班，按每小时进行轮排。在新的时间表下，许多管理措施也相应改变。此前，每天早上，门店经理会带领店员做daily download，总结店内情况，店员分享工作或生活上的事情。轮班制之后，daily download取消，代之以网络分享平台，每季度经理和店员进行一次面对面交流。很多店员依然怀念daily download的时光，“那时感觉更像一个团队。”

不仅如此，即使在一个零售店之内，也有看不见的天花板。

从门店培养领导人才需要漫长周期，空降兵日益增多。三里屯的店长来自新加坡，西单的店长曾供职于耐克。在零售店的经理层级，只有20~

30%由店员晋升，70%都来自欧尚或超市零售业。在店内晋升通道，expert是最容易被提为经理的职位，因此大部分specialist都会以此为目标。

美国总部对员工评分有一定的标准，但其对中国零售店管控并不严密，除了新产品上市或全球性策略调整，具体事务主要由店长进行直接管理。“但在不同的店长那里，权重会不一样。”有的店长会以核心产品(MAC)销售额作为晋升的衡量重点，而这种倾向具有某种危险，因为店员可能会因此怠慢购买其他产品的顾客。

关键在于，扩张带来的风险并不仅存在零售店，更蔓延至中国市场的各大渠道。

2. 扩张的阴影——丰富而稍显混乱的渠道管控

曾经鼓噪的中关村最近嗅到了危险气息。某些“苹果专卖店”前，硕大的苹果LOGO用别的海报半遮半掩，而在另一些店里，原属于苹果产品的橱窗空空如也。从今年初开始，来巡查的“苹果公司代表”突然多了起来，“频繁的时候甚至天天都来巡店。”e世界一家苹果授权经销商告诉记者。在摧枯拉枯般的扫荡下，中关村的非授权苹果店相继关门大吉。

这些活跃的巡店人员来自苹果中国雇佣的第三方公司，主要负责监管店面陈列和排查，1个人平均管6、7个店，通常每周巡查一次。这类公司在市场上随处可见，人员充足且便宜，摩托罗拉、惠普等公司已经雇佣多年。而苹果直到去年底才开始采用。由于iPad和iPhone掀起的苹果热潮，苹果中国的业绩呈爆炸式增长。

经历了艰难的启蒙阶段，经销商们迟至2010年才算真正品尝了苹果的甜蜜滋味，一些老经销商从2005年开始卖苹果产品，很多中途放弃，“一开始只能一个iPod，一个笔记本的卖。”而随着卖苹果产品的越来越多，竞争惨烈，只能靠价格，但随着iPad和iPhone的上市，竞争压力突然消失，炙热的市场、有限的供货和抬高的价格营造出一个魔法圈：申请授权的加盟者排起长队，“毛利都翻了好几番。”

不过，利润也催生出一个庞大的黄牛产业链。黄牛为获取苹果货品不遗余力。每当新产品在美国上市，黄牛会雇佣大量学生在门店前排队购买，或使用“机器人软件”在苹果在线商店下几百万的订单。有时，黄牛会假扮成企业客户，到零售店购买大宗货品。北京的零售店常会接到署名“宝洁”之类的公司客户，动辄采购500台iPad。“即使是假合同，但一旦资金交讫，也不太能追究。”某苹果离职员工告诉记者。

各种途径得来的行货水货，充斥于中关村之类的IT渠道，二三线打着苹果logo的山寨店，甚至一些大型商场。根据苹果公司规定，只有获得苹果官方授权的经销商才有资格开店，但由于对市场教育不足，伪造授权书的山寨店也不在少数。“商场无所谓真假，谁给钱多谁进，非经销商可以行贿，而苹果不允许正规经销商这么做，有时会因此失去好的店面位置。”一位苹果优质经销商告诉记者。

以苹果中国现有的人力，根本无暇顾及如此多的状况，况且，“苹果一向不注重销售，对市场管控不够细，并且，其系统也比较弱。”一位前苹果中国员工评价道。

苹果中国区总裁卢雷曾有个比喻：很多公司做品牌就像打高尔夫，产品是第一杆，之后还要经过一杆一杆的推广、营销、销售，才能打到果岭。而苹果则是第一杆就上果岭，市场、广告、销售轻轻推一推就进洞了。它所倚赖的是强势的产品及品牌，也因此，对市场、销售的管控并不细致。

主要负责渠道的苹果中国区，员工不到100人。中国区调整之前，渠道按区域划分，北区就只有一个销售，负责北京、天津、河北、河南。调整后，变为四大主要渠道，卢雷之下分设四大渠道负责人，各大渠道之下再按区域划分。其中，负责IT渠道的不过20来人，而负责苏宁、国美等CES卖场的仅有四五人。这也导致很多规范“有标准，无执行”，根本管不过来。

虽然正规的苹果产品通过产品序列号，都可以查到货品的流向。但苹果的系统较弱，相比于MOTO能够追踪到第五级代理，苹果中国只能查到卖给一级代理商(总代、APR、部分CES)的序列号,这其中,总代有权向二级经销商进行分销,而一级通向二级的这批序列号苹果中国则无法查询,混乱也往往发生于此。重建系统并非难事,但苹果总部一直未有动作,对此,知情人士的解读是“缺乏动力”,“这件事对苹果有什么好处呢?”再者,重建系统涉及到全球的修订,而在欧美等地区,渠道相对规范,似乎没有必要大动干戈。

第三方公司可以看作苹果加强管控的一个信号,但对于山寨店,苹果中国只能以侵犯商标法为由进行投诉,至于销售苹果产品则管不了。打击山寨需要政府配合,但苹果公司自总部到中国区,对政府关系采取保守策略,相比之下,“当地山寨店和工商各种关系更好。”

3. 乱局求变——苹果中国亦开始有所侧重

面对乱局,虽然奉行“多条腿走路”的渠道策略,苹果中国亦开始有所侧重。

混乱的IT渠道自然是首当其冲的目标。事实上,苹果中国正在逐渐清理IT渠道的小店,发展一两百平米左右的大店。“小经销商一般就两三个店,什么都想省钱,也导致管理不规范。”一位前苹果中国区员工说,“苹果中国人手本来不足,对他们来说,大小都是管,管大店当然更有效率。”

以中关村为腹地的IT渠道经销商中,不乏实力强劲的公司,他们大都做华硕、惠普等电脑品牌起家,有的拥有几十亿甚至上百亿资金。也有规模较小的经销商,较早拿到苹果授权,但生意始终不愠不火,直至去年。截至目前,已经有一些小经销商听到了苹果“关店”的风声,但这个过程并不那么顺利,“我们的授权拿得比较早,算是苹果的老经销商,于情于理,它也不好太绝情。”某授权经销商告诉记者。

IT渠道的难掌控使其无法成为苹果渠道的主流趋势,优质经销商(APR)和卖场(CES)则被寄予厚望。除了直营店,苹果在欧美的主要模式是

APR和CES，在香港，以Fortress为主的CES渠道占了60~70%。

优质经销商(APR)模式起源于欧洲，一开始由某些狂热的苹果粉开设，后逐渐成为展现lifestyle的独特渠道。不同于IT渠道的二级经销商，APR属于一级经销商，无需通过总代，直接由苹果公司供货。其门店采用全球统一标准，必须在黄金地段选址，店内设计全球一致，装修材料来自美国的一家第三方公司。唯一区别在于，欧美的APR店比国内的规模要小得多。

2007年，卢雷从NEC跳槽到苹果约一年后，APR项目开始全面启动。而同年1月，苹果公司推出iPhone，并于6月29日正式发售。卢雷1993年加入摩托罗拉，此间十年履历为其累积了丰厚的渠道人脉，知情人士称，苹果将卢雷招入麾下，正是希望利用其渠道优势为iPhone开疆拓土。

但由于苹果与中国移动的谈判僵局，iPhone在中国的上市一拖再拖。APR项目也因此进展不顺。在iPhone、iPad之前，大部分苹果经销商都惨淡经营，优质经销商的日子更加难过，苹果对其选址、店面有更高要求，开设一家APR专卖店，前期投入至少需几百万，而苹果对经销商一向强势。“索尼可以给你掏几万块钱装修店面，给你专柜，iPod从来没有过。”业内人士说。

手机连锁卖场迪信通曾做过苹果的优质经销商，先后在望京、安贞、世纪金源等商场开设了五家店面，最终全部关闭。“苹果没有价保，装修都得自己掏钱，一个店光装修就5到10万美金，再加上商场租金，至少四五百万人民币。”并且，苹果对提货金额有一定要求，“后来让我们多进货，”而那会只有iPod挣钱，最终，双方产生分歧。

为了推动APR项目，卢雷不得不动用私人交情，说服MOTO手机经销商投身苹果。外貌斯文的卢雷出身于军人家庭，做事坚决，执行力极强。1994年从摩托罗拉总部回国，恰逢BP机市场启动，卢雷担任寻呼机工厂制造部经理，经历行业兴衰，最后所有人员全部转入手机部门。随后，他担任手机部销售总监，并成为摩托罗拉公司副总裁。之后卢雷跳槽到NEC，那时的他乐于和媒体交流。但这一切随着进入苹果公司而终结：根据苹果公司规定，卢雷不是苹果中国的新闻发言人,无权对媒体发表任何评论。事实上,除了翻译美国发来的新闻稿,苹果中国几乎全部噤声。人们只能凭借蛛丝马迹猜测各中奥秘。

去年发生的“微博泄密”事件可以看作这种探秘心态的爆发,卢雷的好友,SOHO中国董事长潘石屹微博称:“刚才又见到Apple总裁卢雷。他说,预计iPad8月可以在中国上市了。”该微博随即被疯狂转载,几乎让苹果中国的PR崩溃,“公关紧张万分地给潘打电话,请他收声。”

除却各种猜测,卢雷的号召力不容置疑。“好多APR都是冲卢雷面子才做的。”知情人士称。如今的中国市场上,大部分的优质经销商都是做MOTO出身。

其中最值得一提的是一家叫天音控股的深圳公司。其核心企业天音通信成立于1996年,是摩托罗拉在华最大渠道合作伙伴,中国最具影响力的移动通信产品分销商之一。天音通信以代理摩托罗拉起家,后有意代理三星,但此举“令摩托罗拉不太高兴”,因此,1998年,一家叫爱施德的公司成立,其老总黄绍武正是天音通信董事长黄绍文的亲弟弟。

爱施德不仅代理三星,索爱等品牌,更是苹果“iPhone”在中国的核心代理商。其全资子公司酷动数码是苹果最大的授权经销商和零售商,在全国30多个城市拥有超过100家店,2010年上半年,公司半年销售收入达2.3亿元。“爱施德是苹果在中国销售战略的关键组成部分。”业内人士说,去年爱施德在深圳凯悦举行上市庆祝酒会,“苹果中国的负责人也有参加。”

最终,坚持下来的优质经销商都获得了回报。如今,APR渠道大约占苹果中国销售额的30%。由于在选址、店面视觉方面和直营店比较相近,它即是直营店之外的品牌体验场所,也是直营店的对手,两者时常在选址上产生冲突。“我们就是一种竞争关系。”前苹果中国员工说。

相比于APR,CES卖场渠道的发展则另有阻碍。对苹果而言,国美、苏宁等卖场管理不够规范,无法与MediaMarkt、Fortress、百思买的成熟模式相比。国美、苏宁的模式主要以量取胜,由于网络庞大,扩张快速,中央对地方的管控很少，导致每个区域甚至每个店的管理都有所不同。苹果中国和卖场的沟通主要在总部，对方会成立一个项目小组，和苹果就店面位置、市场推广等细节制定协议。但由于卖场各自为政，管理混乱，"每半年清一次场，进行调整，可能就把你的位置换掉了。"

百思买、顺电和苹果亦有合作，它们是苹果较为满意的合作对象，但前者在中国水土不服，后者扩张速度太慢，无法满足苹果对渠道的需求。

在CES渠道中，有一部分经销商授权来自中国联通，包括苏宁和手机连锁卖场迪信通。苹果和联通并非一贯的营收分成模式，而是批发模式，中国联通一次性购入大批量产品，然后为用户提供补贴。在采购货品中，60%用于联通自有渠道，20%给全国级合作伙伴如苏宁、永乐、迪信通，另外20%则分散给更小的渠道商。最后的20%导致了混乱，"小店太多，哪儿都能卖。"

虽然各级经销商前赴后继代理苹果产品，但事实上，苹果为其带来的利润极有限。在迪信通，iPhone的销售量占总体的3~4%，"苹果产品大概8个点左右的利润，但店租就占了9%。相比之下，诺基亚新产品的利润更高。"迪信通副总齐峰说，"主要看中的是苹果这个品牌，它能提升卖场的形象。"

或许，这正是苹果对于中国市场的意义所在。其价值的不仅在产品，而在于围绕产品的生态系统，从配件商到开发者，从硬件到软件——这是苹果中国除渠道以外的一桩隐秘而庞大的生意。

4. 苹果生态圈——"Stay hungry，Stay foolish"

每当苹果新产品发布前，是配件制造商最为紧张的时刻。三五家厂商秘密聚集在一起，凑一笔价值不菲的费用。拿到这笔钱的人将以身犯险，从富士康的工厂偷出苹果产品的模具。根据厂商获得的情报，新的iPhone5唯一的变化在于侧面的音量按钮位置有所移动——这类情报对他们至关重要，意味着之前的手机套不能用了，需要解决库存问题，以及提前生产新手机套,如此才能赶在新品上市时抓住先机。

在所有苹果相关产品中,配件具有最高的毛利率。一个200多元的手机壳，成本不足10块钱。制造配件的大都是OEM厂商,“制造一个模具2万块钱,生产1万个,每个成本才2块。”知情人士透露。经过渠道中的层层加价,OEM加20%给厂家,厂家翻倍给总代,总代再加30%左右给经销商,经销商也要指望配件挣钱。因此,一些实力较强的优质经销商会和高端配件制造商合作,生产价值不菲的配件,例如镶水晶的手机壳,以提高门店利润。而大部分经销商会进行绑定销售,在苏宁的Appleshop购买iPad2,必须同时购买保护套。

对于经销商的各种提价或促销行为,苹果中国不会过多干涉。“苹果公司很聪明,既然产品利润低,总得让经销商从其他方面挣到钱。”苹果只关注技术含量高的内容,例如iPod接口、插座式音箱。对于这类配件,制造商必须加入苹果的“MadeforiPod”计划,在推出iPod附件的同时需要按其产品零售价缴纳10%的费用(如今变为批发价的10%),同时可以得到苹果的技术支持。此计划同样适用于iPhone。

苹果WWDR部门在中国有四五名员工,主要负责周边产品硬件软件开发,为iPod周边产品开发者,及iPhone应用程序开发者提供支持。“苹果的工作效率非常高,因为它有一套公平公开的游戏规则,并严格执行。”一位前WWDR部门员工说。

App开发者只需在苹果开发者网站加入iOSDeveloper项目,用信用卡支付99美金,就可以开始自行开发。开发好之后通过itunesconnect.apple.com上传,经苹果公司审核之后开始卖软件。从上架当月月底算起,45天之内,苹果会将扣除30%分成之后的该月收入打入开发者账号。“整个过程不需要与苹果公司的任何人见面,除非你有进一步的营销计划,又或者苹果看中你的软件,愿意放进新一轮的广告。”一位App开发者说。

除了技术支持,WWDR部门更主要的内容是业务拓展。苹果是一个相对封闭的纵向一体化典范,硬件、软件、程序商店、云存储服务,甚至网上商店、实体零售店，都自成体系，因此也欠缺兼容性。但它仍试图掌控话语权，“让别人来适应我们，而非我们迁就别人。”WWDR就肩负“说服”客户的使命。早期，WWDR人员主要和新浪、网易等网站谈网页兼容，推广W3C标准；和腾讯、支付宝、招商银行等谈MAC版本的应用，还和九城谈过MAC版本的《魔兽世界》，但被对方拒绝：“MAC在中国市场只有千分之二三的份额，做它干嘛？”直到iPod在中国热销，沟通才顺畅许多，汽车厂商会在车里加入iPod接口，各种iPod配件层出不穷。2006到2007年，全球95%以上的iPod配件都在中国制造，85%在中国设计开发。

就这样，工业“独裁者”乔布斯的愿望正在实现，苹果改变了移动互联网的生态环境。这种趋势在iPhone和iPad问世后愈发明朗。

正如《移动应用的设计与开发》BrianFling所说：“精疲力竭的人们看到了创新之路，编写的程序和服务终于能传遍整个地球并改变这个世界。”

而对这种生态环境的挖掘，以及对于苹果在中国角色的探究，都可以参看乔布斯无数名言中最著名的那条：Stayhungry，Stayfoolish。

阅读延伸：

抓住消费者的心——营销也像一出戏

苹果推出的iMac系列电脑实际上只是一台普通的电脑，并非什么革新性的产品。但iMac系列电脑一上市，就风靡全球，受到消费者热烈欢迎。

其实，从性能上来讲，iMac系列电脑根本不会比它的前任好到哪儿去。但是，乔布斯敏锐地抓住了对当时消费者来说最有吸引力的一点作为卖点：“iMac是世界上最容易连接网络的电脑”，再加上iMac五颜六色的外观，这些应用上的创新直接击中了消费者的心房，让消费者更加倾向选择iMac。

如果没有这些卖点，仅仅靠推销技术，那么，可以想象，iMac或许根本没有市场。实际上，市场上的消费主力军大多不是专业人士，他们根本不关心一件产品应用的技术有多高深,他们想要的只是符合他们心意的产品。

所以,较专业的人士比较喜欢微软的PC,而大多数消费者却愿意选择像“傻瓜”照相机那样简单的苹果iMac。

从以上的事例中我们可以发现,乔布斯的应用创新模式是建立在完美的用户体验这一基础上的。为消费者提供最好的体验,产品自然会得到消费者的青睐。

营销市场硝烟弥漫,如何抓住消费者的心已成为买方市场下企业市场营销所极力探询的重点。传统营销理论几经发展趋于完善,但随着服务业日趋强势,传统营销理论在这里似乎遭遇障碍,有捉襟见肘之势。继员工授权理论之后,消费者受权悄然兴起,成为新一轮营销重点,各行各业关于消费者受权都有自己的出发与归宿点。

同时性

我们首先得从服务业的特点出发,“服务的生产与消费同时进行”,意味着消费者事实上会参与到整个服务提供的全过程中来。也就是说,消费者将“目睹”和“感受”服务提供商把服务作为产品,提供给消费者的全过程。只是一直以来我们都认为消费者是来享受的,提供给客人任何他所需要的服务就是一流的服务了。服务业一直这样实践着,考虑可谓细致入微,“消费者是上帝”。问题是随着社会经济的发展,消费者消费已从原来标准化向个性化需求发展,人们越来越不满足于那种“衣来伸手,饭来张口”式的服务。如何在竞争进入白热化阶段的服务企业中获得成功,消费者受权或许是一条出路。

这不是一出戏吗?

消费者参与服务过程,这这场演出中,服务人员和消费者都是主角,首先服务人员的一举一动是完全展现在消费者面前的,没有回旋的余地,试想一下,假若是一场话剧或是一台现场直播,出了纰漏与否都展现在台下观众眼中,也就是为什么古人说演戏是“台上三分钟,台下十年功”了。

这就要求我们的服务人员必须完全而优质地掌握服务过程的每一个

细节，因为这就是一次演出，而且每一次都只有一次机会，你展现得不好，在这一部分观众眼中对你的服务产品就大打折扣，以后要想挽回，至少成本会增加。

消费者对某一服务的满意程度，不仅受到服务性企业和服务人员的影响，而且受其他消费者的影响。这就要求服务性企业管理人员加强消费者消费行为管理工作，防止某一消费者的某种行为引起其他消费者的反感。消费者参与服务过程，也是引起服务差异的因素。有时消费者参与服务，对买卖双方都是有利的。这正是自助餐馆、自选商场能吸引一大批消费者的一个重要原因。

然而，在多数情况下，由于消费者的知识、技能和合作程度不同，消费者参与服务过程，服务性企业就无法像工厂那样控制生产过程，无法采用流水作业法提高生产效率，为消费者提供标准化产品。

既然是一场现场演出的戏，那还涉及到许多人员，甚至这些人员也是关键。

比如说导演吧，谁是导演呢？

服务性企业的管理者，以及为服务设计的一系列流程标准，管理要求的编剧等。

这些都需要较为严实的调研和实际根据，以及服务实践过程的经验简讯的检验等等。

导演或者说是编剧要为这出戏先定好一个剧本，接着是现场的表演，需要导演的指导，导演可以之前加强培训练习，而且不同于真正演出，这出戏的另外一个主要演员的戏是很难控制的，只能是标准化的预测，随时可能出现突发情况，这样就需要导演的现场指导，甚至亲自与消费者配戏，以便能够很好地完成演出，也就是管理人员在服务过程中的作用。

同时这个过程还有许多配角或是群众演员的参与，那就是其他消费者或潜在消费者或者潜在的企业信息传播者，如何看待这部分人群？

服务过程质量的好坏影响的范围绝不止于服务现场，且不说消费者在接受服务后积极或是消极的宣传,仅是服务现场其他消费者也同时感受这个过程和结果,甚至更为明了地观察这场演出。

不同于其他产品,生产过程中的不合理操作事后也许可能被发现,但几率是很低的,而且企业自身可以及时调整,使得消极操作不会产生太大影响。

对于每一次都意味一次性消费的服务性企业而言,就需特别关注这个现场,消费者的参与有时不是企业所能控制的,甚至是企业所未觉察的。

归纳而言,服务过程本身与产品制造过程、物流过程不同。产品制造业和物流业中,消费者可以只关心产品本身,只关心物的流通结果,而不关心产品是"如何制造出来的",或"产品是如何抵达消费者手中的"这样的问题。但服务过程显然与之不同,消费者切切实实地感受着服务的每一个环节。他们的参与是必不可少的,只是看服务者如何理解。而关于消费者受权的看法也很大程度上是由服务者的观点决定的。

"消费者参与",不是服务提供商的一种"说法",而是事实。这一点为许多服务企业所忽视。国内企业不用说,即便是国际企业也有这样的误区。现在既然被理论提出来了,说明原来的实践就是存在着漏洞。这些服务企业往往将"消费者参与"作为自己的所谓"服务特色",向消费者炫耀,这是很大的误解。本来就是每个企业都应有的,却因为不被认识而成了特殊性了。

无论服务提供商是否明确地表达、或者倡导"消费者参与",也无法改变消费者已经、或正在参与到整个服务提供的全过程中这一事实。任何服务提供商或多或少都会涉及消费者在服务过程的地位问题,只是很多时候用上帝的称呼来迷惑了消费者。更致命的是这将阻碍服务商进一步与消费者接触的机会,也没法真正掌握消费者所好。认识到这一点,对树立正确的服务意识、培养正确的服务观点非常重要。

为什么自助游会兴起?

自助游的兴起一开始就暗示了服务变革时代的到来,旅游业经历了一个漫长而成熟的过程,自助游的兴起是对这一过程的进一步推进,换句话说旅行者们已不再单纯满足旅行社的全包旅游服务，他们期待自己的参与也就是旅行社能更多地考虑单个旅游者的需求，做到一对一服务，也即是旅行社的人性化服务。如何能在人力资本日益升高的今天做如此细致的旅游产品呢？

自助游是一条出路，让旅游者自己动手，选择旅游形式。即可以是旅行社只采取机加酒的服务，最麻烦的事给旅行社，最好玩的事自己决定，这样能调动一大批潜在旅行者，或许那些曾经是受到群体效应的影响，对旅行社采取敌对态度。采用“机加酒”拉近旅行社与游客距离，毕竟二者现在是站在同一跳条战线上了。

旅行社一方面以全新的服务形象展现在旅游者面前，急游客之所急，真正成为游客利益的代言人，只是想得到一个双赢的结果，这又何乐而不为呢？

同时信息技术的发展，网络在这里承当的作用几乎无可替代，也就是构建一个网络平台使之能更好的实现一对一服务项目。

从心理学角度上讲，自助游满足了消费者的权力控制欲望，消费者需求愿望得以自行满足，消费者会有舒服感，这也有利于促进消费者选择旅游产品，而之后若是对旅游产品不满意消费者更多的是将责任归到自己身上。但过分追求消费者受权，会导致企业对服务过程失控，从而对出现的问题没法妥善处理，这也会影响消费者满意度，所谓矫枉过正。

旅游者参与旅游活动

通过先改变人的行为来改变人的态度，人的许多态度是和亲身实践密切联系的。“琼斯以大学生为被试对象，做了一个参与改变态度实验。首先，他测定的那些大学生在三个具体问题上都持消极否定的态度。然后把他们分成三人一组，要求每一小组有一个人扮演宣传者。按实验提供的材料，以坚定不移的态度，向其他三人进行有关宣传。结果发现三人均有态度改变，而唯有宣传者的态度改变最大。”

让旅游者全身心参与到旅游过程中来，而不是仅仅让他们当观众和听众，对其态度改变有很大作用，比如少数民族地区旅游可以让游客穿民族服装，按民族风俗操办婚礼，玩扮新郎或新娘的结婚游戏，这样能使游客留下深刻印象。对旅游活动的积极参与能促使旅游者对该旅游项目建立较高的忠诚度。

高科技技术

一方面高科技的运用大大提高了消费者参与的可实现性，网络的迅猛发展，使人们的生活日益方便：酒店交通预定网络，服务相关信息获取交流，以及服务操作过程等方面消费者都可以更大程度实现参与控制。但相随的问题也产生了，在高技术的社会中，人们更多的与冰冷的、刚性的机器打交道，而与活生生的、柔性的人打交道的机会相对减少了。

“失去了高技术与深厚感情的平衡，令人烦恼的不协调现象就会产生。”服务产业首要解决的就是这样一个问题，给人提供一个与陌生人接触的合理机会，“寻求广义的爱的补偿性满足”，双方都会有一个期望，消费者在参与服务过程中，高科技手段只能是一个辅助作用。

正如旅游网站迅速发展，但旅行社业前景依然看好，重要原因之一就是因为旅游网站不可能提供给消费者一个人性化和个性化的服务过程，所以针对旅游服务网站的咄咄逼人之势，传统旅行社业除了网站开发，高科技手段的运用之外，最重要的手段就是加强从业人员与消费者的沟通，让消费者参与到人性化的服务过程中来，只有这样才能在竞争中保持优势。“接待是旅游业中最富有人性化的因素，他决定了旅游业的前途。”

在信息时代的今天，人们已经越来越不能够满足于纯粹的商品交易，服务业更是如此，消费者要求能够直接与企业对话，甚至是参与企业。而互联网的出现更为企业互动提供了前所未有的机会和方法，它们赋予了消费者选择信息、回应公司以及与全世界人士谈论公司和品牌的能力。

微软公司在推出视窗95时曾出现过一天打来40000个电话的情形；

麦当劳曾在1996年举办了一项头奖为100万美元的益智问答比赛，数天之内就有十几个网站提供比赛的答案，其中的一个网站提供了3500~

6000个问题的答案；

在网络时代，由于信息传播的广泛性和迅速性，企业营销的任何瑕疵都有可能给企业带来灾难性的打击。

特别是高技术产品在其市场投放初期，由于技术上的不确定性，面临着消费者反馈信息、不断改进产品性能的任务，因而建立与消费者密切的联系，倾听消费者的心声，加强双方的交流便显得尤为重要。

有研究表明，一个品牌的层次与其消费者参与的程度存在着一种正比的关系。如果企业品牌在消费者心目中的层次和地位越低，消费者参与企业的愿望也相对较弱，而如果一个品牌在消费者心目中的层次和地位越高，甚至是认为这个品牌关系到自己的切身利益，那么这个消费者就越愿意参与这个企业的各种活动，企业与消费者的关系越紧密，特别是当他们将品牌视为一种精神品牌，这种参与程度可以达到最高境界。

因此，这就要求企业必须改变以往的单向的灌输式信息传播方式，而尽量与消费者进行沟通和互动，让消费者参与其中，才能建立起长期的稳定的消费者感情和友谊，从而立于不败之地。

谁是上帝？

“顾客是上帝”在第二次世界大战以来一直统治着世界营销界，但如今这看似至高无上的营销理念似乎将要崩溃了。因为，每一个企业都不能回避其获得利润的本质，每一个企业都在试图“抢夺上帝”和“征服上帝”。

首先，消费者参与而非将消费者高高悬置在上帝的位置，这是服务发展的一个必然结果，这是由标准化细致入微服务阶段发展到个性化消费者参与阶段的一种说法。

“上帝”走下神坛是服务企业的要求也是消费者本身的要求，服务企业要求获取更多的消费者信息，以便实现个性化服务，留住消费者；而对于消费者而言，随着社会经济的发展，享受服务已不是单纯的受服侍，而是希望能有更多的自主权，这从现在消费者消费的趋势及取向都可以看出。

其次，透过战术的迷雾，我们看到的是战略的本质，也就是“员工是上帝”的归根到底还是为了更好地抓住消费者。

哈佛大学商学院教授迈克尔·波特(MichealE.Porter)针对企业的竞争环境,提出了著名的波特模型,波特认为,企业最关心是它所在产业的竞争强度,而竞争强度又取决于以下五种基本的竞争力量:

潜在的竞争者

现有的竞争者

替代品的生产

供应者的讨价还价的能力

购买者的讨价还价的能力

显然,在这五种竞争力量当中,“现有的竞争者”“潜在的竞争者”和“替代品的生产”与企业竞争的直接结果显然就是“抢夺企业消费者(上帝)”;而“购买者讨价还价”背后的直接原因就是“竞争者”或“替代品”能够提供更高质量和更低价格的同类产品。事实上本质问题并没有变化,只是形式改变了而已。现在讲求员工才是上帝,企业首要任务是让员工满意,其实员工满意只是服务过程的中间步骤,与消费者是上帝这个最终结果并不矛盾,而只是促进这个结果的实现。